Goecke-Seischab / Ohlemacher
Kirchen erkunden, Kirchen erschließen

Margarete Luise Goecke-Seischab
Jörg Ohlemacher

Kirchen erkunden, Kirchen erschließen

Ein Handbuch mit über 300 Bildern und Tafeln,
einer Einführung in die Kirchenpädagogik und
einem ausführlichen Lexikonteil

Anaconda

Die Deutsche Nationalbibliothek verzeichnet diese Publikation in der Deutschen Nationalbibliografie; detaillierte bibliografische Daten sind im Internet unter http://dnb.d-nb.de abrufbar.

© 2010 Anaconda Verlag GmbH, Köln
Alle Rechte vorbehalten.
Umschlagmotiv: Klosterkirche Maulbronn, Mönchschor mit Chorgestühl,
Foto: akg-images / Bildarchiv Monheim
Umschlaggestaltung: dyadesign, Düsseldorf, www.dya.de
Printed in Czech Republic 2014
ISBN 978-3-86647-457-4
www.anacondaverlag.de
info@anacondaverlag.de

Inhalt

Vorwort 12

Vom Sinngehalt christlicher Kirchen

Eine Bildbetrachtung zur Einstimmung 15

Die Kirche – Architektur Gottes auf Erden 16

Die Kirche – Gottes Haus im Schnittpunkt zwischen Himmel und Erde 16
Die Kirche – Sinnbild der ewigen Himmelsstadt 18
Die Kirche – Ort höchster irdischer Prachtentfaltung 18
Die Kirche – Symbol für den Weg zu Gott 19
Die Kirche – Sinn- und Denkbild 20

Blütezeit der Kirchenbaukunst: Das Mittelalter 21

Bauen nach einer Vision 21

Allgemeine Gestaltungsmerkmale mittelalterlicher Kirchen 22

Licht- und Raumsymbolik 22
   Die Orientierung nach Osten 22
   Der Weg zum Licht 23
   Vom himmlischen Eigenlicht mittelalterlicher Glasmalereien 24
Farbensymbolik 25
   Rot, Blau, Grün 25
   Gold 26
Zahlensymbolik und Zahlenästhetik 26
   Ursprung der Zahlensymbolik 26
   Bedeutung der Zahlen 27

Gestaltungselemente des Innenraums 28

   Das allgegenwärtige Symbol des Kreuzes 28
   Gegenpole: Westwerk und Chor 29
   Gegenpole: Krypta und Vierungsturm 31
   Altar, Taufstein und Kanzel – Orte gottesdienstlicher Handlungen 32

Bildprogramme in mittelalterlichen Kirchen 33

Das Bildprogramm als Spiegel des mittelalterlichen Welt-
und Glaubensverständnisses 33

Inhalt

Der Bedeutungsmaßstab: Wichtiges wird groß, Unwichtiges klein dargestellt . 33
Die überlieferte Rangfolge: Von oben nach unten 34
Raumsymbolik: Rechte und linke Seite 34
Ordnung nach dem Beleuchtungsgrad: Vom Licht zum Dunkel 35
Die wichtigsten Standorte von Bildprogrammen 36
Vom Portal zum Altar: Eine Predigt in Bildern 36
Bildprogramme auf den Prinzipalstücken: Altar, Taufbecken und Kanzel 38
Bildprogramme auf Glasfenstern 40
Das Eingangsportal: Pforte zur „Himmelsstadt" 42
Im Scheitelpunkt des Gewölbes: Der Schluss-Stein 43
Das Himmelsloch 44
Die häufigsten Themen der Bildprogramme 44
Typologische Bilderkreise 44
Gott Vater, Sohn und Heiliger Geist – Zeichen der Dreifaltigkeit 45
Symbolische Darstellungen, Personifikationen 46
Tier- und Pflanzendarstellungen 47
Propheten, Evangelisten, Apostel, Heilige und Märtyrer 50
Gnaden- und Andachtsbilder 51
Das Labyrinth 53

Neue Glaubensvorstellungen verändern die Kirchen 54

Rückkehr zum Einfachen: Die Kirchen der Zisterzienser und Bettelorden 55

Aufbruch in die Neuzeit 56

Die Kirchen der Reformation 56

Veränderter Innenraum 56
Die Bildprogramme in lutherischen Kirchen 57
Die Kanzel – Ort der Verkündigung 57
„Gesetz und Gnade" – Bildprogramme lutherischer Altäre 58
„Tut Buße, und ein jeder von euch lasse sich taufen" – Bildprogramme
des Taufbeckens 59

Die barocken Kirchen der Gegenreformation 60

Wie der Sinngehalt christlicher Kirchen bis ins 20. Jahrhundert wirkt 61

Die evangelische Waldkirche in Planegg 61

Von der Geschichte und den Bauformen christlicher Kirchen

Ein Bildvergleich zur Einstimmung 66

Kirchen sind Gesamtkunstwerke 68

Außen- und Innenansicht 69

Stilreinheit oder Stilvielfalt 70

Bevorzugte Baumaterialien 71

Epochen, Bauphasen, Baustile 71

ÜBERBLICK ÜBER DIE ENTWICKLUNG DES KIRCHENBAUS 73

Frühchristliche Kirchenbaukunst im römischen Reich (2. bis Ende des 5. Jh.) 73

Basilika und Zentralbau 73

Grundriss und äußere Form 73
    Zentralbau 73
Die Innenraumgestaltung 75
    Frühchristliche Bilddarstellungen 75
    Der Weg durch die christliche Basilika 76
    Ausblick 76

Christlich-byzantinische Baukunst (4. bis 15. Jh.) 77

Erscheinungsweise und Stilmerkmale 77

Die Kreuzkuppelkirche 77

Grundriss und äußere Form 77
Die Innenraumgestaltung 78
    Stilmerkmale des Bildprogramms 78
    Byzantinische Mosaikkunst und Marmordekorationen 79

Der vorromanische Kirchenbau nördlich der Alpen (5. bis 9. Jh.) 80

Kirchenbauten der Frühzeit 80

Karolingische Baukunst (um 800) 81

Die Kirchenbaukunst des Mittelalters (ca. 800 bis 1500) 82

Die Romanik (950 bis 1200) 82

Erscheinungsweise und Stilmerkmale 82
    Das Vierungsquadrat 83
    Krypta und Chor 84
    Das Dach 84
    Der Rundbogen 84

8 Inhalt

    Pfeiler und Säulen 85
    Die erweiterte Grundform 85
    Die Innenraumgestaltung 85
Entwicklung der Stilmerkmale von der Vor- bis zur Spätromanik 86
    Vorromanik (10. Jahrhundert) 86
    Frühromanik (1000 bis 1100) 86
    Hochromanik (1100 bis 1180) 86
    Spätromanik (1180 bis 1240) 87

Die Gotik (ca. 1150 bis 1500) 88

Der geistige Hintergrund 88
Die Bauhütten 88
Charakteristische Bauglieder und Schmuckformen 88
    Der Grundriss 88
    Die Wände 89
    Rippengewölbe, Strebewerk und Spitzbogen 90
    Die Fenster 90
    Ornamentale Architektur 91
    Plastiken 91
    Die Bildprogramme 91
    Der Altar 92
Sonderformen des gotischen Kirchenbaus 93

Die Kirchenbaukunst der Neuzeit (15. bis 17. Jh.) 94

Renaissance (ca. 1420 bis 1600) 94

Der geistige Hintergrund 94
Rund- und Kuppelbauten 95
Die Innengestaltung 95
Besonderheiten der Spätphase 97

Barock (1600 bis 1770) 98

Der geistige Hintergrund 98
Erscheinungsweise und Stilmerkmale 98
    Der Grundriss barocker Kirchen 98
    Die Fassade 99
    Der barocke Innenraum 100

Lutherische Gemeindekirchen im Barock 103

Veränderungen des Innenraums 103
    Der Kanzelaltar 103
    Das Taufbecken 103

Der Herrschaftsstand	103
Die Orgel	104
Sonderformen	104
Rokoko (ca. 1730 bis 1770)	106
Zusammenfassung	106

Der Kirchenbau der Moderne (19. und 20. Jh.) ... 107

Der Klassizismus (1770 bis 1830/40) ... 107

Der Historismus (1830 bis ca. 1900) ... 109

Rückgriff auf überlieferte Formen ... 109
Eisenacher Regulativ und Wiesbadener Programm ... 110

Der Kirchenbau des 20. Jahrhunderts ... 111

Der Jugendstil ... 111
Neue Formen ... 111

Otto Bartnings Sternkirche ... 111
Theodor Fischers Kirche in Planegg ... 111
Gulbranssons Kirchenbauten in den 50er und 60er Jahren ... 112
Zusammenfassung ... 114

Kirchen erkunden, Kirchen erschließen

Eine Bildbetrachtung zur Einstimmung ... 117

Kirchenpädagogik – ein neues Unterrichtsfach? ... 118

Steine und Kunstwerke zum Sprechen bringen – Kirchen als Lernort ... 119

Allgemeine didaktische Überlegungen ... 120

Sich Zeit nehmen ... 121
Zum ganzheitlichen Entdecken motivieren ... 121
Der Unterrichtsgang ... 122

Kirchen mit jüngeren Kindern entdecken (5 bis 12 Jahre) ... 124

Allgemeine Überlegungen ... 124

Methodische Anregungen ... 126

Material beschaffen ... 126

Ein Modell bauen 126
Arbeitsbögen erstellen 126

Kirchen mit Jugendlichen entdecken (ab 12 Jahren) 127

Allgemeine Überlegungen 127
Methodische Anregungen 128
    Vorbereitung 128
    Vor Ort 128
    Nachbereitung 128
    Tipp 129

Unterrichtsschwerpunkte 129

Kirchenrundgang 129
Bauen im Mittelalter 130
    Vom Steinbruch zum fertigen Kirchenbau 131
    Die Bauhütte 132
    Bauplanung und Materialbeschaffung 133
    Und so wurde gemauert und eingewölbt 134
Glasmalerei im Mittelalter 136
    Material und Herstellung 136
    Farbige Glasbilder 137
    Verschiedene Arbeitsgänge der Glasfensterherstellung 138
Das Portal 138
Das Kirchenschiff: Vom Portal zum Chor 140
Der Altar 141
Decken und Wände 142
Orgel 144
    Aufbau – Wirkungsweise – Geschichte 144
    Standorte 146
    Schmuck der Gehäuse 146
Glocken 147
    Der Glockenguss 149

Arbeitsbögen, Materialien, Gestaltungsvorschläge 150

Arbeitsbögen 150

A 1   Unsere Kirche erkunden 152
A 2   Das Kirchenportal 152
A 3   Säulen, Gewölbe, Strebewerk 153
A 4   Der Altar 154
A 5   Das Taufbecken 154
A 6   Die Orgel 155

A 7   Die Kanzel 155
A 8   Die Statue eines Heiligen erkunden
       (am Beispiel des heiligen Christophorus) 156

Materialien 158
M 1   Meditationsanleitung für einen Kirchenraum 158
M 2   Kirchenbaustile im Überblick 162
       Romanik 162
       Gotik 162
       Renaissance 163
       Barock und Rokoko 163
       Klassizismus 164
       20. Jahrhundert 164
M 3   Bildtafel Romanik 165
M 4   Bildtafel Gotik 166
M 5   Bildtafel Renaissance 167
M 6   Bildtafel Barock und Rokoko 168
M 7   Bildtafel Klassizismus 169
M 8   Amtstrachten katholischer und evangelischer Geistlicher 170
M 9   Bildtafel zur Entwicklung des Altars 172
M 10   Heilige Männer und Frauen mit ihren Attributen 174
M 11   Begriffe aus Liturgie, Theologie und Kirchengeschichte 174
M 12   Begriffe aus Architektur und Kunstgeschichte 176
M 13   Christliche Symbole und symbolische Abkürzungen 178
M 14   Auswahl beliebter Bildthemen und Symbole in christlichen Kirchen 180
M 15   Liturgische Ausstattung katholischer Kirchen 182
       Heilige Gefäße 182
       Andere Gefäße 182

Gestaltungsvorschläge 185
G 1   Einen Rundbogen aus Styropor nachformen 185
G 2   Einfaches Kirchenmodell aus Pappe 186
G 3   Arbeiten wie ein Steinmetz – Figuren in Ytong-Steine schneiden . 188
G 4   Ein Fensterbild kleben 189
G 5   Eine Figur, einen Schluss-Stein, eine Chorgestühl-Dekoration
       plastisch zeichnen 190
G 6   Inschriften suchen und nachzeichnen 191

Stichwortverzeichnis 192
Bedeutende Kirchenbaumeister 235
Kirchenführer für Kinder und Jugendliche 236
Kleine Auswahl weiterführender Literatur 236

Vorwort

Mit Kirchen verhält es sich ähnlich wie mit Bildern christlicher Kunst. Beide haben eine überlieferte Bildsprache, die sich nur dem wirklich erschließt, der ihre Symbolik, ihre versteckten Sinngehalte zu deuten versteht oder über profunde theologische bzw. kunsthistorische Grundkenntnisse verfügt. In vielen Kirchen werden deshalb regelmäßig Führungen angeboten. Sie geben dem Besucher eine erste kunsthistorische Orientierung für diesen speziellen Bau, seine Baugeschichte und die in ihm enthaltenen Kunstwerke. Mancherorts liegen auch kleine Kirchenführer auf, die bei einem Rundgang durch das Kircheninnere wertvolle Hinweise bieten.

Für all diejenigen jedoch, die sich Kirchen lieber selbst erschließen, die vor allem den theologischen und spirituellen Gehalt einer Kirchenarchitektur erfassen und ihre überlieferte Symbolik auch an andere weitergeben möchten, ist die vorliegende Einführung gedacht.

„Kirchen erkunden, Kirchen erschließen" will weder einen wissenschaftlichen Beitrag zur Ikonographie leisten noch die zahlreich angebotene kunsthistorische Spezialliteratur ersetzen. Unser Anliegen ist es, das Interesse für den Sinnzusammenhang zwischen christlichem Weltbild und seinem irdischen Abbild, dem Kirchenbau, zu wecken. Wir wollen dazu beitragen, dass das Wissen um diese Verknüpfung in unserer scheinbar kirchenfernen Zeit nicht ganz verloren geht.

Nach einer Einführung in den Sinngehalt christlicher Kirchen folgen Informationen über ihre Geschichte und Architektur. Dabei werden einzelne Bauglieder und ihre Entwicklung in den verschiedenen Stilepochen vorgestellt. Im dritten Abschnitt finden diejenigen, die Kirchen zusammen mit anderen entdecken möchten, didaktische Anregungen u. a. auch Vorschläge für Informations- und Arbeitsblätter. Ein umfangreiches Stichwortregister und eine Zusammenstellung weiterführender Literatur beschließt das Angebot.

Bewusst und auch auf die Gefahr hin, in dieser knapp gefassten Übersicht komplizierte theologische und kunsthistorische Zusammenhänge zugunsten didaktischer Klarheit vereinfachen zu müssen, haben wir diesen Weg gewählt. Sollten doch vorrangig Laien, auch möglichst viele junge Menschen, angesprochen werden. Mit diesem Angebot wenden Autoren und Verlag sich daher auch an ehrenamtliche Kirchenführer, an Pfarrer und Eltern, an Pädagoginnen und Pädagogen, in der Hoffnung, ihre Vorbereitung auf Erkundungsgänge in Kirchen erleichtern zu helfen.

In jüngster Zeit stieg das touristische Interesse an sakraler Baukunst. Es wäre zu wünschen, dass neben der kunsthistorischen Bedeutung auch die Symbolik und christlich-abendländische Tradition alter Kirchen wieder mehr in den Blick rückten.

Planegg/Greifswald, im Frühjahr 1998

Margarete Luise Goecke-Seischab, Jörg Ohlemacher

Vom Sinngehalt christlicher Kirchen

Ich bin das Licht der Welt. Wer mir nachfolgt, der wird nicht wandeln in der Finsternis, sondern wird das Licht des Lebens haben.

Evangelium des Johannes, Kap. 8, Vers 12

Caspar David Friedrich, Die Jacobikirche in Greifswald als Ruine (um 1815, Bleistift, 26 x 20 cm, Berlin, Prof. Helmut Börsch-Supan)

Eine Bildbetrachtung zur Einstimmung

Um die Botschaft zu verstehen, die ein Kirchenbau vermittelt, genügt es nicht, ihre Bauglieder zu benennen und die unterschiedlichen Baustile zu kennen. All diese Merkmale sind mehr oder weniger Beiwerk, sie betreffen die Hülle, nicht den Kern. Was aber ist der Kern?
Caspar David Friedrich, einer der bedeutendsten Maler der Romantik, hat 1815 in seiner Zeichnung „Die Jacobikirche in Greifswald als Ruine" diesen Zusammenhang eindrucksvoll dargestellt. Mit feinem Bleistiftstrich zeichnete er die Kirche nahezu zerstört, mit verfallenem Langhausgewölbe. Auf den Pfeiler- und Gewölberesten breiten sich schon kleine Bäume und Gräser aus. Ungehindert schweift der Blick ins Freie, direkt zum Himmel.
Sollen wir diese Zeichnung als eine Vision vom fortschreitenden Verfall und Untergang abendländisch christlichen Glaubens deuten, als Bild ohne Hoffnung? Das ist es wohl nicht, was der Künstler mitteilen wollte. Man muss nicht erst Friedrichs Glaubensvorstellungen bemühen, die sich in einer der Romantik eigenen Bildumsetzung zeigen, um eine positive, ja hoffnungsvolle Deutung zu wagen. Was aber sehen wir dann?
Am Ende eines fast völlig zerstörten Kirchenschiffes fällt der Blick auf den schönen, nahezu unbeschädigten hochgotischen Chor. Vor drei schlanken, hohen Maßwerkfenstern hängt noch immer unversehrt ein überlebensgroßer Kruzifixus über dem ebenfalls unzerstörten Altar. Wohlbehalten haben also Altar und Kruzifix, die zentralen Sinnbilder des christlichen Glaubens, den Verfall dieses Kirchengebäudes überdauert, ebenso die Kanzel. Sie ist der Ort, von dem aus die Schrift verkündet wird. Auch sie ist auf Friedrichs Bild, das übrigens damals nicht dem wirklichen Zustand der Jacobikirche in Greifswald entsprach, noch funktionstüchtig.
Ganz links vorne und nahe dem Chor entdecken wir auf der Zeichnung zwei Menschen, einen Mann und eine Frau. Ihre Blicke haben sie zu Christus am Kreuz erhoben. Ganz menschenleer ist die Ruine also nicht, und das Wichtigste, das Sanktuarium, der heilige Raum mit Abendmahlstisch und Kruzifixus sowie die Kanzel, sind erhalten geblieben. Sie überdauern, wie der christliche Glaube, Jahrhunderte und Jahrtausende, auch wenn die äußere Hülle, das Kirchengebäude, verfiel.
Wie ein Motto könnte dieses Bild allen Überlegungen zur wechselvollen zweitausendjährigen Geschichte unserer christlichen Kirche voranstehen. Ein Motto, das besagt: Die äußere Hülle, das Bauwerk, ist vergänglich. Es kann wie auf Caspar David Friedrichs Bild verfallen. Es kann auch nach dem sich ändernden Weltbild der jeweiligen Auftraggeber und ihrer Baumeister in verschiedenen Stilrichtungen an- und umgebaut werden. Sein Sinngehalt jedoch, der Glaube an Jesus Christus, an das „Licht der Welt", wie es im Johannesevangelium heißt (Kap. 8, Vers 12), hat alle Zeiten bis heute überdauert.

Die Kirche – Architektur Gottes auf Erden

„Die sichtbare Kirche ist ein Symbol für die unsichtbare Kirche." Dieser Satz aus dem Mittelalter gilt für jeden christlichen Kirchenbau. Er bedeutet, dass das von Menschenhand errichtete Kirchengebäude das geistige Gebäude des Glaubens sichtbar macht.

Entsprechend sieht der Kunsthistoriker Franzsepp Würtenberger religiöse und kultische Bauwerke als Versuche gläubiger Menschen, den Abstand von Himmel und Erde, von irdischer Menschenwelt und überirdischem Gottesbereich zu überbrücken, indem sie ihren „nur gedanklich fassbaren Göttern symbolhaft eine würdige Wohnung bereiten" („Die Architektur der Lebewesen", Karlsruhe 1989).
Das griechische Wort „kyriakon", von dem wir unseren Begriff „Kirche" ableiten, meint in eben diesem Sinn „dem Herrn gehörig". Die Kirche also als symbolischer Wohnort Gottes auf Erden, als Stätte, an der Menschen Gott nahe sein, ihm begegnen können, in der sie seine Größe feiern, von ihm und seinen Taten sprechen und durch das Gebet gestärkt werden.

Die Kirche – Gottes Haus im Schnittpunkt zwischen Himmel und Erde

„Denn wer von den Gläubigen möchte zweifeln, dass gerade in dieser Opferstunde... die Himmel sich auftun und bei diesem Mysterium die Chöre der Engel zugegen sind. Oben und Unten verbinden sich, Himmel und Erde, Sichtbares und Unsichtbares werden eins" (Papst Gregor der Große).

Schon von vorchristlichen Hochkulturen ist die Vorstellung überliefert, Gott von einer irdischen Anhöhe aus besonders nahe zu sein. Treppen oder hoch auf Bergen angelegte Opferstätten und Heiligtümer versinnbildlichen diesen Weg vom irdischen Dunkel zum himmlischen Licht. So führten beispielsweise drei Stufen zu antiken Tempeln und bis zu 80 m hohe Stufenpyramiden zu den „zwischen Himmel und Erde" errichteten Heiligtümern und Opferstätten der Inkas in Mexiko und Peru. Für den Gedanken räumlicher Gottnähe gibt es auch in der Bibel genügend Vorbilder, erzählt doch schon das Alte Testament, wie Mose und andere biblische Gestalten auf Bergen und Anhöhen im Gebet oder bei einem Opfer Gottes Nähe suchten. Hoch oben auf dem Berg Sinai empfing Mose nach der Überlieferung die zwei Gesetzestafeln von Gott.
Auf frühen Darstellungen der Himmelfahrt Christi (Abb. a, S. 17) eilt Jesus entweder geradewegs einen Hügel empor zu Gott, der ihm hilfreich die Hand aus den Wolken entgegenstreckt, oder er erhebt sich von einem kleinen Felsen, der ihn schon im Diesseits über die Schar seiner Jünger stellte (Abb. b). Engel als Boten Gottes begleiten ihn zu himmlischen Höhen.

Vom Sinngehalt christlicher Kirchen 17

a) Himmelfahrt Christi (Reidersche Tafel, Bayrisches Nationalmuseum, München, um 400)

b) Himmelfahrt Christi (Heilsbronner Altar, Münster Heilsbronn, um 1350)

Mit diesen Darstellungsweisen folgten Maler im Mittelalter der Vorstellung, dass, wer höchste irdische Erhebungen ersteigt, zugleich größtmögliche Gottesnähe erlangt. Demzufolge ist das christliche Kirchengebäude nicht nur als der Ort zu denken, an dem sich irdische und himmlische Welt begegnen. Es ist auch als ein „erhabener" Ort zu verstehen, sozusagen als „Himmelspforte", durch die die Gläubigen Eingang in die Welt Gottes finden.

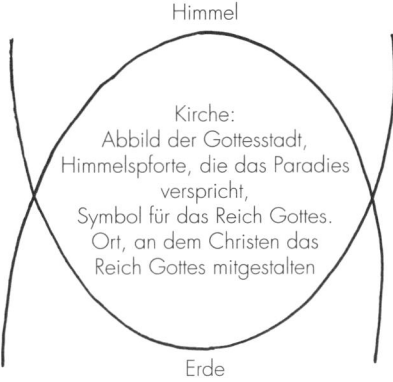

Die Kirche – Sinnbild der ewigen Himmelsstadt

Nach der überlieferten Symbolik gilt die Kirche als Typus und Sinnbild der ewigen Himmelsstadt, in die Jesus als König und Hoherpriester einzog. Sie gilt zugleich als Symbol für das Reich Gottes, aber auch als Wegstrecke, die der Gläubige äußerlich wie innerlich zurücklegen musste, bis er sich mit Christus am Altar verbinden konnte. Die Kirche war zu allen Zeiten aber auch der Ort, an dem Christen dieses geistige Reich im Kult mitgestalten.
So verwundert es nicht, dass viele kirchliche Bauwerke in herausgehobener Lage, sei es auf einer Anhöhe oder zumindest mehrere Stufen über dem normalen Niveau, errichtet wurden. Sie überragten zur Zeit ihrer Entstehung um ein Vielfaches die damals üblichen niedrigen Wohnhütten aus Holz, Lehm und Flechtwerk, die sich in gehörigem Abstand um sie scharten, und wurden mit aller nur erdenklichen Pracht ausgestattet. Selbst heute, an der Wende zum 21. Jahrhundert, können wir uns der beeindruckenden Wirkung dieser Gotteshäuser kaum entziehen.

Die Kirche – Ort höchster irdischer Prachtentfaltung

In seinem bereits zitierten Werk „Die Architektur der Lebewesen" merkt Franzsepp Würtenberger dazu an: „Mit irdischen Mitteln wurde jeweils versucht, himmlische Pracht und überirdische Stimmung zu erzeugen. Kein Aufwand an Kraft, Mühe und Erfindungsgeist wurde gescheut. An kostbarsten Materialien, an haltbaren Steinen, Edelmetallen, wie Gold und Silber und Edelsteinen aller Art, wurde nicht gespart. Entgegen aller sonstigen Architektur... war hier jedoch der Mensch befreit von irdischen, rationalen, nahe gezielten Zwecken und den materiellen, existenzfördernden Nützlichkeiten. Hier ging es um höhere Seinskategorien" (S. 233).
Die praktische Auswirkung dieser vor allem im späten Mittelalter weit verbreiteten Baugesinnung zeigte sich in den nahezu unmenschlichen Anstrengungen und Entbehrungen, die Reiche wie Arme auf sich nahmen, um würdige Kirchenbauten zu Gottes Ehre zu errichten. So berichtete Robert von Mont-Saint-Michel 1144 über den Bau der Kathedrale von Chartres: „In diesem Jahre zum ersten Mal sah man zu Chartres die Gläubigen sich vor Karren spannen, die mit Steinen, Holz, Getreide und wessen man sonst bei den Arbeiten an einer Kathedrale bedurfte, beladen waren. Wie durch Zaubermacht wuchsen Türme in die Höhe. So geschah es nicht nur hier, sondern fast allenthalben in Francien und der Normandie und andernorts. Überall demütigten sich die Menschen, überall taten sie Buße, überall vergaben sie ihren Feinden. Männer und Frauen sah man schwere Lasten mitten durch Sümpfe schleppen und unter Gesängen die Wunder Gottes preisen, die er vor ihren Augen verrichtete" (Jantzen, H.: „Kunst der Gotik", Hamburg 1957).
Heute noch stehen wir – wie schon Generationen von Pilgern und Gläubigen vor uns – staunend und voller Bewunderung vor diesen hoch in den Himmel aufragenden,

genial konstruierten Steinbauten aus längst vergangenen Zeiten. Welche nie erlahmende, übermenschliche Glaubenskraft, welche Energie muss damals die Baumeister, Steinmetzen und alle am Bau beteiligten Handwerker, das einfache Volk ebenso wie Adlige und bürgerliche Geldgeber zu immer größeren Leistungen angespornt und bis zur letzten Vollendung der Kathedralen oft über Generationen hinweg geeint haben! Wie viele Millionen Tonnen Stein wurden im 12. und 13. Jahrhundert allein in Frankreich für den Bau der etwa 80 Kathedralen, über 500 großen Kirchen und mehr als 10 000 kleineren Pfarrkirchen aus dem Fels geschlagen, behauen und mit Menschenkraft an ihren Platz gebracht!

Die Kirche – Symbol für den Weg zu Gott

Für den Menschen im Mittelalter galt die Welt als ein Kunstwerk Gottes. Sie war nach seinem göttlichen Plan erdacht, war seine nach Maß, Zahl und Gewicht geordnete Schöpfung. In allem Sichtbaren erkannten die Menschen damals das Unsichtbare, den göttlichen Sinn. Alles, was sie selbst zur Ehre Gottes erdachten und erbauten, konnte nur ein schwacher irdischer und damit vergänglicher Abglanz seines ewigen Reiches sein. Mit Gott war das Licht auf die Welt gekommen, der Weg zu ihm führte ins Licht. Diesem Gott wollten die Menschen nahe sein, zu ihm beten und ihm Gotteshäuser errichten.
Das Durchschreiten der Kirche vom Eingang zum Licht des Altars symbolisierte von Anfang an für Christen diesen Weg zu Gott. Viele auf Wände und Glasfenster gemalte, aus Holz geschnitzte und aus Stein gehauene Bilder und Sinnzeichen begleiteten diesen Weg.

Westen — Vom Portal → über das Langhaus → zum Altar — Osten

Christliche Wegkirche

Dieser abschreitbare Weg, der zum Vollzug der gottesdienstlichen Handlungen gut geeignet war, ließ den basilikalen Langhausbau, die Basilika, im Mittelalter für lange Zeit zur vorherrschenden Kirchenform gegenüber dem Zentralbau werden.

Die Kirche – Sinn- und Denkbild

Im Gegensatz zu vorangegangenen antiken Religionen lebt das Christentum vom Glauben an die Auferstehung, an ein Leben im Reich Gottes nach dem Tode. Dementsprechend liegt das Ziel christlicher Kunst nicht in der realistischen Darstellung von Vollendung und höchster Erfüllung auf Erden, sondern sie will in „Denkbildern" an die Errettung der Seele im Jenseits erinnern.
Christliche Kunst dient nicht kultischen, sondern symbolischen und didaktischen Zwecken. Gleiches gilt auch für christliche Architektur. In ihrer Gesamtform und in mancher Einzelform sehen wir, entsprechend dem mittelalterlichen Welt- und Gottesbild, unter anderem folgende Gedanken verwirklicht:

- Die Kirche ist ein Abbild des „himmlischen Jerusalem".
- Sie führt die Gläubigen zum göttlichen Licht.
- Ihr Bau symbolisiert die ewige Harmonie der Zahlen im Kosmos.
- Das Kreuz Christi als Erinnerung an Passion und Auferstehung ist in ihr gegenwärtig.

Mit den Kirchenbauten der Vergangenheit besitzen wir einmalige Zeugnisse des Glaubens, die es zu erhalten gilt.
Wenn wir die Botschaft, die sie vermitteln, verstehen wollen, dann müssen wir uns allerdings klar machen, dass durch kriegerische Ereignisse, natürliche Zerstörungsprozesse und Umbauten vieles von den ursprünglichen Absichten der Erbauer und ersten Künstler nicht mehr zu sehen ist. Einiges lässt sich rekonstruieren, durch Vergleiche erklären, aber manches ist verloren oder bleibt rätselhaft.

Stichwörter:
→ Auferstehung, → Basilika, → Chartres, → himmlisches Jerusalem, → Licht, → Passion, → Zentralbau, → Zikkurat

Blütezeit der Kirchenbaukunst: Das Mittelalter

Bauen nach einer Vision

Wichtigstes Leitmotiv mittelalterlicher, hoch zum Himmel aufragender gotischer Kathedralen ist die in der Offenbarung des Johannes überlieferte biblische Beschreibung des himmlischen Jerusalem auf Erden. Im 21. Kap. lesen wir:

„Ich sah, wie die Heilige Stadt, das neue Jerusalem, von Gott aus dem Himmel herabkam. Sie war festlich geschmückt wie eine Braut, die auf den Bräutigam wartet. Vom Thron her hörte ich eine starke Stimme: Jetzt wohnt Gott bei den Menschen! Er wird bei ihnen bleiben und sie werden sein Volk sein...Der Geist nahm von mir Besitz, und in der Vision trug mich der Engel auf die Spitze eines sehr hohen Berges. Er zeigte mir die Heilige Stadt Jerusalem, die von Gott aus dem Himmel herabgekommen war. Sie strahlte die Herrlichkeit Gottes aus und glänzte wie ein kostbarer Stein, wie ein kristallklarer Jaspis. Sie war von einer sehr hohen Mauer mit zwölf Toren umgeben. Die Tore wurden von zwölf Engeln bewacht, und die Namen der zwölf Stämme Israels waren an die Tore geschrieben. Nach jeder Himmelsrichtung befanden sich drei Tore, nach Osten, nach Süden, nach Norden und nach Westen. Die Stadtmauer war auf zwölf Grundsteinen errichtet, auf denen die Namen der zwölf Apostel des Lammes standen... Einen Tempel sah ich nicht in der Stadt. Gott, der Herr der ganzen Welt, ist selbst ihr

Das neue Jerusalem,
Buchmalerei
aus dem Kloster Reichenau,
vor 1020
(Staatsbibliothek, Bamberg)

Tempel, und das Lamm mit ihm. Die Stadt braucht weder Sonne noch Mond, damit es hell in ihr wird. Die Herrlichkeit Gottes leuchtet in ihr und das Lamm ist ihre Sonne. In dem Licht, das von der Stadt ausgeht, werden die Völker leben..."

Als im Mittelalter entlang der großen Pilgerstraßen Kirchen und Kathedralen zur Ehre Gottes errichtet wurden, sollten sie dieser imaginären, von Johannes geschauten Gottesstadt möglichst nahe kommen. Kirchen wurden formal wie inhaltlich als Weg zu Gott, als Architektur des Lichts geplant und ausgeführt, sei es in der Frühform der romanischen „Himmelsburg", sei es im Spätmittelalter als filigranes Abbild des „himmlischen Universums" oder noch viel später, im Zeitalter des Barock und der Gegenreformation, als „heiliges Schauspiel", als „Theatrum sacrum".
In ihrer Grundform, ihrer Außen- und Innengestaltung, auf unzähligen gemalten Bildern, Reliefs und Skulpturen erzählen Kirchen von Gottes Schöpfung, von der Heilsgeschichte und vom Jüngsten Gericht. Wie in einem aufgeschlagenen Buch konnten Gläubige in ihnen „lesen" und ihre Lehre verstehen. Der Gang durch eine Kirche kam einer Predigt in Bildern gleich.

Stichwörter:
→ Barock, → Gegenreformation, → Gotik, → himmlisches Jerusalem, → Lamm, → Licht, → Reformation, → Relief, → Romanik, → Skulptur

Allgemeine Gestaltungsmerkmale mittelalterlicher Kirchen

Licht und Raumsymbolik

Die Orientierung nach Osten

Wie in vielen Religionen der Antike wurde es auch in frühen Christengemeinschaften üblich, beim Gebet den Blick nach Osten, der aufgehenden Sonne entgegen, zu richten. Erwarteten Christen doch von dort die Wiederkunft Christi als der „Sonne des Heils" (Matthäus 24,27 und Offenbarung 7,2). Entsprechend dieser ostwärts gewandten Gebetsrichtung wurden christliche Gottesdiensträume schon seit dem 3. Jahrhundert „geostet", d. h. zur aufgehenden Sonne im Osten hin orientiert. In frühromanischen Gotteshäusern lag oftmals der Eingang noch im Osten und damit der Altar im Westen. Der Priester („Liturg") sah nach Osten, die Gemeinde zu ihm hin nach Westen. Beim Gebet musste sich die Gemeinde umdrehen und damit vom Altar abwenden.
Seit im 4. Jahrhundert der Altar immer mehr als Symbol Christi und damit als Ort der Erscheinung Gottes gesehen wurde, hat es sich in christlichen Kirchen durchgesetzt, dass der Altar im Osten des Kirchenraums stand – dort, wo das Licht herkam.

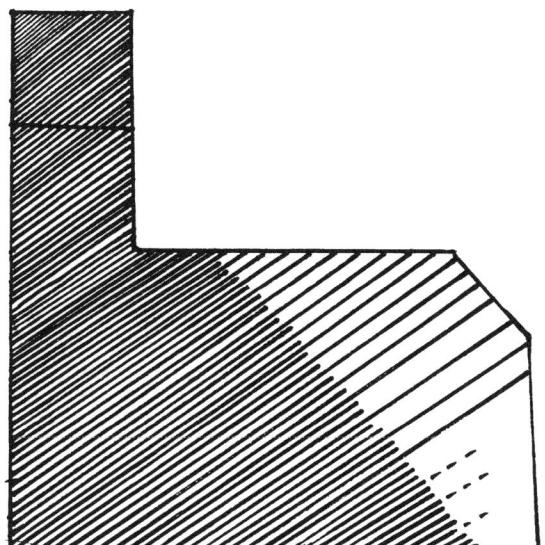

Der Weg
vom Dunkel im Westen
zum Licht im Osten

Der Weg zum Licht

Nicht nur für den Standort des Altars, sondern auch in anderen Bereichen des Kirchenbaus spielt das Licht eine bedeutende Rolle. Licht bedeutet Helligkeit und Verdrängung der Finsternis. Es bedeutet Wärme und Lebenskraft. Licht und Wärme sind von Anbeginn an Grundbedürfnisse des Menschen. Gott schuf zuerst das Licht, lesen wir im Schöpfungsbericht des Alten Testamentes. Damit steht der christliche Glaube im Einklang mit den Mythen vieler Völker, in denen Licht mit Leben und Finsternis mit Tod gleichgesetzt werden.
Im Neuen Testament heißt es von Jesus im Evangelium des Johannes: *„Ich bin das Licht der Welt. Wer mir nachfolgt, der wird nicht wandeln in der Finsternis, sondern wird das Licht des Lebens haben"* (Johannes 8, 12).
Im christlichen Glauben steht Licht für Leben. Nicht nur für irdisches Leben, sondern für ein Leben nach dem Tode, für das ewige Leben der Erlösten.
Auf ihrem Gang durch eine mittelalterliche Kirche durchschreiten Gläubige symbolisch diesen Weg. Durch das massiv gebaute, dunkle Westportal betreten sie das Gotteshaus, gehen den von hochgelegenen Fenstern mäßig beleuchteten Mittelgang des Langhauses entlang auf den Altar im lichtdurchfluteten Chor zu. Auf diesem Weg nähern sie sich nicht nur symbolisch dem ewigen Licht, sondern sie durchschreiten auch wirklich, aus der Dunkelheit kommend, verschiedene Helligkeitsgrade bis hin zum „ewigen Licht", dem göttlichen Licht des Allerheiligsten (Abb. S. 23 und S. 24).
Dem hohen Symbolgehalt entsprechend haben die Christen von jeher bei gottesdienstlichen Handlungen (Messfeier, Kerzenweihe, Osterlicht, ewiges Licht) und im Kirchenbau dem Licht eine große Bedeutung zugemessen. Dies zeigt sich auch in der

24 *Vom Sinngehalt christlicher Kirchen*

Blick in die Höhe, in das Licht eines gotischen Chores

verschwenderischen Verwendung glänzender oder durchscheinender Materialien der Innenausstattung der Kirchen, beispielsweise im viel verwendeten Gold, das schon vom kleinsten Kerzenschimmer angestrahlt wie aus sich selbst leuchtet. Es zeigt sich auch in den Glasfenstern, die Mauern transparent machen und ihre farbigen Bilder leuchten lassen, nicht zu vergessen in den bewusst eingesetzten Lichteffekten barocker Wallfahrtskirchen.

Vom himmlischen Eigenlicht mittelalterlicher Glasmalereien

Aus farbigen Glasstücken zusammengefügte Fenster-„Wände" mittelalterlicher Kirchen leuchten auf wie Edelsteine, wenn Tageslicht von unterschiedlicher Intensität sich in ihnen bricht. Sie lassen mit wechselnden Tageszeiten unterschiedliche Farbmuster auf den Steinböden aufscheinen und, wenn es Nacht wird, wieder verlöschen.
Die Faszination dieser scheinbar selbstleuchtenden Lichtquellen besteht darin, dass sie das Dargestellte – Szenen aus dem Alten und Neuen Testament oder Heiligenfiguren – aus der realen Wirklichkeit in himmlische Bereiche entrücken. Biblische Szenen, aus blutroten, nachtblauen und goldgelben Glasstücken gefügt, lassen ihre Bildinhalte nah (durch die gut erkennbare Darstellung) und zugleich weltfern und transzendent erscheinen.

Glasbilder wirken wie eine aus dem Irdischen entrückte, überirdisch aufstrahlende Bilderwelt. Was byzantinische Mosaikkuppeln oder mittelalterliche Altarbilder mit aus sich selbst leuchtender Goldfarbe erreichen wollten, scheint in gotischen Glasfenstern noch um einiges eindrucksvoller und kommt der Beschreibung des „himmlischen Jerusalem" ganz nahe. Darüber lesen wir in der Offenbarung:

Die Mauer bestand aus Jaspis. Die Stadt selbst war aus reinem Gold gebaut, das so durchsichtig war wie Glas. Die Grundsteine der Stadtmauer waren mit allen Arten von kostbaren Steinen geschmückt. Der erste Grundstein ist ein Jaspis, der zweite ein Saphir, der dritte ein Chalzedon, der vierte ein Smaragd, der fünfte ein Sardonyx, der sechste ein Karneol, der siebte ein Chrysolith, der achte ein Beryll, der neunte ein Topas ..." *(Kap. 21, Vers 18 ff.).*

So gesehen konnte kein besseres Material als gefärbtes und lichtdurchlässiges Glas die Wirkung erlesener Edelsteine simulieren. Die riesigen, hochaufragenden Fenster, zusammengefügt aus unzähligen bunten Glasstücken, gaben eine Ahnung dieser in der Offenbarung des Johannes beschriebenen Herrlichkeit.
Die Auflösung der Kirchenwand zum lichterfüllten „Bilderbuch Gottes" war eine der ganz genialen Bauideen des Mittelalters. Sie wird Abt Suger von Saint-Denis (Frankreich) zugeschrieben. Er begann 1137 mit dem Bau einer Klosterkirche, die für die Entwicklung der Gotik entscheidende Bedeutung erlangte.

Stichwörter:
→ Abt Suger, → byzantinische Kunst, → Chor, → himmlisches Jerusalem, → Licht, → Mosaik, → Ostung, → Transzendenz

Farbensymbolik

Farben spielten in alten Kirchen nicht nur auf den gemalten Altarbildern, auf den großflächigen Decken- und Wandbildern und in Glasfenstern eine wichtige Rolle, sondern auch an anderen Stellen des Gebäudes. Untersuchungen haben ergeben, dass steinerne Gewändefiguren an den Portalen französischer Kathedralen farbig gefasst waren. Ebenso finden sich Farbreste auf manchen Schluss-Steinen in Gewölben.

Rot, Blau, Grün

Bestimmte Farben hatten schon in vorchristlicher Zeit eine tiefe Symbolbedeutung. Das Christentum hat sie übernommen und seinen Glaubensaussagen angepasst. Rot, Blau und Grün galten als Farben, die das Reich Gottes, seine Liebe, den Himmel und die Hoffnung auf ein ewiges Leben symbolisierten.

Gold

Eine besondere Rolle spielte die Farbe Gold. Sie verkörperte auf Grund ihrer aus sich selbst heraus erstrahlenden Leuchtkraft – unabhängig von ihrem materiellen Wert – das himmlische Reich. Gold finden wir in verschwenderischer Fülle sowohl auf byzantinischen Mosaikbildern wie auf den Goldhintergründen mittelalterlicher Altartafeln oder auf den Fresken an den Decken barocker Wallfahrtskirchen. Es signalisierte eine weltentrückte himmlische Welt und ist als Farbe gemalter Heiligenscheine ebenso bedeutsam wie als Ornamentfarbe auf Heiligengewändern.

Stichwörter:
→ byzantinische Kunst, → Farbensymbolik → Fresken, → Gewände, → Mosaik, → Schluss-Stein

Zahlensymbolik und Zahlenästhetik

Ursprung der Zahlensymbolik

„*Du aber hast alles nach Maß, Zahl und Gewicht geordnet*" (Weisheit Salomos, Kap. 11, Vers 21). Auch dieser Vorstellung aus der Bibel folgten die Baumeister im Mittelalter, wenn sie ein Gotteshaus als Symbol für die göttliche Ordnung errichteten. Wichtige Quelle, von der sich mittelalterliche Baumeister bei ihren Bauplänen, bei der Wahl von Maßen und Proportionen leiten ließen, war die christliche, teils aus der Antike übernommene Zahlensymbolik.
Verschiedene Zahlen, vor allem auch die einzelnen Faktoren, aus denen sie zusammengesetzt waren, galten im christlichen Weltbild als Daten der Heilsgeschichte, als symbolische Zahlen, die man sakralen Gebäuden zugrunde legte. Ihre Bedeutung bezog man unter anderem aus Messzahlen, die im Alten Testament (Arche Noah, Stiftshütte Moses, Tempelvision Ezechiels und dem Tempel des Salomo) genannt und in Beziehung zum Heilswirken Jesu im Neuen Testament gedeutet wurden. So sind beispielsweise Maße und Zahlenverhältnisse der Hagia Sophia in Konstantinopel, des bedeutendsten Kirchenbaus der byzantinischen Kunst, Anspielungen auf die Höhen-, Breiten- und Längenverhältnisse des in 1. Könige, Kap. 6 beschriebenen Tempels Salomos.
In einem unserer bekanntesten romanischen Bauwerke, in der Pfalzkapelle in Aachen, wird mit dem 144 Fuß messenden Umfang des inneren Achtecks („Oktogon") das „Engelsmaß" des himmlischen Jerusalem aus der Offenbarung des Johannes übernommen (Kap. 21, Vers 17).
Auch für St. Michael in Hildesheim errechneten Kunsthistoriker bedeutsame Zahlen- und Proportionsverhältnisse, z. B. für das im symmetrischen Verhältnis 1:2:3 zur Vierung hin ansteigende Querschiff, dessen Breite sich aus 10 + 20 + 30 + 20 + 10 Fuß zusammensetzt und zuzüglich der jeweils 5 Fuß dicken Mauern an beiden Seiten

zusammen eine Länge von 100 Fuß ergibt. Zehn (10 x 10) gilt als heilige Zahl, die an die Gesetzestafeln Moses erinnert. Die Vierungsbreite schließlich von 30 Fuß ist dreimal im Querschiff enthalten.

Aber nicht nur in Grund- und Aufrissen, sondern auch in der weiteren Ausstattung (Skulpturen, Bildtafeln bis hin zum Altargerät) vieler mittelalterlicher Kirchen sind Anspielungen auf heilige Zahlen und ihre Symbolik zu entdecken:

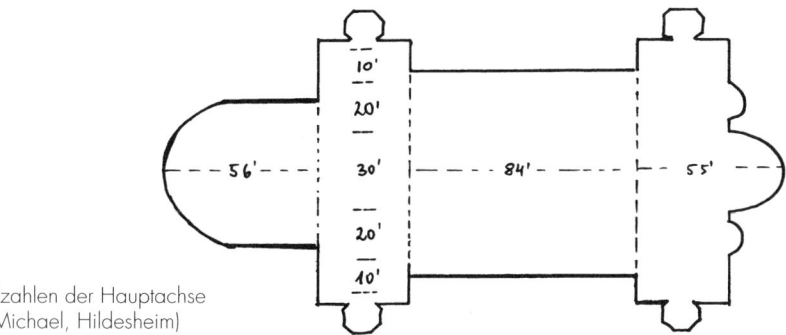

Maßzahlen der Hauptachse
(St. Michael, Hildesheim)

Bedeutung der Zahlen

Drei: Sie steht für die Dreifaltigkeit (Gott Vater, Sohn und Heiliger Geist = „Trinität") und für alles Göttliche (siehe auch Neun).

Vier: Sie deutet auf das Universum, auf den Menschen (vier Himmelsrichtungen, vier Elemente).

Fünf: Eine vollkommene Zahl. Sie steht für den Mikrokosmos Mensch; zu denken ist an die fünf Wundmale Christi (oft dargestellt durch fünf Rosen), aber auch an den fünfzackigen Stern (als Pentagramm: Abwehrwirkung).

Sechs: Nach der alttestamentlichen Schöpfungsgeschichte schuf Gott Himmel und Erde in sechs Tagen: Die Sechs, bestehend aus der Summe von 1+2+3, durch die sie auch geteilt werden kann, galt als vollkommene Zahl.

Sieben: Eine heilige Zahl. Sie setzt sich aus drei und vier zusammen, die das Göttliche und das Menschliche umfassen. Sie spielt vor allem in der Offenbarung des Johannes eine Rolle.

Acht: Sie steht für Auferstehung und Vollendung. In vielen frühchristlichen Taufkirchen ist die Acht im achteckigen Grundriss („Oktogon") zugrunde gelegt, sie symbolisiert die geistige Wiederkehr nach der Taufe und den Neuen Bund.

Neun: Dreimal die heilige Zahl Drei. Im himmlischen Herrschaftssystem gibt es drei Cherubim, drei Seraphim, drei Throne; drei Gewalten, drei Nächte; drei Fürsten, drei Erzengel usw.

28 Vom Sinngehalt christlicher Kirchen

Zwölf: Heilige Zahl, zusammengesetzt aus drei mal vier. Zwölf Apostel, zwölf Stämme Israels. Gleiches gilt für alle Vielfachen von zwölf.

Stichwörter:
→ Dreifaltigkeit, → Oktogon, → Pentagramm, → sakral, → Skulptur, → Vierung

Gestaltungselemente des Innenraums

Das allgegenwärtige Symbol des Kreuzes

Wer die Grundrisse vieler mittelalterlichen Kirchen aufmerksam betrachtet, fühlt sich in ihren Proportionen und Maßen an eine liegende menschliche Figur erinnert oder auch an ein Kreuz. Da ist der Chor als Haupt, das eingeschobene Querschiff steht für die waagerecht ausgebreiteten Arme, das Langschiff für den übrigen Körper.
Es scheint nicht so, als wäre die später immer wiederkehrende Kreuzsymbolik in christlichen Kirchen von Anfang an beabsichtigt gewesen. Lange Zeit galt das Kreuz und die Darstellung des Gekreuzigten in der christlichen Kunst als nicht bildwürdig.

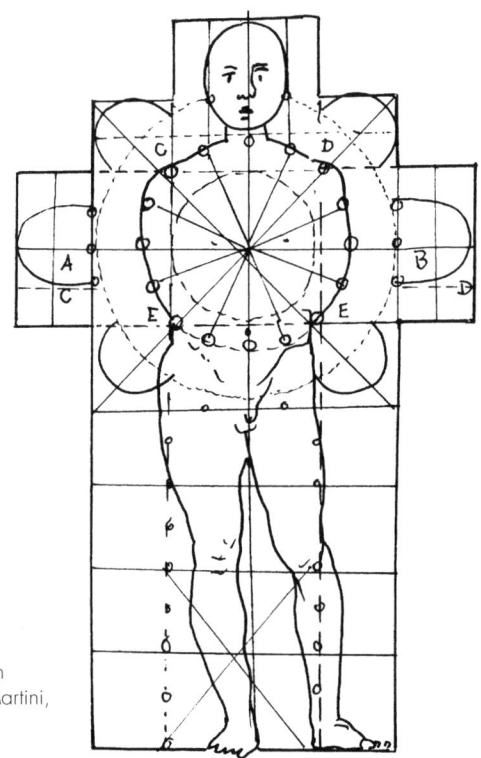

Kirchengrundriss
nach dem Maß des Menschen
(nach Francesco di Giorgio Martini,
1480/90,
Nationalbibliothek, Florenz)

Das hatte verschiedene Gründe. Vor allem lag es wohl lange Zeit (in Westeuropa bis 1000 n. Chr.) nicht im Interesse der Kirche, Christus als den schmählich Hingerichteten vor Augen zu führen.

Erst im Spätmittelalter ist das Kreuz als Symbol für das Leiden und Sterben Jesu, als Sinnbild für die Passion, in allen christlichen Kirchen in vielerlei Form gegenwärtig: Es begegnet uns als Kruzifix im Chor oder über dem Altar, auf Kreuzigungsdarstellungen der Altartafeln und bildet sich dort, wo der Längsbau einer Kirche durch ein Querschiff erweitert wurde, im gesamten Baukörper ab. Auf Luftaufnahmen (beispielsweise der Kathedrale von Chartres) zeigt das Dach diese Kreuzform, die die Kirchenbesucher in der Kirche selbst abschreiten oder auf einem Kirchengrundriss ablesen können.

In ihrer Schrift „Formen, Kreis, Kreuz, Dreieck, Quadrat, Spirale" (Stuttgart, 1985) schließt Ingrid Riedel auf eine Herrschaftsordnung des mittelalterlichen Kirchenraumes durch die Grundrissform des Kreuzes. Sie schreibt: „Die dominierende Längsachse führt hier dazu, einen langen Weg vom Eingang durch die Hallenkirche bis zum Altar nehmen zu müssen, der, ehe man ins Allerheiligste tritt, noch vom Querschiff durchkreuzt, durchschritten wird. So wird eine Rangordnung von hinterem und vorderem Raum und den dort jeweils ‚zugelassenen' Gläubigen, eine Hierarchie von dem zelebrierenden Klerus im oberen Chorraum bis hinab zu den einfachen Gläubigen im langen Laienschiff hergestellt. Die Gestalt des Weges, des Kreuzweges und des Leidens auf dem Wege zu Gott, ist diesen Kirchenbauten und der ihnen entsprechenden Frömmigkeit – bei aller bestechenden Schönheit dieser Bauten – unübersehbar eingeprägt."

Gegenpole: Westwerk und Chor

Mittelalterlicher Symbolik nach ist der Westen die Himmelsrichtung, die dem Heil der aufgehenden Sonne entgegengesetzt ist, Gegend des Bösen, der Sitz dämonischer Kräfte. Das mit einem oder mehreren wehrhaften Türmen ausgestattete Westwerk großer romanischer Kaiserdome (Mainz, Worms, Speyer) ist diesen dunklen Mächten entgegengestellt und symbolisiert in seinem festungsähnlichen Aufbau Abwehr und Kampf gegen diese Kräfte (Abb. S. 30a). Den dämonischen Mächten tritt nach mittelalterlicher Vorstellung der Erzengel Michael (Abb. S. 30b), oft zusammen mit dem Erzengel Gabriel, entgegen. Ihm ist im Westwerk ein Altar oder eine eigene Kapelle gewidmet.

Zugleich aber ist das mächtige Westwerk unübersehbar Zentrum und Symbol weltlicher Macht. Auf seinen Reisen diente es dem Kaiser samt Gefolge als Aufenthaltsort und Kirche. Der Kaiserthron stand erhöht auf einer Empore, ein bis zwei Stockwerke über dem Volk unten im Kirchenschiff. Von hier oben aus demonstrierte der Kaiser, umgeben von seinem mitreisenden Hofstaat, unbegrenzte weltliche Macht auch gegenüber dem versammelten Klerus im Hochchor, am entgegengesetzten Ende des Kirchenschiffs.

30 Vom Sinngehalt christlicher Kirchen

a) Westwerk des Doms von Minden an der Weser    b) Erzengel Michael

Oftmals fand im Westwerk auch der Stifter und Begründer des Gotteshauses seine Ruhestätte, während im Osten, in der Krypta oder im Chorraum nahe dem Altar und Bischofsstuhl Heilige ihre Grabstätte hatten. Später diente das Westwerk auch als Gerichtsplatz und Versammlungsort vor Prozessionen und Taufen. Die nicht mehr benötigte Herrscherempore wurde zur Nonnenempore umgewidmet.

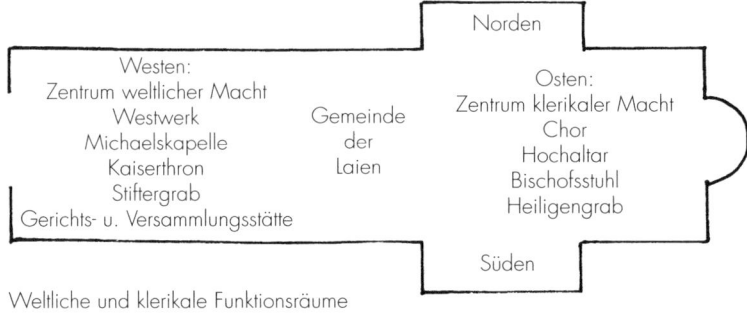

Weltliche und klerikale Funktionsräume

Vom Sinngehalt christlicher Kirchen 31

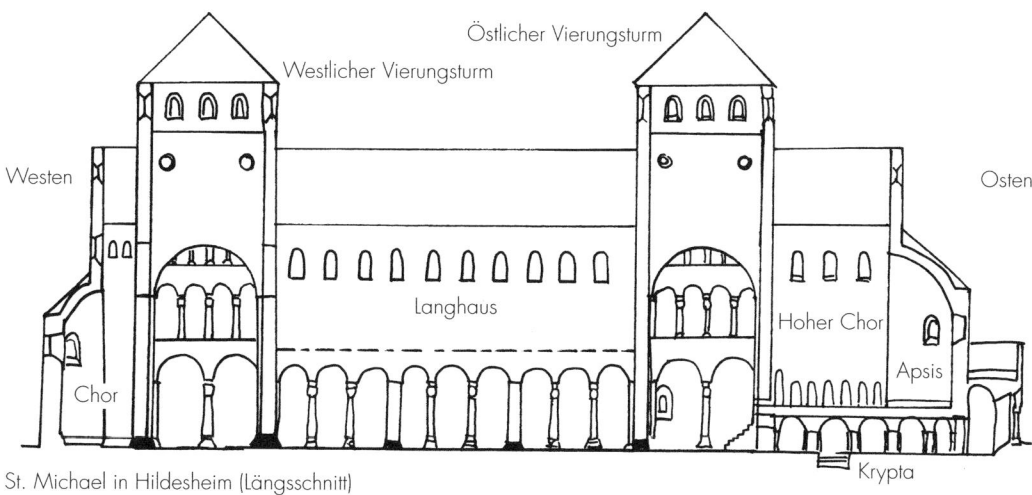

St. Michael in Hildesheim (Längsschnitt)

Gegenpole: Krypta und Vierungsturm

Ebenso wie sich der Gegensatz von weltlicher zu kirchlicher und päpstlicher Herrschaft in der Waagerechten darstellt, ist auch die Beziehung zwischen Krypta und Vierungsturm in der Senkrechten eine besondere. Die Krypta, unter dem Altar, oft mehrere Stockwerke in die Tiefe gegrabener Aufbewahrungsort für Reliquien und Heiligengräber, findet ihre Entsprechung im Vierungsturm. Er wurde über dem Vierungsquadrat, der Schnittstelle von Längs- und Querschiff, errichtet.

Beide Wege, von West nach Ost, also vom Dunkel zum Licht, und von unten nach oben, vom Irdischem zum Himmel, kreuzen sich im Vierungskreuz. Zusammen mit dem liegenden Kreuz des sich durchdringenden Lang- und Querhauses scheinen sie dem gedachten Kreuz eine weitere, die „himmlische" Dimension, hinzuzufügen. Anders als die das Westwerk flankierenden Türme, die die Mächte der Finsternis abwehren, kommt dem Turm über der Vierung nämlich eine besondere Bedeutung zu. Er steht im Schnittpunkt des Kreuzes, weist himmelwärts und verkündet so die Auferstehung und die Hoffnung auf ewiges Leben.

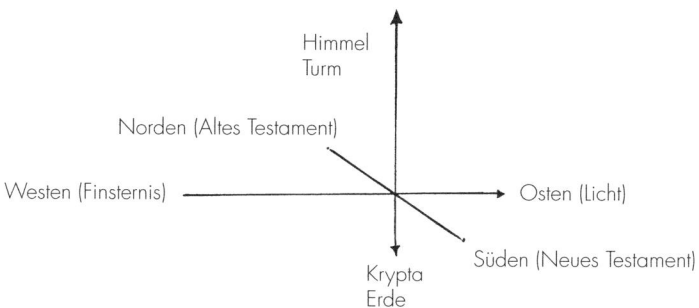

Altar, Taufstein und Kanzel – Orte gottesdienstlicher Handlungen

Kirchen wurden für den Gottesdienst erbaut, der in Wort, Symbol und ritueller Handlung gefeiert wird. Kirchen dienen der Messfeier, dem Vollzug der Sakramente, auch der stillen Einkehr und Andacht. Einzelne, dafür besonders vorgesehene und hervorgehobene Orte im Kircheninneren, sogenannte „Prinzipalstücke", sind der Altar, der Taufstein und die Kanzel. Ihrer hohen Bedeutung für Gottesdienst und Messfeier entsprechend nehmen sie eine wichtige Funktion im Kircheninneren ein und finden an exponierter Stelle im Kirchenraum Aufstellung.

Altar

Am Altar wird das Wort Gottes verkündet und die Eucharistie gefeiert, das Herren- bzw. Abendmahl in Erinnerung an das letzte Mahl Jesu mit seinen Jüngern. Im Mittelalter fand der Hochaltar seinen Platz im Chorraum, also in der Nähe eines Heiligengrabes und in dem für die Geistlichkeit vorgesehenen Raum, dem „Presbyterium". War der Chorraum mit einem Lettner vom Volk abgeschirmt, wurde an seiner Front auch ein Volksaltar aufgestellt.

Taufstein

Der alte Taufstein nimmt noch heute in vielen Kirchen das geweihte Taufwasser auf. Früher waren dies große Becken, in die der Täufling – in Erinnerung an die Taufe Jesu im Jordan – ganz untergetaucht wurde. Heute symbolisiert oft nur noch eine Taufschale das Taufbecken und der Täufling wird nur noch mit einer Hand voll Wasser benetzt.
Das Taufbecken war in der Nähe des Eingangsportals in der Kirchenvorhalle aufgestellt und sollte die Eintretenden an die errettende und Sünden vergebende Kraft der Taufe erinnern. Seit der Reformation wurde die Taufe als Aufnahme in die christliche Gemeinde verstanden. Der Taufstein rückte nun ins Blickfeld der versammelten Gemeinde und die Taufe wurde in Altarnähe vollzogen.

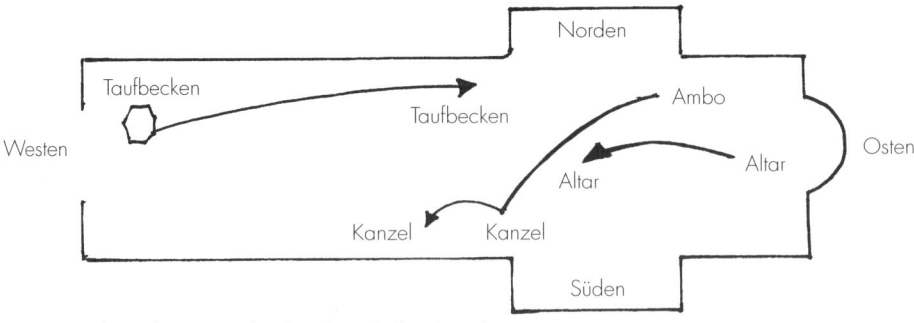

Bevorzugte Standorte der Prinzipalstücke Altar, Taufe, Kanzel

Kanzel

In vielen Kirchen gibt es für kurze Lesungen einen so genannten „Ambo", ein Lesepult am Lettner. Mit zunehmender Bedeutung der Predigt fand die Kanzel ihren Platz am Triumphbogen oder im ersten Drittel (Altarnähe) der Südseite des Kirchenschiffes, sodass die Gemeinde den Prediger gut sehen und gut verstehen konnte. Auch die Kanzel veränderte im Zuge der Reformation ihren Standort.

Stichwörter:
→ Altar, → Ambo, → Chartres, → Chor, → Empore, → Eucharistie, → Hallenkirche, → Hierarchie, → Klerus, → Kreuz, → Kruzifix, → Lettner, → Licht, → Passion, → Presbyterium, → Prinzipalstücke, → Reformation, → Reliquien, → Ritual, → Sakrament, → Taufstein, → Triumphbogen, → Vierungsturm, → Westwerk

Bildprogramme in mittelalterlichen Kirchen

Das Bildprogramm als Spiegel des mittelalterlichen Welt- und Glaubensverständnisses

In mittelalterlichen Kirchen werden die Besucher von einem dämmrigen Dunkel empfangen. Das Licht ist gedämpft, das Auge muss sich erst an das Dämmerlicht gewöhnen. Langsam treten die gemalten Bildprogramme an Decken, Wänden, Fenstern und auf den Altaraufsätzen ins Bewusstsein.
Wer die Bilder vergleicht, wird Unterschiede bezüglich ihrer Größe, Beleuchtung und ihres Standortes in der Kirche feststellen.
Mit diesen Unterschieden wollten die Künstler auf die größere oder geringere Bedeutung der dargestellten Person oder Szene innerhalb der Heilsgeschichte hinweisen (Abb. 34 a).
So stehen Christus und Maria entsprechend der herausragenden Rolle in der Heilsgeschichte jeweils an zentralen, hervorgehobenen und vor allem auch gut ausgeleuchteten Orten im Osten des Kirchenschiffs, in der Apsis, dem Chorraum oder in der Mitte des Triumphbogens. Auf Altarbildern nehmen sie die Mitte des Mittelflügels ein.

Der Bedeutungsmaßstab: Wichtiges wird groß, Unwichtiges klein dargestellt

Neben der Auswahl des Standortes ist der sogenannte Bedeutungsmaßstab eine weitere Möglichkeit, eine Person hervorzuheben. Figuren werden in einer Perspektive wiedergegeben, die nicht real, sondern symbolisch ist. Je nach ihrer geistigen Bedeutung werden sie größer oder kleiner dargestellt (Abb. Seite 34 b).

34 Vom Sinngehalt christlicher Kirchen

a) Christus als Herrschergestalt
   (Wandbild, Spanien, um 1125)

b) Schutzmantelmadonna
   (Neustift, Brixen, Südtirol, 1485)

Die überlieferte Rangfolge: Von oben nach unten

Den überlieferten Ordnungsprinzipien nach werden Bildwerke stufenweise von oben nach unten in folgender Reihenfolge aufgebaut und gelesen:

Raumsymbolik: Rechte und linke Seite

Für das Verständnis der mittelalterlichen Bildprogramme ist es wichtig, die symbolische Bedeutung des Unterschiedes von rechter und linker Seite zu kennen. Die Seitenverteilung gilt jedoch nicht aus der Sicht der Betrachtenden, sondern immer aus der Sicht Gottes bzw. Christi, eines Heiligen oder des ranghöchsten Kirchenfürsten. Im Kircheninnenraum bedeutet, vom Bischof bzw. von der Apsis aus gesehen, die rechte Seite mehr als die linke. So werden rechts (vom Eintretenden aus links!) die Evangelien verlesen, links „nur" die Episteln.

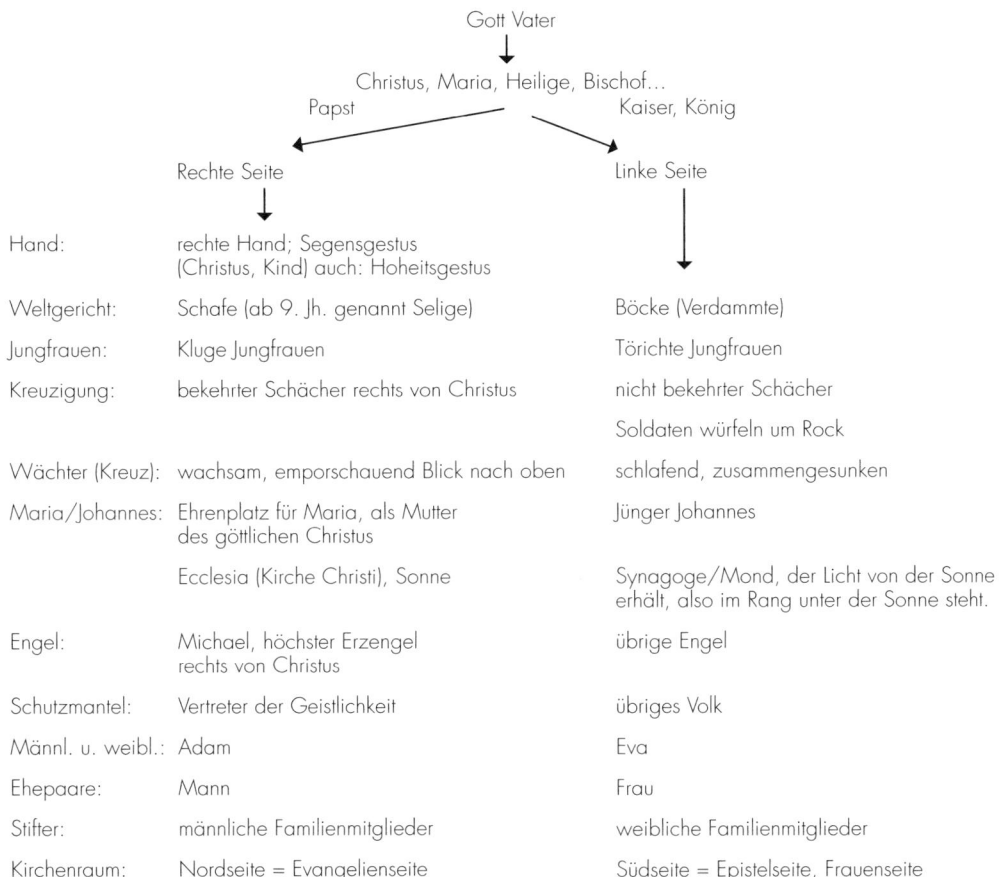

	Rechte Seite	Linke Seite
Hand:	rechte Hand; Segensgestus (Christus, Kind) auch: Hoheitsgestus	
Weltgericht:	Schafe (ab 9. Jh. genannt Selige)	Böcke (Verdammte)
Jungfrauen:	Kluge Jungfrauen	Törichte Jungfrauen
Kreuzigung:	bekehrter Schächer rechts von Christus	nicht bekehrter Schächer
		Soldaten würfeln um Rock
Wächter (Kreuz):	wachsam, emporschauend Blick nach oben	schlafend, zusammengesunken
Maria/Johannes:	Ehrenplatz für Maria, als Mutter des göttlichen Christus	Jünger Johannes
	Ecclesia (Kirche Christi), Sonne	Synagoge/Mond, der Licht von der Sonne erhält, also im Rang unter der Sonne steht.
Engel:	Michael, höchster Erzengel rechts von Christus	übrige Engel
Schutzmantel:	Vertreter der Geistlichkeit	übriges Volk
Männl. u. weibl.:	Adam	Eva
Ehepaare:	Mann	Frau
Stifter:	männliche Familienmitglieder	weibliche Familienmitglieder
Kirchenraum:	Nordseite = Evangelienseite	Südseite = Epistelseite, Frauenseite

Ordnung nach dem Beleuchtungsgrad: Vom Licht zum Dunkel

Ebenso gibt es eine Rangordnung, die vom Licht zum Dunkel führt. In romanischen Kirchen fällt Licht vor allem durch Fenster im Obergaden und im Chor. In gotischen Kirchen sollte es nach dem Willen ihrer Bauherren durch die größeren, hochgezogenen, spitzbogigen Maßwerkfenster im Chor und Langhaus heller sein. Aber ihr Licht wird durch die Farben der Glasscheiben ebenfalls gedämpft, sodass die unteren Regionen in Kirchen immer dunkler erscheinen.
Hier, im dunkleren Bereich, finden wir die für das Heilsgeschehen weniger wichtigen Darstellungen angebracht. So lässt sich an allen bildlichen Darstellungen je nach

ihrer Anordnung in der Raumhöhe (oben oder unten), ihrem Standort in der Kirche (vorne oder hinten), ihrer Bildgröße und dem Helligkeitsgrad bzw. Lichteinfall ihre Bedeutung in der himmlischen Hierarchie ablesen:

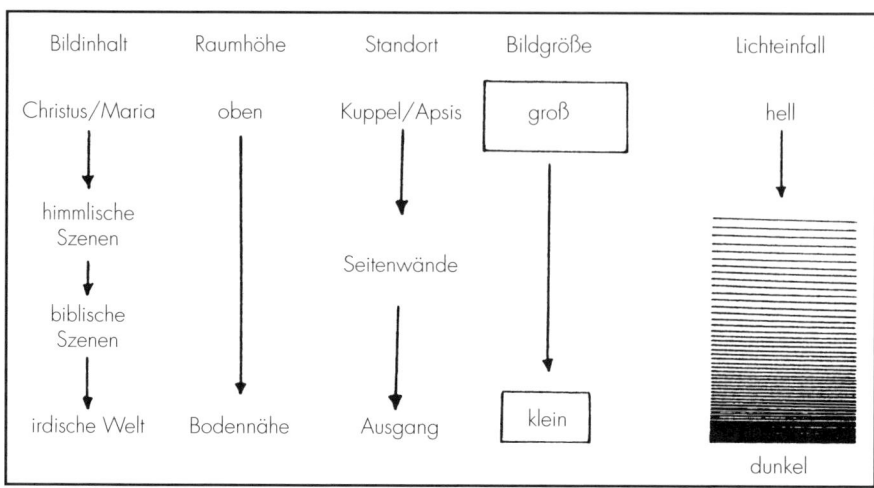

Stichwörter:
→ Apsis, → Chor, → Episteln, → Evangelium, → Heilsgeschichte, → Hierarchie, → Lamm Gottes, → Licht, → Maßwerk, → Obergaden, → Schutzmantelmadonna, → Triumphbogen

Die wichtigsten Standorte von Bildprogrammen

Vom Portal zum Altar: Eine Predigt in Bildern

Auf dem Weg von Westen nach Osten konnten die Gläubigen viele gemalte Bilder an den Wänden und der flachen Decke betrachten und sich auf dem Weg zum Altar die dargestellten biblischen Geschichten oder Berichte aus dem Leben von Heiligen wieder und wieder in Erinnerung rufen.

Um die Wirkung von Bildprogrammen in mittelalterlichen Kirchen einschätzen zu können, müssen wir uns die vielfältige, oft nicht einmal nur kirchliche Nutzung der Gotteshäuser jener Zeit vorstellen. Kirchen waren die größten Steinbauten einer Stadt. Bei Bränden, Überfällen und Unwettern boten sie Zuflucht. Auch Verfolgte fanden dort Schutz vor dem Gesetz. Und nicht selten wurde in Kirchen Recht gesprochen, wurden weltliche Verordnungen verlesen und fanden Aufführungen geistlicher und weltlicher Spiele statt. Kirchengebäude waren belebt. Wie heute führte der schnellste Weg durch die Seitenportale quer durch das Kirchenschiff zur anderen Stadtseite. Und an Markttagen sollen auch schon einmal Tiere durch Kirchenschiffe getrieben worden sein. Ein belebter öffentlicher Ort also, der ständig in Bildern die Heils- und Kirchengeschichte vor Augen führte.

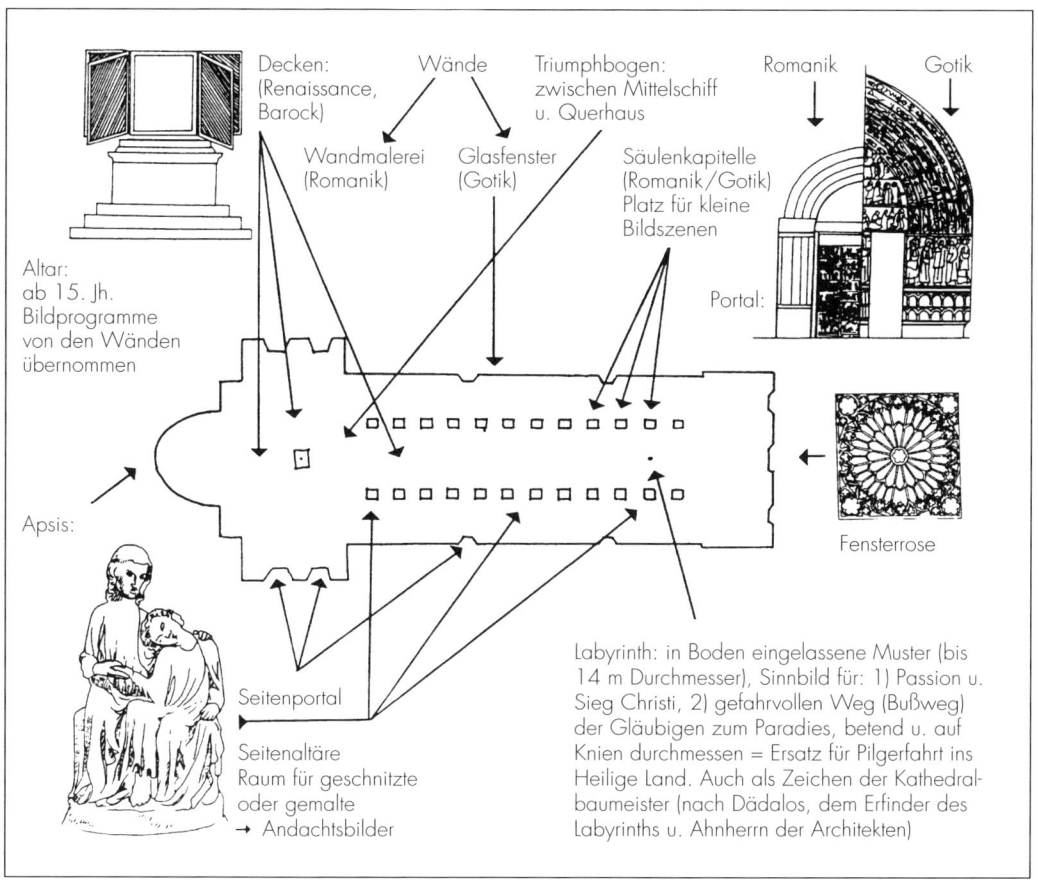

Beliebte Bildprogramme christlicher Kunst in Kirchen

In einer Zeit, in der nur wenige Menschen lesen und schreiben konnten, bedeuteten diese „Bilderbibeln" eine wichtige didaktische Hilfe. Großformatige, in Stein gehauene Gewändefiguren und Wandbilder, die auf den rohen Verputz aufgetragen waren, empfingen die Gläubigen am Portal und begleiteten sie den Weg durch das Kirchenschiff, unter dem Triumphbogen hindurch zum Altar. Die Darstellungen waren unter eine theologische Ordnung gestellt, die den drei heilsgeschichtlichen Zeiträumen und zugleich bestimmten Bereichen der Kirche zugewiesen waren:

– Die *Zeit der Schöpfung* („ante legem" = vor dem Gesetz):
  Damit ist die Zeit gemeint, in der Gott selbst noch die Welt lenkte. Sie ist meist dargestellt im Westen, im Eingangsbereich (Portal und Vorhalle), aber auch auf der Nordseite. Hier sind auch die Urväter, Propheten und Könige des alten Testamentes dargestellt, auch der Stammbaum Jesu.

– Die *Zeit des Gesetzes* („sub legem" = unter dem Gesetz):
  Damit ist die Zeit gemeint, nachdem Mose die Gesetzestafeln auf dem Berg Sinai erhalten hat. Darstellungen zu diesem heilsgeschichtlichen Zeitraum sind meist im Norden, an den Langhauswänden als Mosaik oder als Fresken und auf Glasfenstern abgebildet. An den südlichen Langhauswänden begleiten Figuren aus dem Neuen Testament, Apostel und Märtyrer den Weg zum Chor.

– Die *Zeit des Heils* („sub gratia" = unter dem Zeichen der Gnade):
  Damit ist die Zeit gemeint, nachdem Christus sich offenbart hat. Sie ist dargestellt im Osten, der heiligen Zone (Triumphbogen, Chor und Apsis). Hier findet der Gläubige das Ziel seines Weges: Christus, das Licht der Welt.

Als Bildinhalte aus dem Neuen Testament waren folgende Themen besonders beliebt:

– Szenen von der Geburt und Passion Christi,
– Szenen aus seinem Leben und Wirken, besonders Wundergeschichten und Gleichnisse,
– Heiligen- und Legendendarstellungen,
– Szenen aus dem Marienleben.

Die drei heilsgeschichtlichen Zeiten und die Standorte ihrer Darstellung

Bildprogramme auf den Prinzipalstücken: Altar, Taufbecken und Kanzel

Seit der Gotik sind in vielen Kirchen auch der Altar, die Kanzel und das Taufbecken reich mit figürlichen Darstellungen und Symbolen geschmückt. Sie sind Teil des umfangreichen Bildprogramms, das die biblische Überlieferung und die theologischen Vorstellungen der damaligen Zeit spiegelt.

Der *Altar*, oft ein mehrteiliger Flügelaltar, zeigt Darstellungen aus dem Leben und der Passion Jesu, später auch aus dem Leben der Maria. Oft findet man auf dem Altarbild auch Bilder der Kirchenväter oder Heiligen, denen die Kirche oder der Altar geweiht sind.

Vom Sinngehalt christlicher Kirchen 39

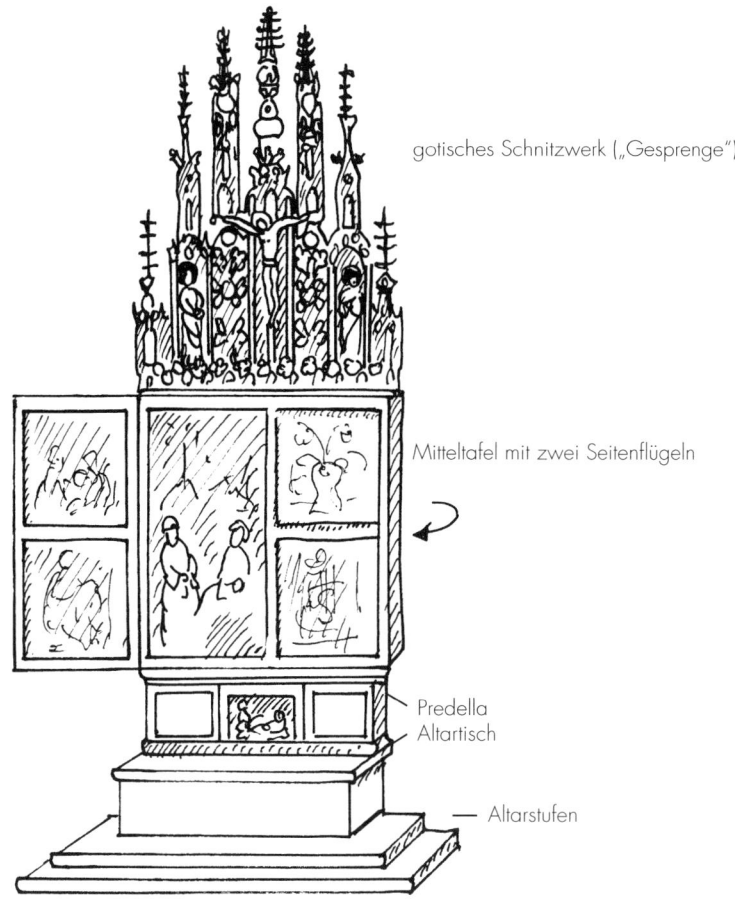

Gotischer Flügelaltar
(Schema)

Das *Taufbecken* aus Stein oder Bronze zeigt symbolische Darstellungen zur Bedeutung der Taufe, z. B. den Lebensbaum oder Tiere, die seit frühchristlicher Zeit symbolisch im Zusammenhang mit der Taufe gesehen werden, wie Pfau, Hirsch, Phönix oder Fisch.
Passende Szenen aus dem Neuen Testament wie die Predigt des Täufers Johannes, die Taufe Jesu am Jordan oder Jesus als der gute Hirte finden sich ebenso wie Bezüge zum Alten Testament, z. B. Bilder vom Paradiesgärtlein mit den vierfach strömenden Paradiesquellen (personifiziert als kniende Männer mit Wasserkrügen) oder der Durchzug durch das Rote Meer.
Im oft achteckigen Grundriss des Taufbeckens erinnert die heilige Zahl Acht an das neugeschenkte Leben nach der Taufe und an die Auferstehung (siehe Seite 27). Den Fuß des Taufbeckens tragen niedergeduckte Drachen und Schlangen, Symbole der überwundenen dämonischen Mächte, denen durch die Taufe abgeschworen wurde (siehe Abb. Seite 40).

Romanisches Taufbecken,
11. Jh.
(evangelische Stadtkirche, Freudenstadt)

Die Bildfelder mancher gotischer *Kanzel* trägt neben reichem Maßwerkschmuck Abbildungen der vier Evangelisten, auf einem fünften, mittleren Feld auch Christus oder die als Sinnbild für Verkündigung und Schriftauslegung ebenfalls beliebten Darstellungen der Kirchenlehrer: Hieronymus, Papst Gregor, Augustinus und Ambrosius mit den für sie typischen Kopfbedeckungen: Kardinalshut, Mitra und Barett.

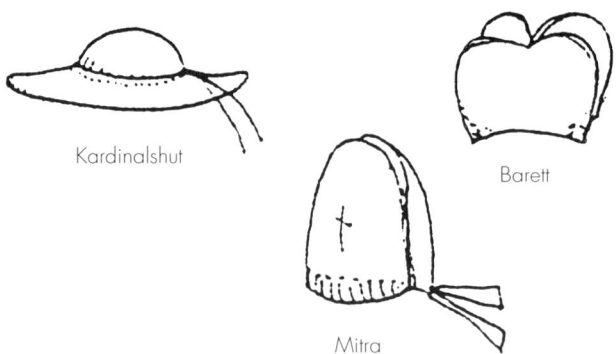

Kopfbedeckungen kirchlicher Würdenträger

Bildprogramme auf Glasfenstern

Nach Auflösung der geschlossenen romanischen Mauermassen übernehmen gotische Glasfenster die Aufgaben der Wandmalerei. Die christlichen Themenkreise werden nun nach ihrer geistlichen Rangordnung platziert:

Vom Sinngehalt christlicher Kirchen 41

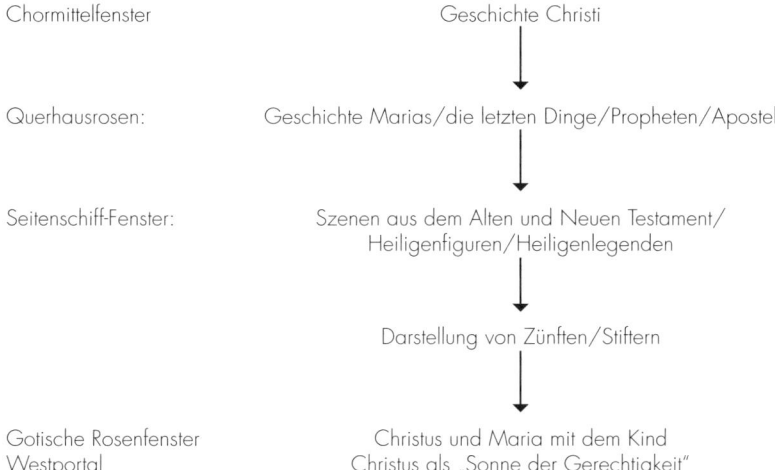

Chormittelfenster	Geschichte Christi
Querhausrosen:	Geschichte Marias/die letzten Dinge/Propheten/Apostel
Seitenschiff-Fenster:	Szenen aus dem Alten und Neuen Testament/Heiligenfiguren/Heiligenlegenden
	Darstellung von Zünften/Stiftern
Gotische Rosenfenster Westportal	Christus und Maria mit dem Kind Christus als „Sonne der Gerechtigkeit"

Fensterrose (St. Lorenz, Nürnberg)

42 Vom Sinngehalt christlicher Kirchen

Das Eingangsportal: Pforte zur „Himmelsstadt"

Eine besondere symbolische Bedeutung kommt dem Kircheneingang, dem Portal an der Westfassade, zu. Hier beginnt der Weg der Gläubigen durch die „porta coeli", das Tor des Himmels, zum Paradies.
Neben dem Sündenfall und der Menschwerdung Christi spielt im mittelalterlichen Denken vor allem das Jüngste Gericht eine große Rolle. Im Bogenfeld über dem Eingang vieler mittelalterlicher Westportale, dem sogenannten Tympanon, werden die Gläubigen in einer Reliefdarstellung an dies Ereignis erinnert.
Nach allgemeinem Glauben stand in jener Zeit das Weltgericht kurz bevor. Kriege und Verwüstungen kündigten das nahe Ende an. Nach dem Plan Gottes aber sollte der durch den Sündenfall ins Verderben gestürzte Mensch gerettet werden. Allerdings nur wer als gläubiger Christ starb, hatte Hoffnung vor dem Gericht zu bestehen und gerettet zu werden. Als Richter wurde Christus gedacht. Er, der die Menschheit erlöste und dadurch das Richteramt erwarb, thront deshalb weithin sichtbar im Zentrum vieler mittelalterlicher Weltgerichtsdarstellungen. Dort wirkt er umgeben von seinen Jüngern, den Aposteln, und einer Schar Engel als Mittler zwischen Gott und den Menschen. Engel werden – so die Vorstellung – am Jüngsten Tag die Erwählten ins Paradies begleiten, die Verdammten jedoch ins Fegefeuer, in die Hölle, stürzen.
Neben dem Weltenrichter kniend treten auch Maria und Johannes (der Täufer) als Fürbittende auf. Maria als Vertreterin des Neuen Bundes, Johannes als Vertreter des Alten Bundes.

Gerichtsportal (Westportal von Notre Dame, Paris, um 1220)

Ebenso waren auf vielen solcher „Gerichtsportale" die Leidenswerkzeuge in Erinnerung an die Passion dargestellt – wie in der „Legenda aurea", einer volkstümlichen Legendensammlung, beschrieben: „Das Dritte ist, dass die Zeichen des Leidens unseres Herrn erscheinen, das Kreuz und die Nägel und die Wundmale an seinem Leibe. Es sind die sichtbaren Zeichen seines Sieges und werden in großer Glorie erscheinen."

Im Scheitelpunkt des Gewölbes: Der Schluss-Stein

Alle bildnerischen Darstellungen außen an Kirchenmauern und Portalen, die umfangreichen Bildprogramme im Kirchenschiff, an Wänden, Decken und Fenstern, auf Altären, Kanzeln, Taufbecken und Kapitellen, zeigen einen tiefen didaktischen und heilsgeschichtlichen Sinn. Das gilt auch für die oftmals aufwendig als farbige Reliefs gestalteten Schluss-Steine in den Kirchengewölben.
So bilden beispielsweise die Gewölbeschluss-Steine von St. Lorenz in Nürnberg mehrmals Christus mit dem Segensgestus, auch Christus mit dem Lamm ab. Auch die Madonna oder Rosen als ihr Sinnbild und die Verkündigungsszene sind Motive, die sich auf Schluss-Steinen finden. Mehrfach sind Evangelisten dargestellt und heilige Männer und Frauen. Das Lamm Gottes ist zu erkennen, die Taube des Heiligen Geistes, der Pelikan als Symbol der aufopfernden Liebe und der Löwe, der seinen Jungen Atem einbläst (Symbol der Auferstehung).
Die aufwendige Gestaltung dieser hoch im Gewölbe gelegenen Steine, deren Details vom Kirchenschiff aus mit bloßem Auge nur schwer zu erkennen sind, zeigt, dass die Baumeister und Auftraggeber den Schluss-Steinen offenbar eine besondere Bedeutung zumaßen.

Lamm Gottes mit der Siegesfahne
Schluss-Stein (St. Lorenz, Nürnberg)

Christuskopf vor Lilienkreuz
Schluss-Stein (St. Lorenz, Nürnberg)

Allerdings ist es ein weit verbreiteter Irrtum anzunehmen, Schluss-Steine seien wirklich die zuletzt in ein Gewölbe eingefügten Steine und hielten dies durch ihr Gewicht zusammen. Bautechnisch gesehen ist jeder Rippenstein eines Bogens oder Gewölbes von gleicher Bedeutung und der Gewölbeschluss-Stein müsste nicht notwendig hervorgehoben werden. Es ist daher anzunehmen, dass die Bauleute, wenn sie diesen Stein im Zenit eines Gewölbes bildnerisch besonders aufwendig gestalteten, eher dem allegorischen Gedanken Abt Sugers entsprachen. Abt Suger nannte Christus den „Schluss-Stein", der zwei Seiten – möglicherweise das Judentum und Christentum oder Laien und Klerus – vereine.

Das Himmelsloch

Eine bemerkenswerte, in vielen alten Kirchen noch erhaltene Einrichtung ist das „Himmelsloch" oder Heiliggeistloch, ein mit einer Öffnung versehener Schluss-Stein, auch Ringstein genannt. Zu besonderen Anlässen wurde eine Figur, z. B. zu Pfingsten die Taube des heiligen Geistes, an einem Seil herabgelassen. Wenn man Berichten Glauben schenken darf, sollen in manchen Gemeinden an Pfingsten sogar lebende Tauben durch das „Himmelsloch" ins Kirchenschiff eingelassen worden sein.

Stichwörter:
→ Allegorie, allegorisch, → Abt Suger, → Altar, → Apsis, → Chor, → Fresken, → Gewände, → Heilsgeschichte, → Himmelsloch, → Kanzel, → Kapitell, → Klerus, → Lebensbaum, → Lebensbaumkreuz, → Leidenswerkzeuge, → Maßwerk, → Mosaik, → Passion, → Relief, → Schluss-Stein, → Taufbecken, → Triumphbogen, → Tympanon

Die häufigsten Themen der Bildprogramme

Typologische Bilderkreise

Beliebt war es, den neutestamentlichen Szenen bestimmte Geschichten des Alten Testaments zur Seite zu stellen. Entsprechend der Lehre von der Zusammengehörigkeit und Übereinstimmung von Altem und Neuem Testament, der sogenannten „Typologie", wurden bereits in frühchristlicher Zeit Szenen, Ereignisse und Personen des Alten denen des Neuen Testamentes zugeordnet. Es handelte sich dabei um solche Geschichten des Alten Testaments, die nach der damaligen Theologie vorausdeutend auf die Geschehnisse des Neuen Testaments verstanden wurden. Ein typologischer Bilderkreis könnte so aufgebaut sein:

– Zwölf Propheten des Alten Testaments zugeordnet den zwölf Jüngern Jesu im Neuen Testament.

Die eherne Schlange, die Mose auf Befehl Gottes in der Wüste aufrichtete, zugeordnet der Kreuzigung Christi.
- Die Ausspeiung des Jona aus dem Bauch des Walfischs zugeordnet der Auferstehung Christi aus dem Grab.

Ein eindrucksvolles Beispiel einer solchen typologischen Bilderfolge sind die *Hildesheimer Bronzetüren*. Das Grundthema des dort dargestellten Bildprogramms ist der Sündenfall, dessen typologische Entsprechung im Neuen Testament die Erlösung durch Christus ist, der die abgefallenen Menschen wieder mit Gott aussöhnt. In gegenläufiger Anordnung der Szenenfolge (links oben mit Bildern des Alten Testamentes beginnend, rechts oben mit Bildern des Neuen Testamentes endend) entsprechen sich jeweils zwei Bilder, wobei das alttestamentliche Bild auf das nebenstehende neutestamentliche verweist.

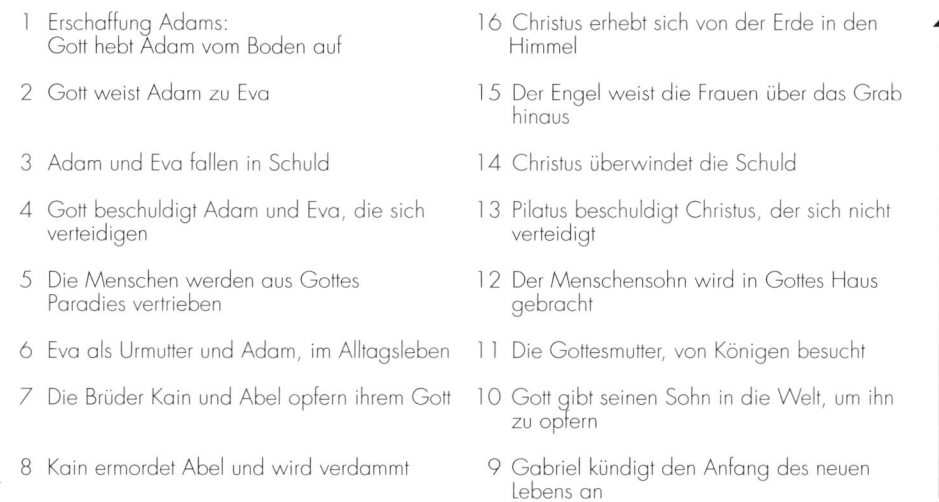

Typologische Bilderfolge (Hildesheim)

Gott Vater, Sohn und Heiliger Geist – Zeichen der Dreifaltigkeit

„Du sollst dir kein Bildnis machen!" Dem zweiten Gebot folgend, dessen Auslegung im Laufe der Kirchengeschichte immer wieder zu anhaltenden Diskussionen um das Bilderverbot Anlass gab, kommen in der christlichen Kunst nur relativ wenige Darstellungen von Gott als Person vor. Wenn Gott dargestellt wird, dann geschieht dies meist auf Bildern zur Schöpfungsgeschichte (z. B. auf dem Petri-Altar Meister Bertrams) oder den so genannten „Gnadenstühlen". Das sind Bildschöpfungen, auf denen Gott Vater thronend vor sich das Kreuz und Christus hält, während über ihm die Taube des Heiligen Geistes schwebt. Außer den genannten Beispielen finden sich wenig Bilder, die Gott als ganze Person abbilden.

46 Vom Sinngehalt christlicher Kirchen

Meistens wird Gott durch eine Hand symbolisiert, die sich Jesus bei der Auferstehung hilfreich aus einer Wolke entgegenstreckt (vgl. Abb. S. 17 a). In einer späteren Zeit, im Barock, schaut gelegentlich von hoch oben, von bemalten Decken oder vom Giebel des Altars, ein gütiger Greisenkopf herab. Meistens aber, und allzu leicht zu übersehen, stellen Symbole die Dreifaltigkeit (Gott Vater, Sohn und Heiliger Geist) dar. In ein vergoldetes Dreieck eingespannt sehen wir ein Auge, vom Kranz göttlicher, meist goldener Strahlen umgeben (vgl. Abb. S. 63 unten). Dazu die Taube als Symbol des Heiligen Geistes. Aus frühchristlicher Zeit sind auch Dreifaltigkeitsbilder überliefert in Form dreier Fische, die ein gleichschenkliges Dreieck bilden.

a) Gott Vater, Sohn und Hl. Geist
   (Fresko der romanischen Kirche
   Urschalling in Chiemsee, Bayern)

b) Gott Vater, Taube des
   Hl. Geistes, Christus

c) Drei Fische

Darstellungen der Dreifaltigkeit

Symbolische Darstellungen, Personifikationen

In den Steinfiguren, Altar- und Fensterbildern mittelalterlicher Kirchen finden nicht nur biblische Überlieferungen und Glaubensaussagen ihren Ausdruck, sondern auch das gesamte weltliche Wissen jener Zeit. Die Kirchen waren gewissermaßen überdimensionale steinerne Lesebücher, in denen wir auch symbolische Gestalten finden für Laster und Tugenden, Weisheit und Gerechtigkeit, Alter und Tod, für Jahreszeiten, Tierkreise, die 12 Monate oder auch Hinweise auf die schönen Künste und auf Redensarten.
Weit verbreitet ist die sinnbildliche Darstellung der christlichen Kirche („Ekklesia") und der jüdischen Religion („Synagoge").

Vom Sinngehalt christlicher Kirchen 47

Ekklesia

Synagoge
(beide am Südportal
des Straßburger
Münsters)

Ekklesia und Synagoge

Ekklesia und Synagoge werden als zwei Frauengestalten, meist als Figuren aus Stein, einander gegenübergestellt. Sie haben ihren Platz oft zu beiden Seiten von Kreuzigungsdarstellungen. Ekklesia, ausgestattet mit Krone, Kelch und Siegesfahne, versinnbildlicht das siegreiche Christentum und steht stets auf der rechten, der hervorgehobenen Seite (siehe Raumsymbolik, Seite 35). Die Synagoge hingegen, mit sinkender Krone, verbundenen Augen und zerbrechender Lanze, symbolisiert das überwundene Judentum und befindet sich auf der linken Seite. Die Figur der Synagoge ist oft vom Kreuz abgewandt dargestellt, während Ekklesia sich Christus zuwendet und sein Blut im Kelch auffängt.

Tier- und Pflanzendarstellungen

Immer wieder stoßen wir auch auf Tier- und Pflanzendarstellungen. Wer ihren Symbolgehalt nicht kennt, mag darin nur zufälliges Beiwerk sehen. Für den mittelalterlichen Menschen waren sie Sinnbilder des Glaubens.
Allerdings haben einzelne Motive durchaus einen Wandel in der Bedeutung erlebt. Für das frühe Christentum bezeichnet zum Beispiel der *Hase* meist den Heiden, der

zum Glauben kommt, den Taufbewerber („Katechumen") also, oder einen Christen, der noch schwach im Glauben ist (Hasenfuß). Im Mittelalter wird er zum Symbol des Blitzes und auf Glocken und Dachfirsten angebracht, um Unwetter abzuwehren. Gleichzeitig wird er aber auch als Symbol des Guten oder als Bild der Auferstehung verstanden. Im Zusammenhang mit Marienbildern erscheint der Hase als Sinnbild gesegneter Fruchtbarkeit, während er in der Zeit der Renaissance nur noch als Schmuck dient.
Man wird also in der Bildersprache und ihrer Deutung immer sehr auf die Zeit und die Zusammenhänge achten müssen, um nicht zu willkürlichen Fehldeutungen zu kommen.

Tiere

Tiere weisen entweder auf eine bestimmte Stelle in der Bibel hin (wie Ochs und Esel an der Krippe) oder sie versinnbildlichen eine Eigenschaft der auf dem Bild dargestellten Person.
Als wichtige Quelle und Vorbild mittelalterlicher Tierdarstellungen gilt der „Physiologus" (griech. „der Naturkundige"), eine auf antiken Autoren basierende Sammlung von Tierdarstellungen, die jeweils unter ein Bibelzitat gestellt und auf die christliche Lehre hin gedeutet wurden.
Dämonisch gestaltete Tiere treiben vor allem im Portalbereich hochmittelalterlicher Kirchen, an den Außenwänden und als Wasserspeier ihr Unwesen. Aber auch im Kircheninnern, an Kapitellen, auf Konsolen und im geschnitzten Chorgestühl haben Tierdarstellungen ihren festen Platz. Dort sind sie oft als abschreckende, das Böse bannende Zwitterwesen oder als furchterregende Dämonen dargestellt.
All diese ineinander verknäuelten und wild kämpfenden Fabelwesen versinnbildlichen die Mächte des Bösen, die im Haus Gottes gebannt und an Pfeilern, sogenannten Bestiensäulen, an Kapitellen und als Stützfiguren in Gottes Dienst gezwungen wurden.

Bäume

Ranken, Blattwerk und Ornamente schmücken romanische Säulenkapitelle und erinnern dort auch an Bäume, vielleicht sogar an den *Lebensbaum*.
Der Baum mit starkem Astwerk und Krone ist ein Sinnzeichen, das – manchmal bis zum Ornament verkürzt – immer wieder innen in Kirchen oder im Portalbereich auftritt. Er kann als Verderben bringender Baum der Erkenntnis (Sündenfall) negativ belegt sein oder als Lebensbaum Zeichen der Hoffnung auf Auferstehung und Erlösung symbolisieren. In vielen Fällen wird er auch direkt mit dem Holz des Kreuzes oder mit dem Rosenstrauch (Sinnbild für Maria) in Verbindung gebracht.
Möglicherweise sollten auch die kunstvoll in die Kapitelle romanischer und gotischer Säulen eingemeißelten Blatt- und Rankenornamente an diese Symbolik erinnern,

Vom Sinngehalt christlicher Kirchen 49

Symbol Baum: Astkreuze, verschieden stilisiert

zumal sich die Gläubigen beim Durchschreiten der parallel rechts und links im Kirchenschiff angeordneten Säulenreihen durchaus an eine Allee erinnert fühlen können.

Pflanzen

Um die Pflanzen- und Blumensymbolik auf Darstellungen der christlichen Kunst zu verstehen, muss man wissen, dass Blumen im frühen Mittelalter in unseren Breiten selten waren. Umso wertvoller waren sie. Die schönsten und seltensten Blumen wurden Maria zu Füßen gelegt und bekamen so symbolische Bedeutung.

Chorgestühl
im Münster von Doberan

Die Pflanzen, die wir oft auf Bildern der Verkündigung und Marienverehrung finden, sind meistens Heilpflanzen und symbolisieren das ewige Heil. Ein Beispiel dafür ist die Deckenbemalung von Sankt Michael in Bamberg, auf der alle Arten von Heilpflanzen dargestellt sind.

Propheten, Evangelisten, Apostel, Heilige und Märtyrer

Die Bilder an den Wänden und auf Gemälden, die Reliefs und Plastiken sind nicht nur Abbildungen von Vorbildern im Glauben. Oft haben sie darüber hinaus einen allegorischen, typologischen oder geistlichen Sinn. So wird Christus als der zweite Moses oder Adam interpretiert und dort, wo unser Auge nur die Abbildung der alttestamentlichen Gestalten sieht, war für die mittelalterlichen Betrachter der Bezug auf Christus mitgegeben.
Während die Propheten, Evangelisten und Apostel vor allem in die Heilsgeschichte Gottes mit der Kirche und der Menschheit eingezeichnet werden, erhalten die Heiligen, deren Verehrung im 3. Jahrhundert aufkam, einen besonderen Bezug zum Leben der Gläubigen. So galt z. B. der heilige Christophorus als Schutzheiliger der Reisenden (Pilger, Fuhrmänner, Schiffer und Flößer) und wer sein Bild am Morgen, in der Frühmesse, ansah, der sollte den ganzen Tag über gegen einen jähen Tod geschützt sein.
Viele Kirchen sind nach Personen der christlichen Glaubensgeschichte genannt. Die Heiligen, um die sich – je größer der zeitliche Abstand zu ihrem Leben wurde – oft ein ganzer Kranz von Legenden bildete, spielten in der Volksfrömmigkeit eine große Rolle. Sie werden in der Regel mit Gegenständen, sogenannten „Attributen", ver-

Hl. Christophorus
(Gnadenaltar, Vierzehnheiligen)

bunden dargestellt, die etwas Wichtiges aus ihrem Leben oder von ihrem Sterben (meist Martyrium) wiedergeben (siehe Seite 173).
Reliquien solcher Heiligen wurden Kräfte zur Heilung und Sündenvergebung beigemessen. Wallfahrtskirchen mit hoch angesehenen Reliquien wurden auf Grund der Einnahmen durch die Pilger oft besonders prächtig ausgestattet.

Gnaden- und Andachtsbilder

Im späten Mittelalter entsteht in den Kirchen unter dem Einfluss der Mystik eine neue Bildgattung: die Gnaden- und Andachtsbilder. In ihnen drückt sich ein gewandeltes Gottes- und Glaubensverständnis aus. Während in byzantinischen und romanischen Kirchen Heilige noch in starrer Entrücktheit, in überirdischer Größe und Feierlichkeit dargestellt waren, die die überall lauernden dämonischen Mächte brechen, entwickelt sich im Spätmittelalter eine menschennähere Vorstellung und Darstellungsweise von Gott, seinen himmlischen Heerscharen und den Heiligen.
Das Christentum wird jetzt als Religion göttlicher Liebe und Gnade verstanden und die Natur als Ausdruck göttlicher Ordnung. Man glaubt, in der Schönheit der Welt spiegle sich das Antlitz Gottes. Bedeutende Mystiker forderten die Loslösung vom Diesseits und die völlige Hingabe an Gott.
Die meist aus Holz, seltener aus Stein, gefertigten Andachtsbilder spätmittelalterlicher Kirchen weisen auf das starke Gefühl der Jenseitsbezogenheit jener Zeit und ihrer schwärmerischen, ja fast inbrünstigen Verehrung heiliger Figuren.
Vor allem sind es Marienfiguren mit Kind, sogenannte „Pietà-Darstellungen", in denen Maria den toten Sohn auf dem Schoß hält, aber auch Bilder von Jesus als dem „Schmerzensmann", Christus-Johannes-Gruppen oder das Motiv der Schutzmantelmadonna, die Bedürftige und Schutzsuchende unter ihrem Mantel vereint (Abb. Seite 52).
Gegenüber den strengen Muttergottes-Darstellungen in der byzantinischen und romanischen Kunst wandelt sich gegen Ende des Mittelalters das Marienbild. Immer beliebter werden Darstellungen des Marienlebens. Wir finden sie auf den Bogenfeldern über den Türen, den „Tympana", von Seitenportalen oder auf gemalten Altären, die ähnlich den Vesperbildern in Seitenkapellen zur Andacht einladen. Als Symbole für die Jungfräulichkeit Marias gelten unter anderem:

– der brennende Dornbusch (Abb. Seite 53)
– die verschlossene Quelle
– der verschlossene Garten (Paradiesgarten)
– der blühende Stab Aarons
– Maria mit der Lilie

Neu entwickelt sich in der Marienmystik auch das Bild von der Schwarzen Madonna in Auslegung des Hohenliedes Salomos: „Ich bin braun, aber gar lieblich, ihr Töchter Jerusalems ..." (Kap. 1, Vers 5 f.).

52 *Vom Sinngehalt christlicher Kirchen*

Andachtsbilder (14. Jh.)

Vor diesen Bildern, die Jesus, Maria und die Heiligen sehr menschlich und als Leidende darstellen und zum Mitleiden anregen, suchten Gläubige als Bittsteller in hingebungsvollem Gebet Hilfe und Stärkung. Entsprechend der mystischen Vorstellung, dass der Mensch im Gebet eins werden könne mit Gott, sehnten sie sich aus ihrer irdischen Not dem Jenseits entgegen.

Dornbusch (nach einem Glasgemälde der Stiftskirche Wimpfen im Tal, erste Hälfte des 14. Jh.)

Maria auf der Mondsichel mit Strahlenkranz (15. Jh.)

Das Labyrinth

Im Eingang einiger gotischer, vor allem französischer Kathedralen lädt ein großes, im Mosaikfußboden eingelassenes Labyrinth die Gläubigen zum Betreten ein. Ein solches Labyrinth kann, wie zum Beispiel in Chartres, einen Durchmesser bis zu zwölf Metern haben. Ein geometrischer, wie um ein Zentrum gewickelter Weg, führt über mehr als 200 Meter zur Mitte und wieder zum Anfang zurück.

Für die Christen war das Labyrinth ein Abbild des menschlichen Lebens mit all seinen Prüfungen, Umwegen, Aufenthalten und Schwierigkeiten, während in der Mitte, im Ziel, das himmlische Jerusalem wartete. Gläubige konnten hier die Pilgerfahrt ins Heilige Land im Geist oder praktisch auf Knien rutschend nachvollziehen (s. Abb. Seite 37).

Labyrinth in der Kathedrale von Chartres

Stichwörter:
→ Allegorie, allegorisch, → Andachtsbild, → Bestiensäule, → byzantinische Kunst, → Chartres, → Dreifaltigkeit, → Ekklesia, → Gnadenstuhl, → Heilsgeschichte, → Kapitell, → Konsole, → Lebensbaum, → Lebensbaumkreuz, → Mariendarstellungen, → Mystik, → Pietà, → Relief, → Romanik, → Schutzmantelmadonna, → Synagoge, → Trinitätssymbole, → Tympanon, → Vesperbilder

Neue Glaubensvorstellungen verändern die Kirchen

Die Architektur und Kunst einer Epoche spiegelt das Weltbild und Weltverständnis ihrer Gesellschaft. Entsprechend lässt der Wandel vom scheinbar schwer lastenden massiven Baustil des frühen Mittelalters (Romanik) zur aufstrebenden, lichterfüllten Strebewerkkonstruktion des späten Mittelalters (Gotik) ein sich langsam veränderndes Religions- und Glaubensverständnis erkennen, das auf vielerlei Weise am Bau und an seiner Innenausstattung zu Tage tritt.

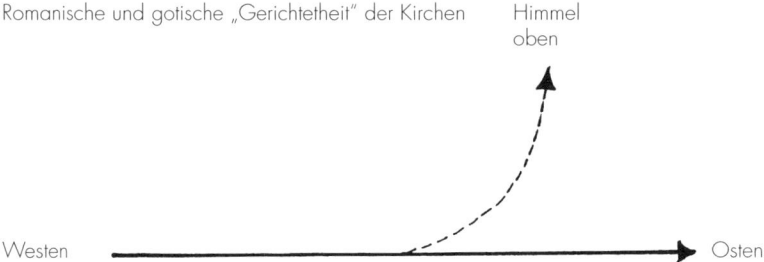

Romanische und gotische „Gerichtetheit" der Kirchen — Himmel oben — Westen — Osten

Die ost- und zugleich himmelwärts gerichteten Kirchen des neuen, in Frankreich entwickelten gotischen Baustils erscheinen nicht nur ihrer zierlicheren Bauglieder und ihrer Strebewerkkonstruktion wegen leichter, sie streben auch viel höher als romani-

a) Romanischer Innenraum (St. Michael, Hildesheim)   b) Gotischer Innenraum (Dominikanerkirche, Regensburg)

sche Bauten des frühen Mittelalters. So sind sie gegenüber den bis dahin üblichen Bauten in doppelter Weise auf ein Ziel hin „gerichtet": In ihrem Inneren richten sie den Blick der Gläubigen wie gewohnt horizontal, zum Altar im Osten und zum Licht, zugleich aber auch, und das ist neu, zwingen sie den Blick der Gläubigen nach oben, zum Himmel und zu Gott.

Rückkehr zum Einfachen:
Die Kirchen der Zisterzienser und Bettelorden

Schon zur Zeit, als Abt Suger mit dem Neubau der Klosterkirche von St. Denis ein irdisches Abbild der „Himmelsstadt" anstrebte, forderten reformwillige Bettel- und Predigerorden eine Rückkehr zum Einfachen, zum Zweckmäßigen und damit zum „ewig" Gültigen.

In der Hochgotik dienten die mit kostbaren Kunstwerken ausgestatteten Kirchen der Verherrlichung Gottes und später auch der Maria. Sie bildeten den prunkvollen Rahmen für gottesdienstliche Zeremonien und ermöglichten dem Klerus, weltlichen Herrschern ähnlich, ihre Macht zur Schau zu stellen. Hochherzigen Spendern, die für den Bau und die Ausstattung von Kirchen Geld gaben, wurde reicher Gotteslohn versprochen. Die Baupläne der Kirche wurden immer maßloser, die Kirchen immer prunkvoller. Dieser Fehlentwicklung widersetzten sich vor allem die Zisterzienser, allen voran Bernhard von Clairvaux, ihr radikaler Reformer und Gegenspieler Sugers. Statt hoch aufragender Türme genüge ein kleiner Dachreiter über der Vierung, forderte er. Die Bauten sollten von einfachen Proportionen, ohne Schmuck und Farbe, aber aus Stein errichtet sein und klaren, strengen ästhetischen Prinzipien folgen.

So entstanden die schmucklosen Kirchenbauten der Zisterzienser und anderer mönchischer Vereinigungen. Sie zeichnen sich aus durch eine strenge, aber sehr klare Gliederung, in deren Mittelpunkt das hohe Kirchenschiff mit Chor als beherrschendem Raum für den Gottesdienst steht.

Besonders prangerte Bernhard von Clairvaux das Unwesen der in frühgotischen Kirchen angebrachten Schmuck- und Zierelemente in der Gestalt von Tier- und Dämonendarstellungen an: *„Was sollen übrigens in den Klöstern vor den lesenden Brüdern jene lächerlichen Monstren, die unglaublich deformierte Formvollendung und die formvollendete Deformation? Was sollen die unreinen Affen... Den ganzen Tag ist man damit beschäftigt, die Einzelheiten der Werke zu bewundern, anstatt über das Gesetz Gottes nachzusinnen. Mein Gott! – wenn man sich schon nicht der Unschicklichkeit schämt, warum scheut man nicht den Aufwand?"*

Stichwörter:
→ Abt Suger, → Bernhard von Clairvaux, → Bettelordenskirchen, → Chor, → Gotik, → Klerus, → Mariendarstellungen, → Predigerorden, → Vierung, → Zisterzienser

Aufbruch in die Neuzeit

Mit dem allmählichen Übergang vom Mittelalter in die Neuzeit wurde die alles beherrschende Bedeutung der Kirche mehr und mehr in Frage gestellt. Der Mensch und die Natur rückten jetzt in den Mittelpunkt. Die Vollendung des Lebens sah man nicht mehr im Jenseits, sondern erhoffte seine Erfüllung im Diesseits, hier und jetzt. Der Kirchenbau verlor an Bedeutung gegenüber weltlichen Gebäuden.

Diese neue Geisteshaltung spiegelt sich in einem neuen Kirchenbaustil: Der basilikale Langbau des Mittelalters wird abgelöst durch geschlossene Zentralbauten. In ihren kuppelüberdachten Räumen von harmonischen Ausmaßen nach antikem Vorbild wird der Blick weder in einer Achse nach Osten noch himmelwärts gelenkt, sondern er ruht in Harmonie oder kreist im Rund. Ausgewogen, maßvoll und den klassischen Regeln antiker Vorbilder nacheifernd versinnbildlichen diese Bauten Erdgebundenheit.

Altarbilder zeigen nun Heilige nicht mehr als göttlich überhöhte, ferne Idealgestalten, auch nicht Mitleid erregende Passions- oder Pietàdarstellungen, sondern sie stellen die Menschen der Bibel diesseitig und realproportional dar, inmitten einer leicht idealisierten, aber im Ganzen realistisch dargestellten irdischen Umwelt, zwischen perspektivisch in die Ferne führenden irdischen Landschaften und richtig verkürzt dargestellter Architektur. Selbstbewusst sehen sie den Menschen als Individuum und als Mittelpunkt ihres Weltbildes.

Stichwörter:
→ Basilika, → Passion, → Pietà, → Zentralbau

Die Kirchen der Reformation

Einen tiefgreifenden Wandel im Glaubensverständnis, der auch die Kirchenbautradition beeinflusste, brachte die Reformation Luthers, die mit dem Anschlag der 95 Thesen (Streitsätze) an die Schlosskirche von Wittenberg im Jahr 1517 ihren Anfang nahm und sich rasch ausbreitete.

Nach Auffassung Luthers kann der Mensch weder durch kirchliche Gnadenmittel noch durch gute Werke Erlösung finden, sondern allein durch den Glauben an Christus und das Vertrauen auf die Gnade Gottes. Damit war die Vermittlerfunktion von Märtyrern, Heiligen und Geistlichen bis hinauf zum Papst überflüssig.

Auch der Bilderverehrung, die im späten Mittelalter immer größere Ausmaße angenommen hatte, stand Luther ablehnend gegenüber. Dennoch stellte er sich dem „Bildersturm" fanatischer Anhänger, die das Innere von Kirchen verwüsteten, mäßigend entgegen.

Veränderter Innenraum

Dort, wo der neue Glaube eingeführt wurde, wandelte man die vorhandenen Kirchen in lutherische Gotteshäuser um, indem die nicht mehr benötigten Seitenaltäre samt den störenden Reliquien und Bildwerken abgebrochen und beseitigt wurden. Mit der Reformation veränderte sich die Form des Gottesdienstes. Der Predigtgottesdienst mit längeren Predigten wurde eingeführt. Der stärkeren Gewichtung der Predigt entsprechend rückte die *Kanzel* mehr in den Blickpunkt der Gemeinde (s. Abb. S. 32).
Vor der Reformation hatte es in den Kirchen kein *Gestühl* gegeben. Die Gläubigen verfolgten stehend den Ablauf der Messe. Vermutlich herrschte damals in den Kirchenschiffen ein ständiges Kommen und Gehen. Dies änderte sich nun: Um das Zuhören zu erleichtern, stellte man zunächst bewegliches Gestühl auf, dann Kirchenbänke. Damit gestand die Kirche den Gläubigen ein Privileg zu, das bis dahin nur dem Klerus beim langen Chorgebet im Chorgestühl oder dem Kaiser auf seiner steinernen Empore im ersten Geschoss des Westwerks großer Dome erlaubt war: während des Gottesdienstes zu sitzen. Bei großem Besucheransturm wurden nun auch vorhandene Emporen genutzt oder man baute hölzerne Doppelemporen zusätzlich an den Langhauswänden ein. Ihre Brüstungsfelder boten reichlich Platz für gemalte Bilderpredigten, die im Sinne der reformatorischen Lehre standen.
Auch das *Taufbecken* bekam einen neuen Standort, der der Bedeutung der Taufe besser entsprach. Nach dem Glaubensverständnis der neuen Lehre wurde der Täufling durch die Taufe in die Gemeinde aufgenommen. Also wurde das Taufbecken vorn neben dem Altar aufgestellt, so dass es von allen Anwesenden gut gesehen werden konnte (s. Abb. Seite 32).
Aus der Zeit der Reformation stammen auch die sogenannten *Herrschaftsstände*, die sich Adlige an bevorzugter Stelle der Langhauswand einbauen ließen, um unbehelligt vom „gemeinen Volk" dem Gottesdienst beiwohnen zu können.

Die Bildprogramme in lutherischen Kirchen

Die Kanzel – Ort der Verkündigung

Bald überzieht ein umfangreiches Bildprogramm die Kanzel vom Kanzelfuß bis zur Bekrönung des Schalldeckels. Die in der Gotik noch üblichen Darstellungen der Evangelisten und Kirchenlehrer werden durch biblische Bilderfolgen ersetzt. Sie werden von unten nach oben gelesen und beginnen am Kanzelfuß mit Mose als dem Vertreter des Alten Testaments oder mit der Schöpfungsgeschichte. Es folgen Darstellungen aus dem Leben Jesu und der Passion bis zur Auferstehung. Die Taube als Sinnbild des Heiligen Geistes ziert die Unterseite des Schalldeckels, auf dessen höchstem Punkt in der Regel Jesus mit dem Segensgestus oder als Weltenherrscher mit der Weltkugel zu sehen ist (s. Abb. Seite 58).

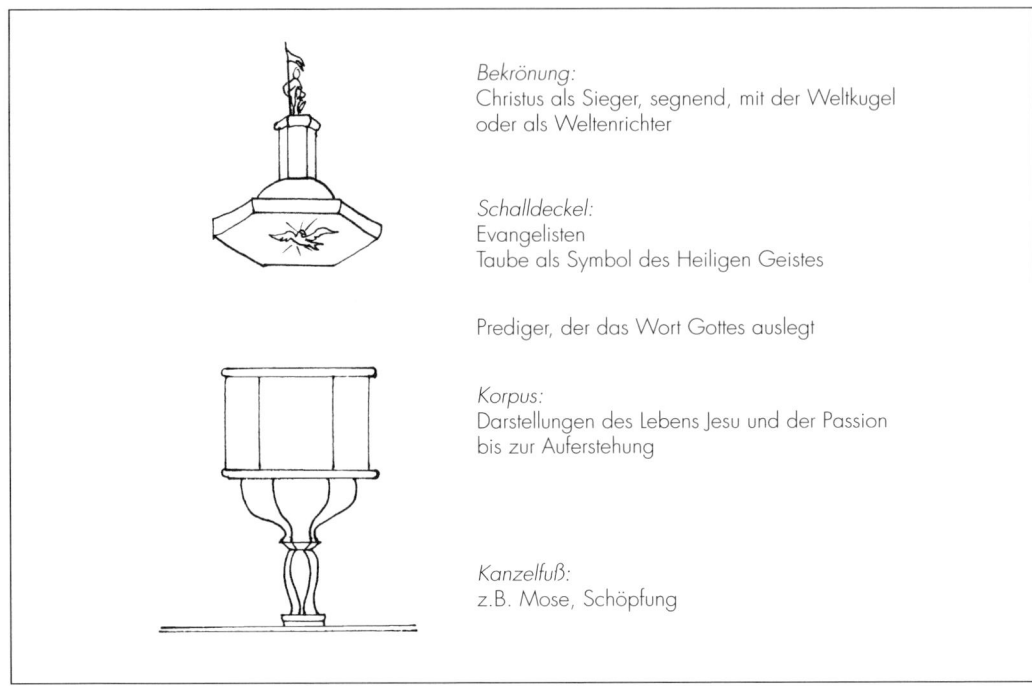

Bildprogramm einer lutherischen Kanzel (nach Peter Pocharsky: Die Kanzel, Gütersloh, 1963)

„Gesetz und Gnade" – Bildprogramme lutherischer Altäre

Neben den Kanzeln dienen auch die Altäre als Flächen für umfangreiche Bildprogramme, in denen die Kernstücke der neuen lutherischen Lehre dargestellt werden: Nicht durch Frömmigkeit oder gute Werke kommt der Mensch zu Gott, sondern Gott ist zu den Menschen gekommen durch Christus, um ihn aus freier Gnade anzunehmen mit allen seinen Sünden und Fehlern.
Mehrere Gemälde von Lucas Cranach dem Älteren und seiner Werkstatt zum Thema „Altes und Neues Testament" und „Gesetz und Gnade" zeigen den Bildbestand, der bald als Vorbild lutherischer Altar- und Kanzelbilder diente:
Ein Baum halbiert das Bild, seine verdorrte Seite weist zu dem Teil, der dem Alten Testament zugedacht ist. Hier ist die Übergabe der Zehn Gebote an Mose, der Sündenfall mit seinen Folgen, das Lager der Israeliten bei ihrem Zug durch die Wüste mit der ehernen Schlange (Symbol der Rechtfertigung) dargestellt. Der nackte Mensch davor wird durch Propheten und den rechts stehenden Täufer Johannes auf das Kruzifix verwiesen.
Die neutestamentliche Seite zeigt die Verkündigung an Maria und an die Hirten, das Lamm und den Auferstandenen. Sprüche und Schriftzüge ergänzen viele Bildtafeln aus lutherischer Zeit.

Vom Sinngehalt christlicher Kirchen 59

Lucas Cranach, „der Ältere", „Gesetz und Gnade"

„Tut Buße, und ein jeder von euch lasse sich taufen" –
Bildprogramme der Taufbecken

Auf den nach der Reformation neu gestifteten, meist aus Metall gegossenen Taufbecken wurden reichhaltige Bildprogramme zur neuen Glaubensrichtung und der lutherischen Taufehre untergebracht.
So können neben den üblichen Evangelisten, Aposteln und Knaben, die als Personifikation der vier Paradiesflüsse Wasser aus Kannen gießen, folgende Szenen des Alten und Neuen Testamentes abgebildet sein:

– Der Abschied Jesu von den Jüngern mit dem Taufbefehl: „Darum gehet hin und machet zu Jüngern alle Völker: Taufet sie auf den Namen des Vaters und des Sohnes und des heiligen Geistes" (Matthäus 28, 19).
– Die Taufe Jesu im Jordan durch Johannes den Täufer (Matthäus 3, 13–17).
– Paulus und der Kerkermeister. Diese Geschichte aus der zweiten Missionsreise des Paulus, bei der sich ein Kerkermeister mit seiner ganzen Familie taufen ließ, gilt als Beleg für die Möglichkeit der Kindertaufe (Apostelgeschichte 16, 23–33).
– Die Pfingstpredigt des Petrus mit seinem Aufruf an die Menschen: „Tut Buße, und ein jeder von euch lasse sich taufen..." (Apostelgeschichte 2).

Stichwörter:
→ Bildersturm, → Chor, → Empore, → Herrschaftsstand, → Klerus, → Reformation, → Reliquien, → Westwerk
Siehe dazu auch das Kapitel „Lutherische Gemeindekirchen im Barock", Seite 103.

60 *Vom Sinngehalt christlicher Kirchen*

Die barocken Kirchen der Gegenreformation

Die Glaubenskämpfe der Reformation, politische Unruhen und der Dreißigjährige Krieg führten zu einer Rückbesinnung auf die von der lutherischen Kirche nun getrennte katholische Kirche und zur Gegenreformation. Ihren sichtbaren Ausdruck fand der neubelebte Katholizismus im kraftvollen barocken Kirchenbaustil, der sich vor allem an der großen Zahl neuer Wallfahrtskirchen zeigte. Alles in diesen Kirchen zielt auf Sinnestäuschung. Es scheint, als sollte sich der Mensch schon auf Erden und zu Lebzeiten in himmlische Sphären entrückt fühlen.

Engelsscharen und aufgerissene Himmel

Scharen vergoldeter Kinderengel („Putten") aus Stuck, Girlanden und Zierwerk überziehen die hell getünchten Wände der Innenräume. Mit Hilfe illusionistischer Deckenmalerei werden flache Decken scheinbar zu höchsten Himmelsfernen geöffnet. Dort nehmen Heilige und Kirchenpatrone als Mittler zu Gott die Gebete und Anliegen der Gläubigen entgegen.

Blick in die Höhe in einer barocken Kirche

Barocke Putten

Stichwörter:
→ Gegenreformation, → Putte

Wie der Sinngehalt christlicher Kirchen bis ins 20. Jahrhundert wirkt

Nach dem vorübergehenden Aufleben des Kirchenbaus im Barock ging der Bau von Kirchen in der Neuzeit mehr und mehr zurück. Nur hin und wieder wurden in neuen Siedlungsgebieten, in Trabantenstädten und Stadtrandgemeinden Kirchenneubauten für beide Konfessionen nötig. In Berlin beispielsweise, das damals einen ungeheuren Bevölkerungsanstieg bewältigen musste, lebten im ausgehenden 18. und 19. Jahrhundert während des Gründerstils und des Zeitalters des Historismus alte Stilformen wieder auf. Doch die neu erbauten Kirchen wirken fast wie leere Hüllen, die weniger vom religiösen Geist, von der Theologie oder Liturgie inspiriert sind als die Kirchen vergangener Epochen.

Die evangelische Waldkirche Planegg

Dass es aber auch in unserer Zeit überzeugende Beispiele von Kirchenbaukunst gibt, zeigt die evangelische Waldkirche Planegg, die Theodor Fischer Mitte der zwanziger Jahre unseres Jahrhunderts erbaut hat.
Die Kirche ist als achteckiger („oktogonaler") Zentralbau angelegt. In der Mitte des Innenraums steht ein schmuckloser Tischaltar, Ort des Sakraments und des Gebetes. Die Gemeinde umrahmt mit den in vier Blöcken angeordneten Kirchenbänken dieses Zentrum. An drei Seiten kann man den Kirchenraum betreten und durch den jeweiligen Gang zwischen den Gestühlblöcken zum Altar gehen. Die vierte Seite ist ganz der Kanzel vorbehalten.

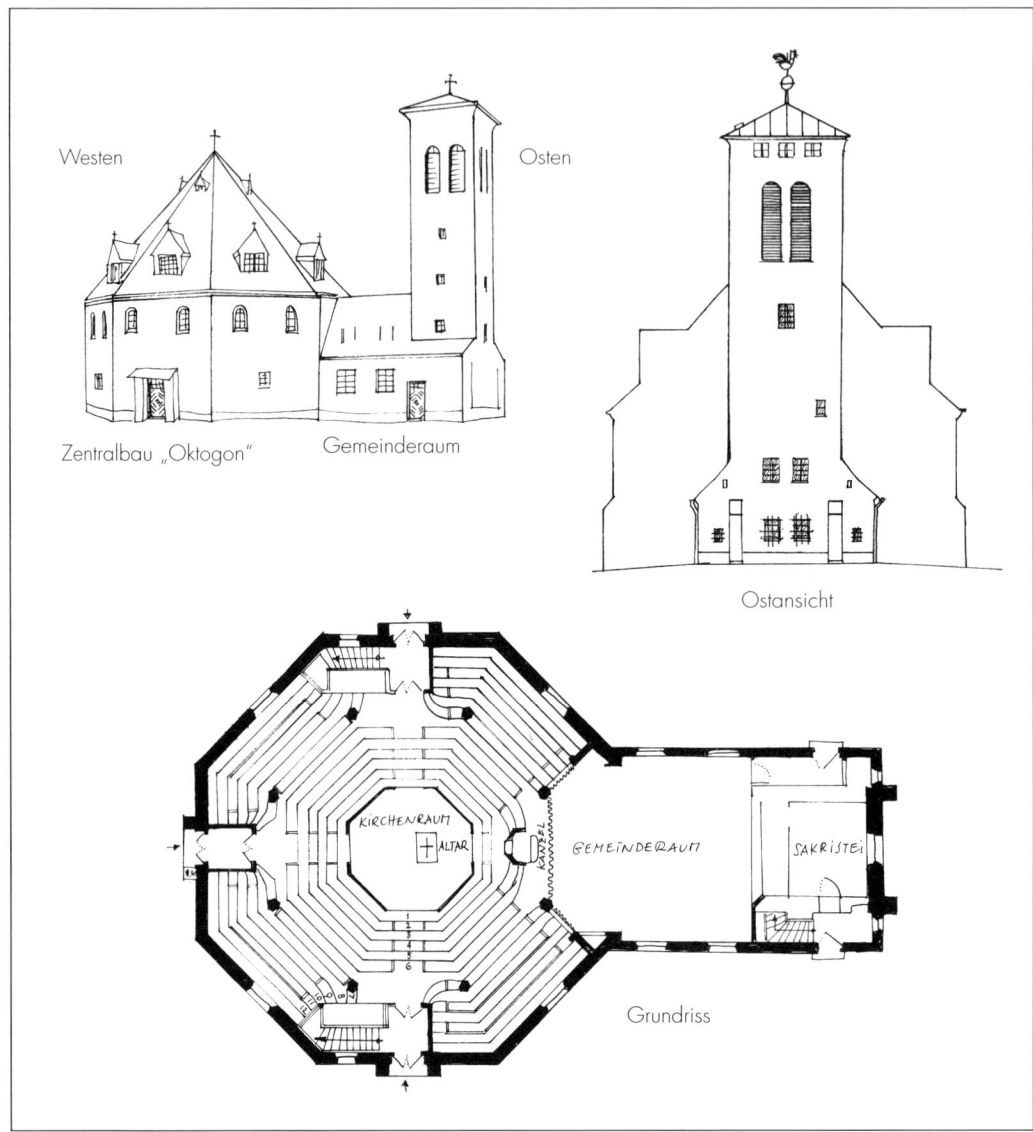

Planegger Waldkirche

Im ersten Stock laufen, entsprechend dem achteckigen Grundriss, an den acht Seiten hölzerne Emporen entlang. An der Empore oberhalb der Kanzel sind das Kruzifix und das Symbol der Dreieinigkeit („Trinität") angebracht. Außerdem befindet sich auf dieser Empore die Orgel.

Durch diesen zielgerichteten Aufbau gelang es dem Erbauer, die wichtigsten Ausstattungsstücke der Kirche symbolhaft zueinander in Beziehung zu setzen: Der Platz im

Zentrum zeigt die Bedeutung des Altars als Mitte der Gemeinde. Die Kanzel, Ort der Verkündigung des Wortes Gottes, hat einen erhöhten Platz, steht aber nicht wie bei den barocken Kanzelaltären (siehe Seite 103) direkt über dem Altar, sondern hinter ihm. Sie stellt die Verbindung her zwischen dem Altar und dem Gekreuzigten bzw. dem Dreieinigkeitssymbol, das die höchste Stelle einnimmt.

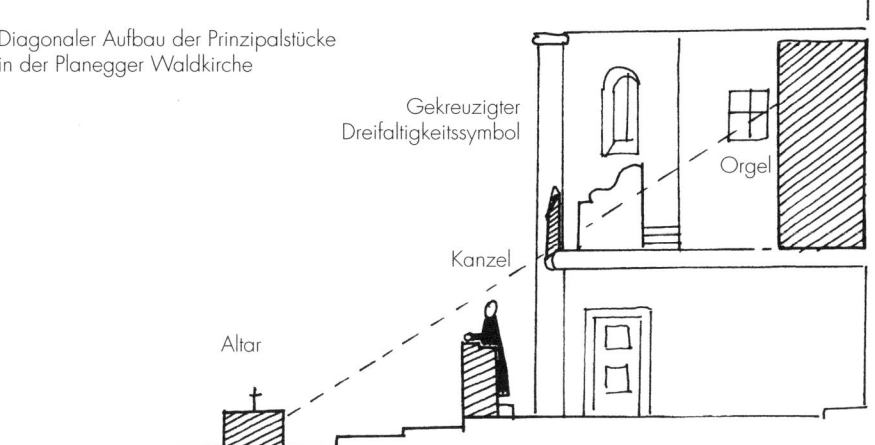

Diagonaler Aufbau der Prinzipalstücke in der Planegger Waldkirche

Die Darstellungen auf den Bildfeldern der Emporenbrüstungen und der Kanzel nehmen die traditionellen, für lutherische Kirchen typischen Bildprogramme auf: Der teils plastische, teils gemalte Emporenschmuck an der Westseite (Auge Gottes, Taube, Gekreuzigter, geschnitzte und vergoldete Engelsköpfe) ist von je zwei quadratischen Emporenbildern begrenzt. Sie zeigen von links nach rechts in Halbfiguren die vier Evangelisten mit Buch oder Feder – links Matthäus und Markus, rechts Lukas und Johannes.

Emporenschmuck in der Waldkirche Planegg

Bei Matthäus beginnend umlaufen Bilder der biblischen Landschaften die Empore in der Reihenfolge, wie sie im Leben Jesu eine Rolle gespielt haben: Betlehem, Nazaret, der See Gennesaret, der Jordan, Jerusalem, Getsemane, Golgota und die Stätte des leeren Grabes. Die Reihe beginnt und endet jeweils mit einer wichtigen Engelsfigur: Links bei Betlehem steht der Verkündigungsengel, rechts am Grab der Engel, der die Auferstehung Jesu verkündet. So sehen wir in weit gespanntem Bogen das Leben Jesu symbolisiert nur durch Landschaften und Orte seines Wirkens.
Die Bildmotive der Kanzel führen das Bildprogramm fort und vertiefen es. Thema ist die Ausbreitung der Botschaft Jesu, wie sie in der Apostelgeschichte und den Briefen des Paulus überliefert sind. Wir erkennen Darstellungen von Rom, Korinth, Ephesus sowie eine Tafel für die Galater.

Insgesamt vermittelt die Planegger Kirche den Eindruck einer Gemeindekirche, in der ganz im Sinne der Reformation dem gesprochenen Wort, der Predigt, eine große Bedeutung zukommt. Der Erbauer hat gezeigt, dass es auch im 20. Jahrhundert noch möglich ist, den Sinngehalt der christlichen Botschaft durch eine wohldurchdachte Architektur und Innengestaltung zu verdeutlichen.

Ausblick in das 21. Jahrhundert

Als ein exemplarisches Beispiel zukunftsweisender Entwicklungen im Kirchenbau des 21. Jahrhunderts kann die 1999 errichtete Pfarrkirche Herz-Jesu in München-Neuhausen gelten.
Mit zwei lichtdurchlässigen, wie Würfel ineinander gestellten Wandverbänden aus Holz und Glas und einem großflächigen, die ganze Altarrückwand füllenden Kreuzvorhang aus golden glänzendem Metallgewebe, trägt das Licht in dieser Kirche zur eigentlichen Raumbildung bei.
Je nach Sonnenstand und Jahreszeit hebt sich nicht nur auf den Portalen der 14 m hohen ultramarinblauen Portalwand schwach sichtbar ein monumentales Kreuz ab, es scheint auch mit jedem Lichtwechsel auf dem Goldgrund hinter dem Altar als unübersehbares Symbol der Auferstehung auf.

Stichwörter:
→ Dreifaltigkeit, → Empore, → Liturgie, → Oktogon, → Sakrament, → Zentralbau

Von der Geschichte und den Bauformen christlicher Kirchen

Das Universalproblem der Architektur ist die Umfassung des Raumes

Richard Buckminster Fuller

Ein Bildvergleich zur Einstimmung

Das äußere Erscheinungsbild unserer Kirchen unterscheidet sich nach Größe und Funktion, nach der Art des verwendeten Baumaterials, nach ihrer Entstehungszeit und dem von den jeweiligen Auftraggebern und Baumeistern gewünschten Baustil. Lyonel Feininger, Maler und Grafiker am Bauhaus Weimar, stellte im Jahr 1919 in einer Serie von Holzschnitten dieses sehr unterschiedliche Erscheinungsbild frühromanischer Dorfkirchen und spätgotischer Kathedralen eindrucksvoll gegenüber. Ein Bildvergleich macht den Unterschied deutlich:

Lyonel Feininger, Vollersroda, 1949, Holzschnitt. © VG Bild und Kunst, Bonn 1998

Gedrungen, sichtlich aus dicken, ungefügen Feldsteinen erbaut, steht die Kirche von Vollersroda leicht erhöht über dem Dorf. Das Dach lastet schwer auf den dicken Mauern. Kaum ein Fenster durchbricht die massiven Steinwände. Der viereckige Turm ist gedrungen. Er wirkt geduckt, ebenso wie die niedrige Tür, die ins Innere führt. Ob den Besucher Dunkelheit empfängt oder die Wärme strahlenden Kerzenlichtes unter flacher Balkendecke?

Eines ist sicher: Diese Kirche aus dem frühen Mittelalter bot, einer bewehrten Burg gleich, vielen Generationen Schutz und Geborgenheit, sowohl im wörtlichen, als auch im übertragenen Sinn, wenn Gläubige im Gebet Zuflucht suchten und sicheres Geleit in schweren Zeiten erbaten.

Welch ein Gegensatz dazu das zweite Blatt des Künstlers!

Von der Geschichte und den Bauformen christlicher Kirchen 67

Lyonel Feininger,
Kathedrale,
1949, Holzschnitt
© VG Bild und Kunst,
Bonn 1998

Spätmittelalterliche Kathedrale und Himmel scheinen einander zu durchdringen, sich nahezu in strahlendem Lichterglanz aufzulösen. Alles was in Vollersrodas kleiner romanischer Dorfkirche schwer, lastend und erdgebunden, fast trutzig wirkt, scheint sich hier im gotischen Gotteshaus in gleißendes Licht aufzulösen. Strebebogen zwischen hoch aufragenden Fenstern und Portalen machen die Wände leicht, führen sie stützend und strebend in schwindelnde Höhe, lassen sie in den gotischen Fensterzonen eins werden mit den Himmelsstrahlen, die sich in drei Licht-Sternen zu bündeln scheinen.

Viel vom Geheimnis spätmittelalterlichen Bauwillens ist hier erkennbar: Der Wunsch der Baumeister, anstelle der „romanischen Himmelsburg" der Vision einer „Himmelsstadt" nach dem Bericht in der Offenbarung des Johannes (siehe Seite 21) eine würdige irdische Form zu verleihen.

Schon dieser erste oberflächliche Vergleich der beiden Bilder zeigt, wie unterschiedlich das Erscheinungsbild abendländischer Kirchen verschiedener Epochen sein kann, ohne dass sich ihr theologischer Sinngehalt stark zu verändern brauchte. Jede Epoche brachte ihre eigenen Bau- und Stilformen hervor.

Kirchen sind Gesamtkunstwerke

Das Wissen um die Vergänglichkeit alles Irdischen und die Hoffnung auf ein besseres Jenseits bestimmten von Anfang an die christliche Kirchenbaukunst. Darüber hinaus war sie wie jede andere Bauweise und Kunsttätigkeit über die Jahrhunderte hinweg zahlreichen Wandlungen unterworfen, die sich in Bauerweiterungen, in Stilveränderungen und in weiterentwickelten Bautechniken ablesen lassen.

Kirchenbauten spiegeln nicht nur das Glaubensverständnis einer Epoche und das ihrer Auftraggeber, sondern auch den bautechnischen Wissensstand und das künstlerische Vermögen einer Zeit bzw. das ihrer Baumeister, Handwerker und Künstler.

Regionale Besonderheiten sowie die zeitlichen Verzögerungen, etwa bis sich ein Stil in Europa ausbreitete, spielen ebenso eine Rolle, wie die Größe bzw. die Bedeutung des Standortes und seine besonderen Erfordernisse oder der Zweck und Rang eines zu errichtenden Gotteshauses: An Bischofssitze werden andere liturgische und baulich-künstlerische Anforderungen gestellt als an Pfarr-, Wallfahrts-, Kloster-, Stifts-, Kollegiats- oder einfache Dorfkirchen. Das betrifft nicht nur ihre Größe und Funktion, nicht nur die Anzahl und Anordnung ihrer Bauglieder, sondern auch das verwendete, d. h. örtlich verfügbare Material und den Grad ihrer künstlerischen Ausgestaltung.

Einflüsse, die einen Kirchenbau prägen:

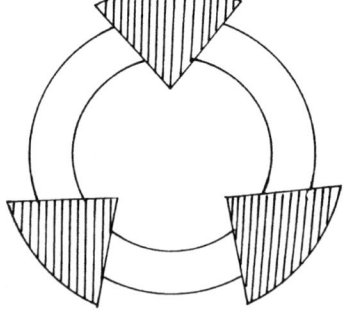

Geistige Leitbilder,
Weltbild und Stilwille einer Epoche,
tradierte Vorbilder,
Wünsche des Auftraggebers,
Vorstellungen der Baumeister
und der am Bau beteiligten Künstler...

Eigengesetzlichkeit
des gewählten Materials bzw. der
Bau- und bildnerischen Technik

Standort, Bedeutung,
Verwendungszweck,
kultische Aufgaben,
Außen- und Innengestaltung,
Wände, Decken, Chor und Altar,
Kanzel...

Der finanzielle und der Zeitaspekt:
in einem Zug vollendeter Bau
oder in verzögerten Bauabschnitten,
mit gewandeltem Stilempfinden
bzw. verändertem Glaubensverständnis

Jede Kirche ist als ein Gesamtkunstwerk zu betrachten, in dem nach theologisch-liturgischer Vorgabe nicht nur der Baumeister und der Steinmetz, der Zimmermann und der Bildhauer zusammenarbeiteten, sondern auch die Fresken- und Glasfenstermaler sowie Mosaikleger, die umfangreiche Bildprogramme aus dem Alten und Neuen Testament oder der Glaubensgeschichte darzustellen hatten. Eine wichtige Aufgabe war den Holzbildhauern übertragen: Sie schmückten das Chorgestühl, die Kanzel oder Altaraufsätze, später Emporen, Herrschaftsstände, Orgelverkleidungen und das Gestühl. Vergolder, Marmorierer und Stuckbildhauer schließlich verwandelten das Kircheninnere im Zeitalter des Barock und Rokoko in illusionistische, aufwendige, fast wie für eine Theateraufführung inszenierte Räumlichkeiten.

Außen- und Innenansicht

Hauptanliegen jeder Baukunst ist es, einen Raum durch einen Körper, d. h. durch das Bauwerk selbst, zu begrenzen und zu gestalten. Das bedeutet, dass in der Regel der Innengestaltung – der „Raum"-Kunst – eine größere Bedeutung zukommt als der Außengestaltung, die aus konstruktiven Gründen von der Innenraumarchitektur weitgehend abhängig bleibt. Entsprechend zeigen Kirchenbauten des christlichen Abendlandes eine Außen- und eine Innensicht. Fast könnte man von zwei verschiedenen Hüllen sprechen. Jede spricht eine eigene Sprache und ist nach ihren bestimmten Funktionen zu beurteilen:

a) Außen: Symbol und Fernwirkung

b) Innen: sakraler Raum der Stille, Meditation, Entrücktheit

Stilreinheit oder Stilvielfalt

Gingen bei einem Bau zeitweise die finanziellen Mittel aus oder erlahmte aus anderen Gründen (Krieg, Pest, Tod des Auftraggebers oder Bauhüttenleiters usw.) die Bautätigkeit, so konnten sich bei späterem Weiter- oder Umbau neue Stilformen an den alten Baukern anschließen. Das Ergebnis ist aus den Grundrissen vieler uns erhaltener Kirchen abzulesen, wenn beispielsweise an eine ursprünglich romanische Bausubstanz (mit Krypta, Chor und Apsis) später ein gotisches Langhaus (hochgotische Fenster, Strebewerk) oder zusätzliche Seitenschiffe angefügt wurden oder gar in der Neuzeit einer gotischen Hallenkirche eine Renaissance- oder Barockfassade vorgesetzt wurde.

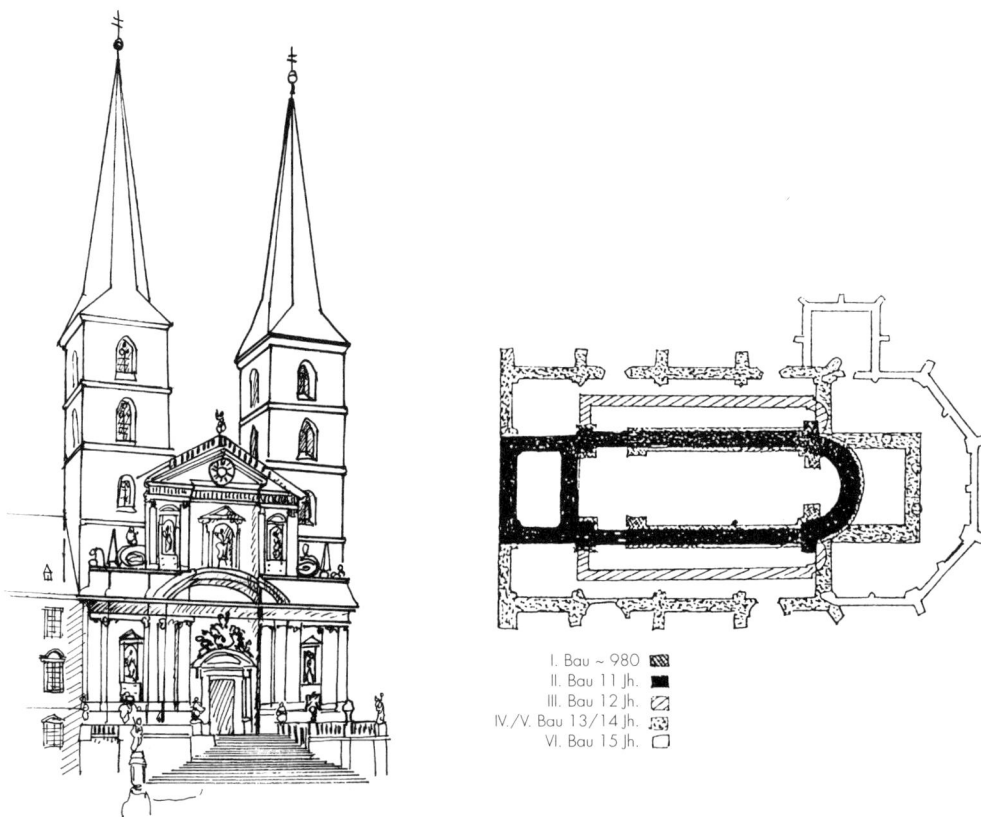

Barockfassade vor einem Kirchenbau im gotischen Stil

Es gab aber auch Ausnahmen, so wurde z. B. der Kölner Dom erst nach 500 Jahren im 19. Jahrhundert im reingotischen Stil vollendet. Damit entsprachen die Baumeister einer alten Bauhüttenregel, nach der sich jeder auch stilistisch unter das große Gesamtziel unterzuordnen hatte.

Bevorzugte Baumaterialien

Frühe Kirchen auf germanischem Boden waren aus Holz gefertigte Versammlungsräume, von denen keiner erhalten blieb. Am ehesten lassen norwegische Stabkirchen erahnen, wie sie möglicherweise konstruiert gewesen sein könnten.

Der eigentliche Baustoff unserer mitteleuropäischen Kirchen aber war Stein, zunächst wohl Feldsteine, sogenannte Findlinge, auch Natursteine, die teilweise über weite Strecken aus Steinbrüchen herangeschafft wurden, oder Ziegelsteine, die als Ersatz in Gebieten der nord- und ostdeutschen Tiefebene aus Ton gebrannt wurden. Hervorragende Beispiele norddeutscher und ostdeutscher Backsteingotik sind heute noch zu bewundern.

Epochen, Bauphasen, Baustile

Die Geschichte des Kirchenbaus erlebte nördlich der Alpen ihre Blütezeit während des Mittelalters (Romanik und Gotik). Die rege Bautätigkeit hielt in der Renaissance und im Barock an. Vor allem Reformation und Gegenreformation führten neben Neubauten zu tiefgreifenden Umbauten.

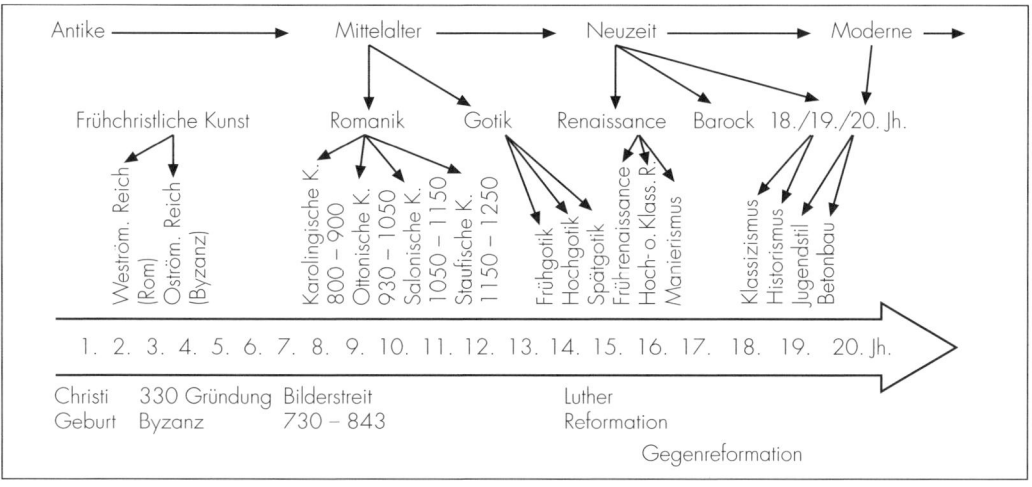

Übersicht über die Epochen christlicher Baukunst

In der Moderne hat der Kirchenbau naturgemäß etwas nachgelassen, waren doch in all den vorausgegangenen Jahrhunderten genügend Gotteshäuser errichtet worden, die bis heute weiter genutzt werden. Das bedeutet aber nicht, dass nicht auch im 19. und 20. Jahrhundert bemerkenswerte Beispiele christlichen Kirchenbaus in Europa entstanden wären.

72 Von der Geschichte und den Bauformen christlicher Kirchen

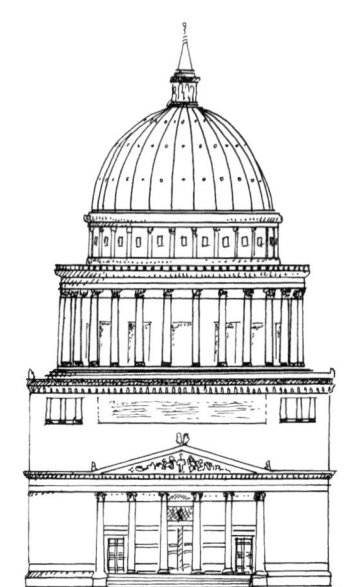

Nikolaikirche Potsdam, erbaut von
Karl Friedrich Schinkel (1826–1849)

Herz-Jesu-Kirche in Augsburg Pfersee (Jugendstil)

Le Corbusiers Wallfahrtskirche Ronchamp
(1950–1954)

Kathedrale Sagrada Familia in Barcelona,
erbaut nach Plänen von Antoni Gaudi,
1883 begonnen, noch unvollendet

Wallfahrtskirche in Neviges, bei Wuppertal

Kirchenbauten der Moderne

Überblick über die Entwicklung des Kirchenbaus

Frühchristliche Kirchenbaukunst im römischen Reich (2. bis Ende des 5. Jh.)

Vorbilder und Einflüsse

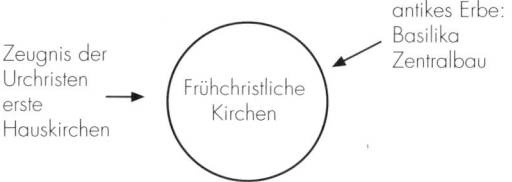

Solange die christliche Religion verboten war, mussten sich Christen heimlich treffen. Dies geschah in den Privathäusern wohlhabender Gemeindeglieder, in sogenannten Hauskirchen, oder gelegentlich in Katakomben. Mit der offiziellen Duldung des Christentums, das ab 391 sogar Staatsreligion wurde, erhielten die Christen nicht nur Glaubensfreiheit zugesichert, sondern auch das Recht, ihre Religion öffentlich auszuüben. Erst jetzt, 300 Jahre nach der Kreuzigung Jesu, konnten erste Versammlungs- und Kulträume errichtet werden, konnte der Kirchenbau im Westen und Osten des römischen Reiches beginnen.

Es lag nahe, Anregungen von antiken Bauten zu übernehmen. Tempel schieden jedoch als Vorbilder aus, nicht nur weil sie als Stätte der „Götzenverehrung" abgelehnt wurden, sondern auch, weil sie im Inneren nicht genug Raum für christliche Gemeinden boten, die ihre Gottesdienste und liturgischen Feiern in der großen Gemeinschaft begingen.

Geräumiger und damit besser geeignet waren weltliche Bauten der späten Antike, zum Beispiel die ein- oder mehrschiffige römische Versammlungshalle, die Basilika, und der massive, kuppelüberwölbte Zentralbau.

Vor allem die Basilika, als Thronhalle, Markt- und Gerichtsstätte bekannt, entsprach mit ihrem überhöhten rechteckigen Mittelschiff und raumgebenden umlaufenden Seitenschiffen den Anforderungen christlicher Gemeinden in idealer Weise. Die ursprüngliche Ausrichtung, die sogenannte „Orientierung" auf den Kaiser, den Marktaufseher oder Richter wurde auf die Gebetsrichtung nach Osten (siehe Seite 22) übertragen.

Basilika und Zentralbau

Grundriss und äußere Form

Die römische Basilika bestand aus einem langgestreckten rechteckigen Langhaus, das durch Säulen in drei oder mehr Schiffe geteilt war.

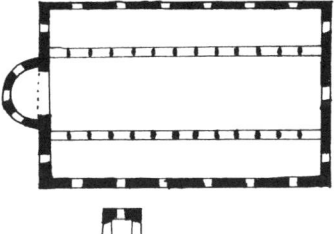

Grundriss einer römischen Basilika

Das Mittelschiff, etwa doppelt so hoch und breit wie die Seitenschiffe, mündete im Osten in eine halbrunde, anfänglich fast immer fensterlose Ausbuchtung, die Apsis. Das war der für den Geistlichen vorbehaltene Raum. Dort stand der Bischofsstuhl und in der Mitte vor der Apsis, durch mehrere Stufen gegenüber dem Langhaus erhöht, der steinerne Altartisch. Die Erhöhung um einige Stufen gegenüber dem Normalniveau der Kirche unterstrich die erhabene Bedeutung des Ortes, konnte aber auch bedingt sein durch eine darunter liegende Gruft, in der ein Märtyrer seine Grabstätte hatte.

Zwischen dem Mittelschiff und der Apsis befand sich der Triumphbogen. Als Durchlass zum gedanklich wichtigsten Teil der Kirche war dieser Bogen ebenso wie die Apsis besonders reich mit Bildern geschmückt.

Neben der Basilika stand gewöhnlich ein hoher Glockenturm. Er rief nicht nur die Gläubigen zum Gottesdienst, sondern konnte als örtlicher Orientierungspunkt, als Wachtturm und in Notzeiten der Verteidigung dienen.

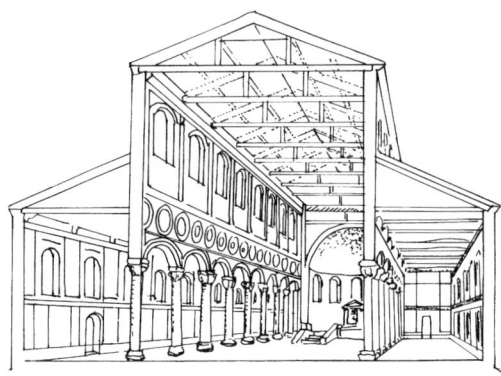

Innenraum einer frühchristlichen Basilika

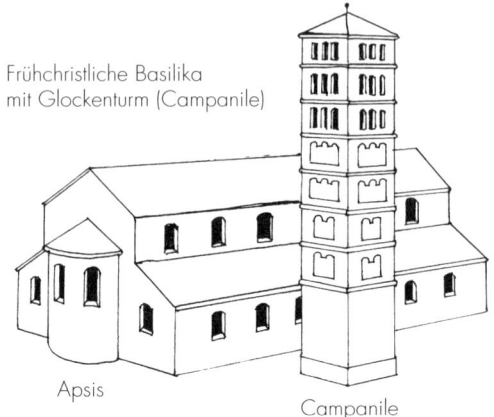

Frühchristliche Basilika mit Glockenturm (Campanile)

Apsis — Campanile

Die Wandzonen über den Säulen im Mittelschiff waren im oberen Teil von Rundbogenfenstern, sogenannten „Lichtgaden", durchbrochen, die die langgestreckte Halle beleuchteten. Der Raum unter den Fenstern war oft bedeckt von monumentalen Fresken oder Mosaiken mit Darstellungen zu biblischen Themen.

In der Regel war das Mittelschiff flach mit Holz gedeckt (Kassettendecke) oder öffnete sich direkt in einen offenen Sparrendachstuhl. Die Seitenschiffe trugen Pultdächer mit nur einer schrägen Dachseite. Auch die Seitenschiffe konnten durch Rundbogenfenster erhellt sein. Sie boten Raum für zwanglose Bewegungen der Gottesdienstbesucher und zur Führung von Prozessionen, die mit zunehmendem Heiligenkult aufkamen.

Insgesamt war der frühe Kirchenbau außen schlicht und – im bewussten Gegensatz zum „heidnischen" Tempel mit seiner plastischen, ganz nach außen gerichteten Architektur (Säulen) – nur auf den Innenraum ausgerichtet. Mit seinen monumentalen Wandmalereien, mit kostbaren ornamentalen Fußbodenmosaiken nach antikem Vorbild und mit polierten, den Lichtglanz zurückwerfenden Säulen aus Marmor sollte er die Seele des Gläubigen erheben und den Glanz des Jenseits erahnen lassen.

Das Grundschema frühchristlicher Kirchen, wie es auf der obigen Abbildung zu sehen ist, konnte je nach Bedarf erweitert werden durch
– im Osten an die Seitenschiffe anschließende zusätzliche Apsiden, die als Sakristei und zur Unterbringung der liturgischen Geräte benutzt wurden (1),
– eine Säulenvorhalle („Narthex") im Westen, in der auch „sündige" Gemeindeglieder, denen sonst der Zugang zum Gotteshaus verwehrt war, der Messe folgen konnten (2),
– einen Vorhof (Atrium, auch Paradies genannt), oft mit einem Brunnen, an dem sich die Gläubigen reinigen konnten (3),
– ein zwischen Apsis und Mittelschiff geschobenes rechteckiges Querschiff (4). Dieser zusätzliche Raum wurde in größeren, aufwendiger ausgestatteten Haupt- und Bischofskirchen (Kathedralsbasiliken) für die größere Anzahl der Geistlichen, die an gottesdienstlichen Handlungen teilnahmen, erforderlich.

Grundschema einer frühchristlichen Basilika

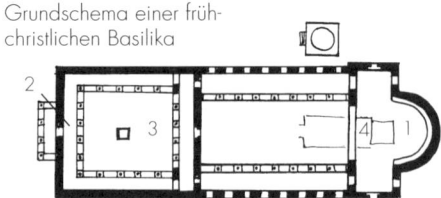

Zentralbau

Frühchristliche Taufkirchen, sogenannte „Baptisterien" greifen die Idee des antiken *Zentralbaus* mit rundem, quadratischem oder vieleckigem Grundriss auf, in deren Zentrum sich das große, für das Untertauchen der Täuflinge benötigte Taufbecken befand. Baptisterien konnten alleine stehen oder einer Basilika angegliedert sein.

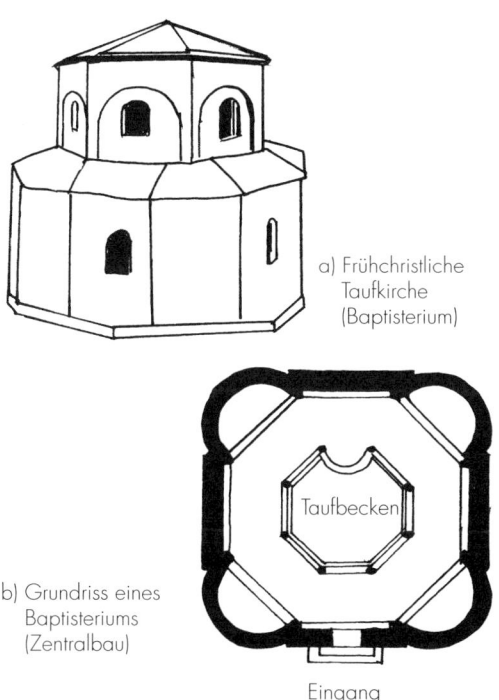

a) Frühchristliche Taufkirche (Baptisterium)

b) Grundriss eines Baptisteriums (Zentralbau)

Eingang

Die Innenraumgestaltung

Auch in der Innenraumgestaltung folgten frühe Gemeinden, zumindest was die Bildtechniken anging, antiken Vorbildern. So entstanden an den Wänden, in der Apsis und auch am Triumphbogen großflächige, in den frischen Putz gemalte Bilderzyklen (Fresken) zu biblischen und kirchengeschichtlichen Themen sowie umfangreiche, aus Steinen zusammengesetzte Fußbodenmosaike. Kurze Inschriften auf den Wandbildern erklärten den Bildinhalt. Gegen Ende des 4. Jh. lösten großflächige Mosaikbilder die Freskenmalerei an den Wänden ab.

Frühchristlicher Skulpturenschmuck beschränkte sich mit Rücksicht auf die Gefahr der Bildervergötterung vollplastischer Skulpturen auf das flachere Relief. Sie schmückten u. a. Sarkophage und Holztüren.

Frühchristliche Bilddarstellungen

Frühe Christengemeinden übernahmen zwar für ihre Wandmalereien neben Technik und Stil antiker Freskenmalerei auch einige Bildzeichen (Kreuz, Fisch, Weintraube u. a.), deuteten diese aber für ihren Glauben um. So wurde beispielsweise ein antiker Hirte mit Schaf über den Schultern zum Sinnbild für Christus, zum „guten Hirten". Als rein christliche Symbole kamen u. a. hinzu:
– Lamm: Das Lamm Gottes, das die Sünde der Welt trägt (Johannes 1, 29)
– Hirsch: Symbol für die Seele (Psalm 41,2)
– Bock: Symbol für den Sünder (3 Mose 16,22)
– Fels: Symbol der Standhaftigkeit, für den lebenspendenden Quell u. a. (Matthäus 7, 24)
– Drache: Symbol für das Prinzip des Bösen (Offenbarung 12, 9).

Um die Bedeutung frühchristlicher Bilddarstellungen richtig zu bewerten, ist es notwendig zu wissen, dass die ersten Christen die Darstellung von Glaubensinhalten ablehnten. Erst allmählich stellten sie das Bild in den Dienst der Frömmigkeit und benutzten es als Mittel, um die Andacht zu vertiefen und den einfachen Menschen deutbare „Denkbilder" vor Augen zu stellen.

Christus als der gute Hirte mit dem Schaf über der Schulter (3. Jh.)

Frühchristliche Fresken sind durchweg Symbole, die auf das Jenseits und die Erlösung hinweisen. Sie stellen zum Beispiel den guten Hirten dar als Symbol für die Wegführung der Seelen durch Christus. Die Darstellung des aus dem Bauch des Walfischs geretteten Jonas war ein Hinweis auf die rettende Gnade Gottes.

Seit Ende des 3. Jh. treten vermehrt Themen des Neuen Testaments auf, auch Darstellungen der Mutter Gottes mit dem Kinde und Verkündigungsszenen. Sie werden später in großformatigen Mosaiken byzantinischer Kirchen zum zentralen Kirchenbild.

Der Weg durch die christliche Basilika

Ausrichtung und Abfolge der Bauglieder frühchristlicher Basiliken lassen erkennen, dass sie den Weg versinnbildlichen, den Gläubige auf der Suche nach Gott zurückzulegen haben. Es ist ein symbolischer Weg vom irdischen „Draußen" nach innen, zum Heiligtum. Von der Vorhalle aus führt er abschnitt- und stufenweise durch das Portal, das nur mäßig beleuchtete Langhaus entlang, durch den kostbar geschmückten Triumphbogen zum Altar in der einige Stufen höher liegenden Apsis.

Lichtführung und Wandschmuck steigern das Erlebnis, aus dem Dunkel zum Licht zu schreiten. Diese Steigerung lässt sich auch an der Reihenfolge der an den Wänden angebrachten Bildprogramme ablesen. Auf dem Weg zum Altar leiten sie Schritt für Schritt die Gedanken auf das Jenseits und auf das Heil hin. Die Orientierung nach Osten, woher das Heil erwartet wird, und dorthin, wo die historischen Stätten des Neuen Testamentes liegen, verstärkte die Symbolik beträchtlich.

Apsis:	Szenen aus dem Paradies, das himmlische Jerusalem, Christus mit den Evangelisten oder Schutzheiligen dieser Kirche
	↑
Triumphbogen:	Christus – Salvator mundi („Retter der Welt")
	↑
Mittelschiffswände:	Darstellungen aus dem Alten und Neuen Testament

Ausblick

Der einfache hallenförmige Aufbau der frühchristlichen Basilika entsprach zwar den gottesdienstlichen Anforderungen christlicher Gemeinden, nicht aber dem Stand der hoch entwickelten spätantiken Bautechnik und den repräsentativen Ansprüchen der Staatskirche. Der vielgestaltigere Zentralbau wiederum erfüllte nicht die Anforderungen an eine Gemeindekirche.

So mehrten sich Versuche, beide Bausysteme, das basilikale Langhaus und den zentralisierenden Rundbau, miteinander zu verbinden. Sie führten im Osten des römischen Reiches, wo die Technik des Gewölbebaus weiter fortentwickelt war, zur Ausbildung großräumiger byzantinischer Kuppelbasiliken.

Stichwörter:
→ Apsis, Apside, → Baptisterium, → Basilika, → Fresken, → Kassettendecke, → Katakomben, → Lichtgaden, → Liturgie, liturgisch, → Mosaiken, → Orientierung, → Sakristei, → Sarkophage, → Triumphbogen, → Zentralbau

Siehe auch das Kapitel „Bildprogramme in mittelalterlichen Kirchen", Seite 33 ff.

Christlich-byzantinische Baukunst (4. bis 15. Jh.)

Vorbilder und Einflüsse

Erscheinungsweise und Stilmerkmale

Im oströmischen Reich, das heißt in Byzanz und in Ravenna, entwickelt sich parallel zum frühchristlichen Kirchenbau Italiens der byzantinische Baustil, der den Kuppelbau zum führenden Thema erhebt. Diese Bauform, auch Zentral- oder Rundbau genannt, beeinflusst im Westen vor allem kleinere Kirchenbauten des Mittelalters (Tauf- und Grabkirchen). Im Osten prägt sie bis heute die Kirchenbaukunst Russlands und die des Balkans. Auch viele Baumeister der Renaissance greifen die Form des byzantinischen Zentralbaus wieder auf.
Wie die vorangegangenen frühchristlichen Basiliken sind byzantinische Kirchen äußerlich sehr schlichte Bauten, meist aus gemusterten, manchmal auch übergipsten Ziegelwänden errichtet. Als Grundformen kommen seit der Zeit Justinians des Großen (527 bis 565) in erster Linie Kuppelbauten mit rundem bzw. auch kreuzförmigem Grundriss vor. Ihr wichtigstes Bauglied ist die mit Bleiplatten oder Ziegeln gedeckte Kuppel. Sie wurde über einem kreisförmigen Grundriss oder auch über einem Quadrat (mit eingeschobenen Zwickeln über den vier Ecken) errichtet.
Der schlichte Haupteingang byzantinischer Zentralbauten liegt im Westen, die Apsis im Osten. Dem künstlerisch vernachlässigten, oft wenig übersichtlichen Außenbau steht ein zu höchster Pracht entfalteter, allerdings sehr dunkler Innenraum gegenüber. So beruht die Bedeutung byzantinischen Kirchenbaus vor allem auf seinem reichen Mosaik- und Freskenschmuck im Kircheninneren.

Die Kreuzkuppelkirche

Grundriss und äußere Form

Grundtypus byzantinischen Sakralbaus ist die Kreuzkuppelkirche. Sie ist ein Zentralbau, der über einem kreuzförmigen Grundriss errichtet ist. Die zentrale, am Rand von Säulen getragene Kuppel befindet sich über dem Scheitel der vier Kreuzarme. Weitere kleine Kuppeln können sich über den Kreuzarmen sowie über angegliederten Vorhallen und Seitenschiffen erheben.
Byzantinische Kreuzkuppelkirchen zeigen verwirrend viele Raumkombinationen und unterschiedliche Größen. Die für die gottesdienstlichen Handlungen notwendige dreigeteilte Apsis wird in der orthodoxen Kirche durch eine Schranke, die sogenannte „Ikonostasis", zum Gemeinderaum hin abgetrennt.
Byzantinische Säulen tragen ornamental reich geschmückte Kapitelle und werden oft von einem wuchtigen Steinblock bekrönt, dem sogenannten Kämpferaufsatz, der die Last des darauliegenden Bogens abfängt. Vielfach tragen die Kapitelle das Monogramm des Kaisers oder Schutzherrn.

Querschnitt durch die Kuppelkonstruktion einer byzantinischen Basilika (Schema)

78 Von der Geschichte und den Bauformen christlicher Kirchen

Apostelkirche in Konstantinopel (Bauzeit 527–565), 1463 zerstört.

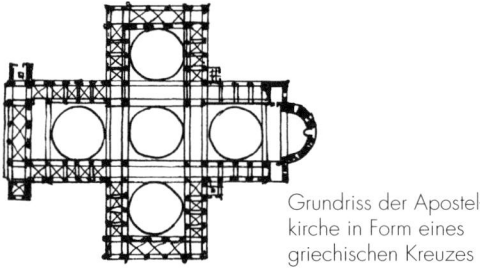

Grundriss der Apostelkirche in Form eines griechischen Kreuzes

Die Innenraumgestaltung

Stilmerkmale des Bildprogramms

Im Gegensatz zu ihrer unauffälligen, kaum gegliederten äußeren Form ist das Innere byzantinischer Kirchen prachtvoll mit goldglänzenden Mosaikbildern und Fresken ausgestaltet. Gold, als kostbarstes Metall und schon bei geringster Beleuchtung (Kerzenlicht) wie aus sich selbst strahlend (sakrales Eigenlicht), symbolisiert ebenso wie die dominierende Farbe Blau Überirdisches, himmlische Sphären und damit eine göttliche Welt auf Erden (siehe auch Seite 25 „Farbensymbolik").

Bei aller verwirrenden Vielfalt des Raumes folgt das Bildprogramm des byzantinischen Sakralbaus einem klaren, festgelegten Schema. Personen werden nach einer strengen Rangordnung dargestellt (siehe dazu Seite 34):
- In der Hauptkuppel thront über allem Christus als Herrscherfigur, räumlich durch die Höhe der Kuppel und optisch durch den Lichterkranz der Fenster allem Irdischen entrückt,
- über dem Altar in der Apsis die Gottesmutter (nicht ganz so groß),
- in den unteren Zonen folgen, ihrer geringeren Bedeutung entsprechend kleiner, das Heilige Land, Feste des Kirchenjahres mit wichtigen Begebenheiten aus dem Leben Jesu, die Schar der Heiligen, wieder in absteigender Rangfolge von den Kirchenvätern (im Altarraum) bis zu den heiligen Frauen im Vorraum.

Diese Anordnung bewirkt beispielsweise, dass in den dunkel-dämmrigen Innenräumen byzantinischer Kirchen zu bestimmten Tageszeiten allein auf das große goldunterlegte Apsismosaik mit der Darstellung Christi das volle Licht fällt und das Bild in überirdischem Glanz erstrahlen lässt, während alle „untergeordneten" Bilder weitgehend im Dunkel bleiben.

Der Rangfolge ihrer Bedeutung im christlichen Weltbild entsprechend werden heilige und weltliche Figuren auch in der Größe ihrer Darstel-

Christus als „Allherrscher" in byzantinischem Bedeutungsmaßstab

lung unterschieden. Je höher der geistliche Rang, desto größer der Abgebildete, je geringer seine Bedeutung, desto kleiner und aus dem Bildgeschehen gerückt findet sich der einfache Mensch wieder (siehe Seite 33: Bedeutungsmaßstab). Das führt dazu, dass die weiter oben abgebildeten „wichtigeren" Gestalten größer sind als die, die dem Betrachtenden näher liegen („umgekehrte" Perspektive).

Erst im Zeitalter der Renaissance, als ein diesseits gerichtetes Weltbild vorherrschend wurde, entwickelten Maler die unseren Sehgewohnheiten richtiger erscheinende Zentralperspektive.

Weitere Stilmerkmale byzantinischer Kunst sind: Einbindung des Dargestellten in die Bildfläche, d. h. Verzicht auf Bildtiefe, strenge, frontale Figurendarstellung, Goldgrund.

Brotvermehrung. Mosaik aus S. Appolinare, Ravenna um 520

Siehe dazu auch das Kapitel „Das Bildprogramm als Spiegel des mittelalterlichen Welt- und Glaubensverständnisses", Seite 33.

Byzantinische Mosaikkunst und Marmordekorationen

Mosaike werden aus Halbedelsteinen, aus kleinen farbigen Glas-, Stein- oder Marmorwürfeln zusammengesetzt. In eine noch weiche, auf die Wand aufgetragene Schicht (Zement, Mörtel oder Gips) werden nach einer Vorlage dicht nebeneinander die farbigen Würfel eingedrückt. Durchsichtige Glaswürfel werden auch zur Verstärkung des Glanzes mit Goldblättchen unterlegt oder mit Perlmuttblättchen bestreut. Unebenheiten in der Oberfläche, d. h. bewusst in verschiedenen Winkeln eingesetzte Steinchen, spiegeln das einfallende Licht effektvoll wider und tragen zu der für byzantinische Mosaike typischen Leuchtkraft und Tiefenwirkung bei.

Stark gezeichneter Marmor trägt wie die monumentalen Mosaikbilder entscheidend zur Prachtentfaltung byzantinischer Kirchenbauten bei. Er wird sowohl zur Wanddekoration eingesetzt, als auch z. B. zur aufwendigen Gestaltung der Basis von Stützpfeilern verwendet.

Stichwörter:
→ Apsis, → Bedeutungsmaßstab, → Fresken, → Ikonostasis, → Ikone, → Kämpfer, → Kapitell, → Marmor, → sakral, Sakralbau, → Standort

Der vorromanische Kirchenbau nördlich der Alpen (5. bis 9. Jh.)

Vorbilder und Einflüsse

Kirchenbauten der Frühzeit

Nach dem Zusammenbruch des römischen Reiches bildete sich nördlich der Alpen ein neuer Kulturkreis heraus, den wir abendländisch nennen. Er verknüpfte spätantikes Christentum mit germanischem Kulturgut und brachte eine Vielzahl wohl eher schlichter, meist aus Holz errichteter, lang gestreckter, einräumiger Kirchenbauten hervor, die, ihrem vergänglichen Baumaterial entsprechend, nicht allzulange überdauert haben.

Man nimmt an, dass sie ähnlich aber viel einfacher als die noch heute aus dem 12. und 13. Jahrhundert erhaltenen norwegischen Stabkirchen gebaut waren, nämlich nicht in Blockbauweise, sondern aus senkrecht nebeneinander zu Wänden errichteten Baumstämmen.

Die wenigen aus dem 6. bis 8. Jahrhundert überkommenen oder rekonstruierten Bauten aus Bruchstein sind, gemessen an spätantiken Bauten, nicht nur in ihren Ausmaßen eher bescheiden, sie wirken auch sehr einfach und kunstlos. Vermutlich fehlte es den einheimischen Bauleuten an Erfahrung im Steinbau. Es kann angenommen werden, dass erfahrene Baumeister römischer Herkunft mitgewirkt haben. Auch diese frühen Steinkirchen fügen wie die Holzbauten an einen rechteckigen oder quadratischen Gemeinderaum einen kleinen, eckig oder halbrund geschlossenen Chor an.

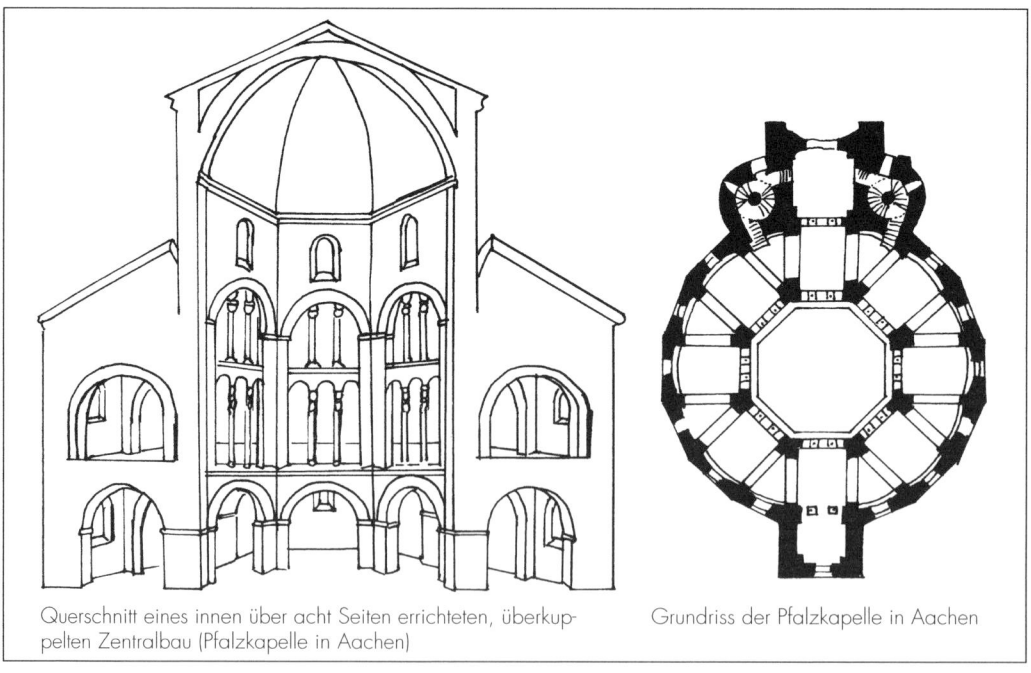

Querschnitt eines innen über acht Seiten errichteten, überkuppelten Zentralbau (Pfalzkapelle in Aachen)

Grundriss der Pfalzkapelle in Aachen

Karolingische Baukunst (um 800)

Mit der Regierungszeit Karls des Großen setzte eine neue, verbesserte Steinbaukunst für Sakral- wie für Profanbauten ein. Eins der wenigen erhaltenen Beispiele, die seit 790 errichtete und 805 geweihte Pfalzkapelle in Aachen, zeigt einen kunstvollen, außen sechzehnseitigen, innen achteckigen überkuppelten Zentralbau mit doppelgeschossigem Umgang nach spätrömisch-byzantinischem Vorbild.

Bemerkenswert ist der angeschlossene Westbau, das sogenannte „Westwerk". Es ist rechts und links von kleinen Treppentürmen flankiert und enthält im Obergeschoss die Kaiserloge mit dem Herrscherthron. Hier wurde die Verknüpfung von weltlicher und geistlicher Macht demonstriert, bzw. dem Volk die Stellung des Kaisers als Stellvertreter Gottes deutlich vor Augen gestellt.

Viele große Abteikirchen oder Dome des frühen Mittelalters haben ein Westwerk. Es handelt sich dabei um Kirchen, die bei einem Besuch dem Kaiser und seinem Gefolge die standesgemäße Teilnahme am Gottesdienst erlaubten. Zugleich sind diese besonders mit Türmen bewehrten Westwerke dem Erzengel Michael, dem Bezwinger des apokalyptischen Drachens geweiht, der auf der den bösen Mächten der Finsternis zugeneigten Seite wacht. Als Beschützer der Kirche wurde der Kaiser diesem Symbol gleichgesetzt.

Stichwörter:
→ Apokalypse, apokalyptisch → profan, Profanbau, → sakral, Sakralbau, → Westwerk

Die Kirchenbaukunst des Mittelalters (ca. 800 bis 1500)

Im Mittelalter sind in Europa vor allem zwei große Bauepochen zu unterscheiden:
– die Romanik (ca. 800 bis 1250)
– die Gotik (ca. 1150 bis 1500)
Historiker und Kunsthistoriker unterscheiden zusätzlich einen Früh-, Hoch- und Spätstil oder in der Romanik (entsprechend der jeweils herrschenden Kaiser) eine karolingische, ottonische, salische Epoche. Auch regionale Besonderheiten spielen bei den einzelnen Stilen und Epochen eine Rolle.

Die Romanik (950 bis 1200)

Vorbilder und Einflüsse

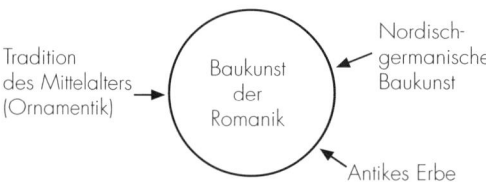

Fast alle wirklich großen und zumeist steinernen Bauwerke des Mittelalters diesseits der Alpen waren Sakralbauten. Ihre meist anonymen Baumeister folgten vor allem römischen Vorbildern, d. h. sie übernahmen nicht nur deren Bautechnik und bewährte Bauformen, sondern sie verwendeten nach Möglichkeit auch das Baumaterial ehemals römischer Bauten. War also kein Steinbruch in der Nähe, schleiften sie Bauten aus der römischen Besatzungszeit, um Ziegel, Bruch- und Hausteine für ihre Kirchenbauten zu gewinnen.

Erscheinungsweise und Stilmerkmale

Einem Baukastensystem ähnlich wurden nach und nach an den bewährten basilikalen Grundriss (rechteckiges Langhaus mit Vorhalle, Chor und Apsis), je nach Raum- bzw. Repräsentationsbedürfnis, weitere Bauglieder angefügt, sodass das Erscheinungsbild romanischer Kirchen, was die Anzahl ihrer Bauglieder betrifft, regional sehr unterschiedlich sein kann.
Hauptkennzeichen romanischer Kirchen sind ihre massiven, nur sparsam durch Lisenen, Gesimse, durch Blendbögen und Blendarkaden gegliederten Mauern. Kleine Rundbogenfenster durchbrechen die dicken, burgähnlichen Stein-

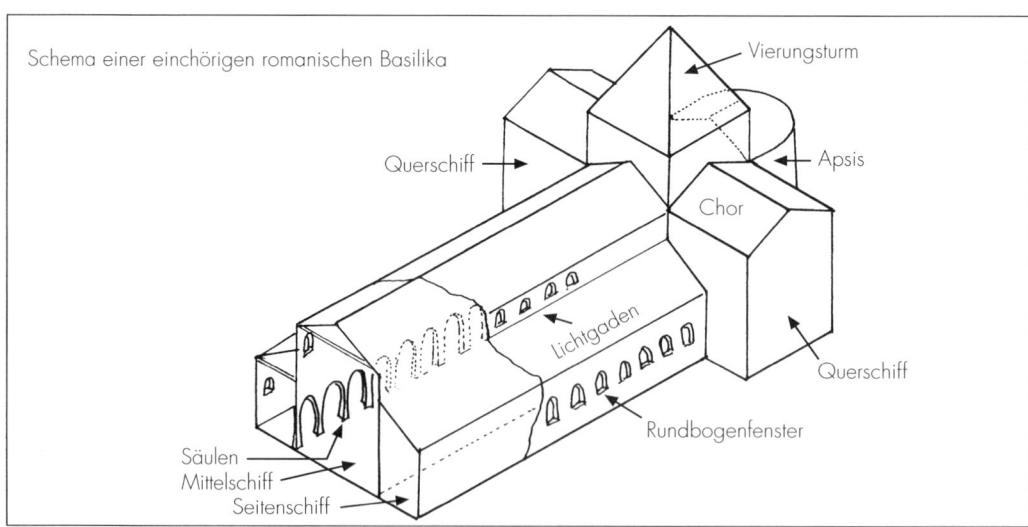

mauern, sodass es im Innern nahezu dunkel ist. Kerzen (Radleuchter) müssen den Raum Tag und Nacht erhellen. Typisch für die romanische Bauweise ist ihr „erdgebundener", schwerer Baukörper.

Die in der Regel viereckigen Türme, über der Vorhalle errichtet, wirken gedrungen und sind mit oft stumpfen Satteldächern gedeckt. Zunehmend wird die Westseite festungsartig ausgebaut, oft rechts und links von je einem starken Turm flankiert. Zugleich sind sie Treppentürme, die den Zugang zum ersten und zweiten Geschoss, den Aufenthaltsräumen des Kaisers, ermöglichen.

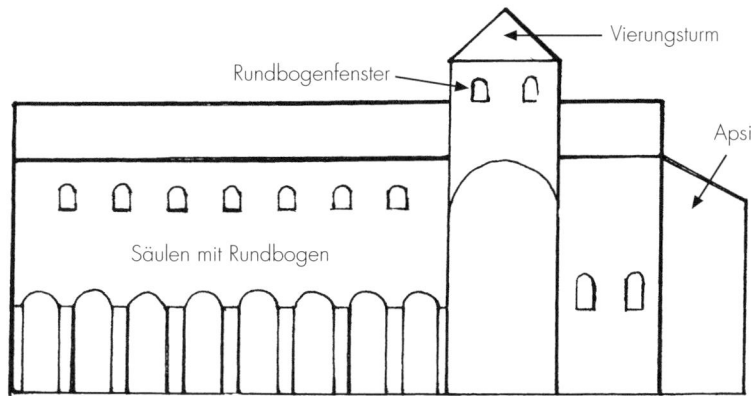

Längsschnitt durch eine romanische Basilika mit Vierungsturm

Das Vierungsquadrat

Wird in romanischen Kirchen zwischen Langhaus und Chor ein Querschiff eingeschoben, so bilden seine Schnittstellen das für das ganze Mittelalter typische Vierungsquadrat. Es wird durch einen eigenen Vierungsturm zusätzlich betont. Sein meist quadratischer Grundriss gilt fortan als Maß für die Einteilung des Langhauses in gleich große Raumabschnitte („gebundenes System").

Ist das Vierungsquadrat durch Vorsprünge deutlich vom Lang- und Querhaus abgegrenzt wird es auch „ausgeschiedene Vierung" genannt. Der Triumphbogen zwischen Chor und Kirchenschiff gilt, wie schon in byzantinischen Kirchen, als besonders hervorgehobener Ort für die Darstellung Jesu als Triumphator.

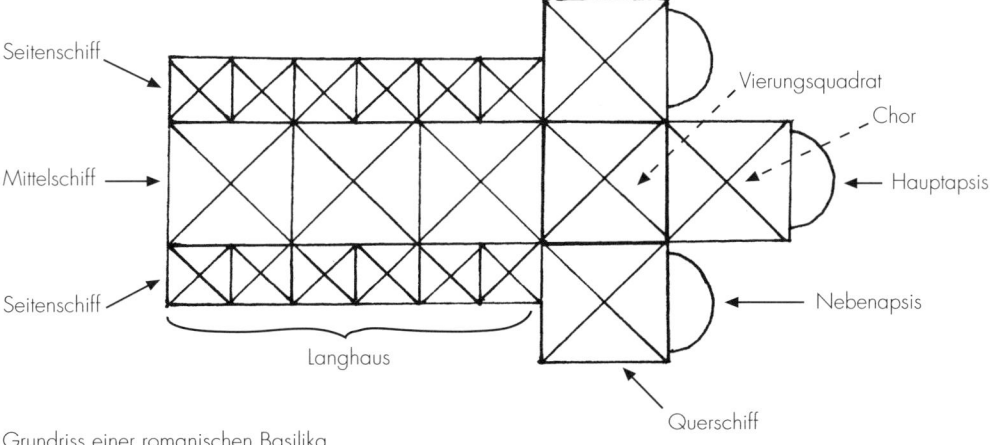

Grundriss einer romanischen Basilika

84 Von der Geschichte und den Bauformen christlicher Kirchen

Krypta und Chor

Unter dem Altar im Chor ist nun oft eine Krypta in den Boden eingelassen. Ihre niedrige, gewölbte Decke wird von kurzen, dicken Säulen gestützt. In der Krypta werden Heiligenreliquien aufbewahrt und verehrt. Vom Querhaus führen Treppen hinab, die Pilgern erlaubten, an dem Grab des Heiligen vorbeizuziehen.

Die durch den Einbau einer Krypta notwendige Erhöhung des Chores um einige Stufen bewirkt zugleich eine optische Hervorhebung, macht den Chorraum zum erhabenen Ort. Hier zelebrieren die Geistlichen den Gottesdienst vor den im tiefer liegenden Kirchenschiff weilenden Laien.

Das Dach

Das frühromanische Dach hat einen offenen Dachstuhl oder ist mit einer flachen, oft auch bemalten Holzdecke gedeckt. Erst allmählich entwickeln sich Tonnen- und Kreuzgratgewölbe zunächst über den schmaleren Seitenschiffen. Ihre Breite beträgt jeweils die Hälfte des Vierungsquadrates.

Der Rundbogen

Der Rundbogen ist typisch für Bauten des frühen Mittelalters. Er wird für Fenster, Portale und Gewölbe sowie zum Schmuck als „vorgeblendeter" Blendbogen bei Zwillings-, Drillingsfenstern und Zwerggalerien (kleine Arkadengänge am Bauwerk) verwendet.
Bei der sogenannten „übergreifenden Form" überspannt an Wänden oder Arkaden ein großer Bogen mehrere kleinere Formen und bindet sie so zu einer Einheit, die zugleich die Baumasse gliedert.

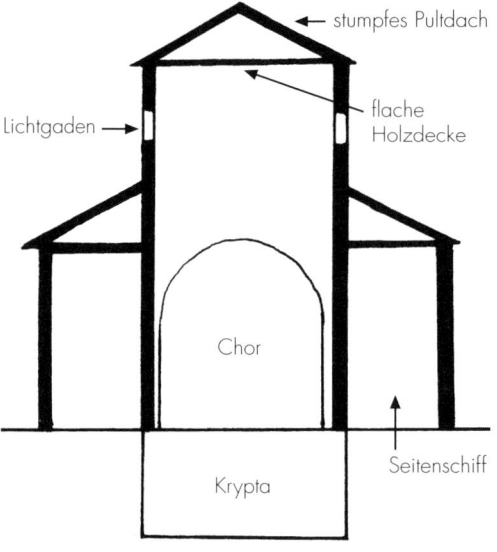

Querschnitt durch eine romanische Basilika mit Krypta

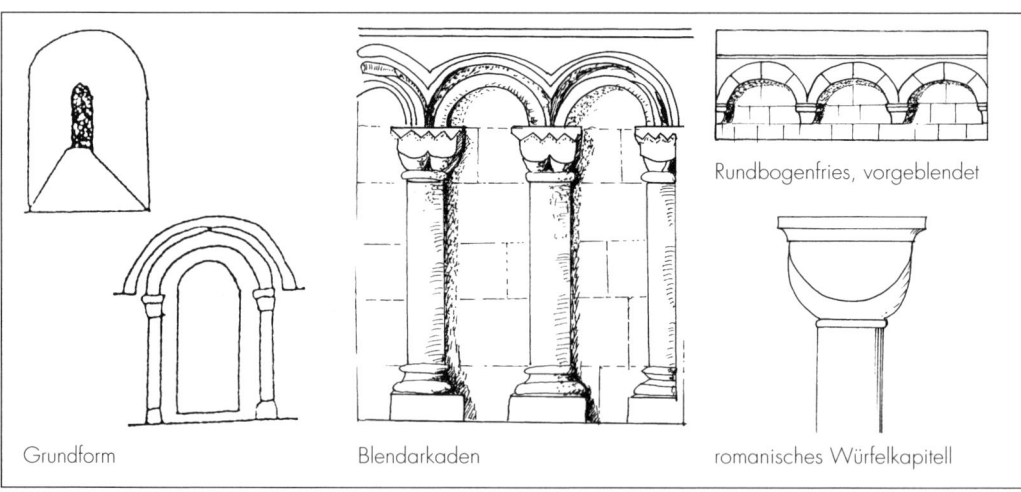

Romanisches Rundbogenfenster, Blendbogen und Blendarkaden, Würfelkapitell

Pfeiler und Säulen

Ein weiteres architektonisches Charakteristikum romanischer Kirchen ist der sogenannte „Stützenwechsel", d. h., in den Arkaden, die die Hochwand der Basilika tragen, wechseln Pfeiler und Säulen. Blockhafte Würfelkapitelle an den Säulen überwiegen.

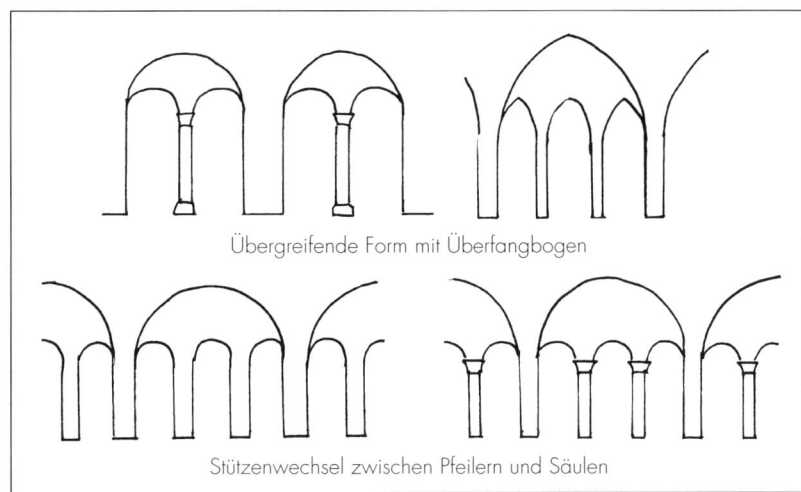

Übergreifende Form und Stützenwechsel

Die erweiterte Grundform

Die zunehmende Rivalität zwischen weltlicher und geistlicher Macht lässt sich auch am Kirchenbau erkennen. Die dem weltlichen Herrscher zugewiesene Westseite und die dem Klerus vorbehaltene Ostseite werden Zug um Zug erweitert. Jede Seite demonstriert durch aufwendige Ausstattung und hoch aufragende repräsentative Bauteile ihre Macht. So kommt es zu einer Addition von Baugliedern, zu Doppelchörigkeit und zu Kirchenbauten, die bis zu acht Türme haben.

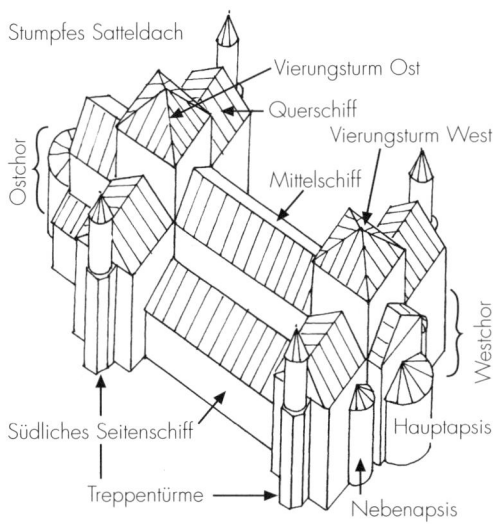

Schema einer doppelchörigen romanischen Basilika (St. Michael, Hildesheim)

Die Innenraumgestaltung

Die Langhauswände romanischer Kirchen und der Triumphbogen sind reich mit Freskenmalereien ausgeschmückt. Portale können mit Halbreliefs vor allem im Tympanon ausgestattet sein. Zur Trennung vom Chorraum, der der Geistlichkeit vorbehalten ist, und dem Laienraum ist eine zwei bis drei Meter hohe Chorschranke, der sogenannte „Lettner", errichtet.
Reliefdarstellungen auf Bronzeportalen und Säulenkapitellen ergänzen die Bildprogramme romanischer Kirchen.

86 Von der Geschichte und den Bauformen christlicher Kirchen

Romanisches Steinrelief im Tympanon des Südportals der Stiftskirche Innichen, Südtirol, 13. Jahrh.
Thema: Christus als Weltenrichter zwischen den vier Evangelisten, von denen drei durch ihre Symbole vertreten sind: l.o. Adler = Johannes; l.u. Löwe = Markus; r.u. Stier = Lukas; r.o. Engel = Matthäus).

Stichwörter:
→ Apsis, → Basilika, → Blendarkaden, Blendbogen, → Chor, → Fresken, → gebundenes System, → Kapitell, → Klerus, → Kreuzgratgewölbe, → Krypta, → Lettner, → Lisene, → Querschiff, → Relief, → Reliquiar, → Tonnengewölbe, → Triumphbogen, → Tympanon, → Vierungsquadrat, → Vierungsturm

Siehe dazu auch „Gestaltungselemente des Innenraums", Seite 28 ff. und „Bildprogramme in mittelalterlichen Kirchen", Seite 33 ff.).

Entwicklung der Stilmerkmale von der Vor- bis zur Spätromanik

Vorromanik (10. Jahrhundert)

Flachgedeckte basilikal angelegte Kirche, glatte, geschlossene Wände, Rundbogenportale und -fenster, Stützenwechsel und Überfangbogen als neue Elemente (siehe Abb. Seite 85 oben)

Frühromanik (1000 bis 1100)

Differenzierung von Baukörper und Raum durch:
Stützenwechsel, Schwibbogen und Überfangbogen (siehe Abb. Seite 85 oben), Dienstgliede-

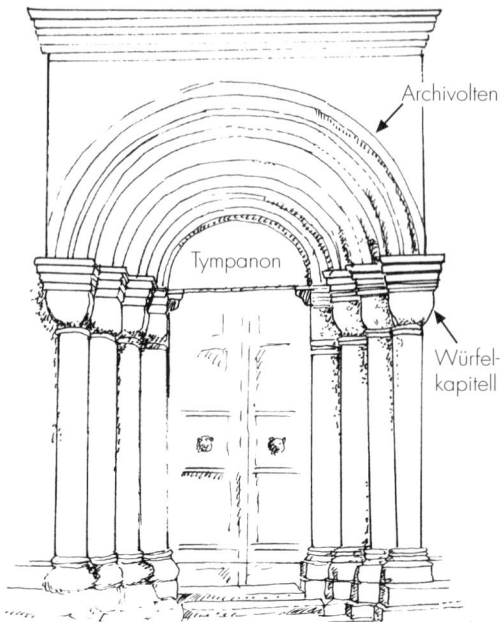

Romanisches Rundbogenportal mit Tympanon und Archivolten, Dom zu Mainz, Ostportal

rung der Hochwände, Bündelpfeiler und mehrstufige Bogen, Seitenschiffe werden überwölbt, vereinzelt auch schmale Hochschiffe, Vierung wird mit Turm überbaut.

Hochromanik (1100 bis 1180)

Ganze Bauten werden überwölbt statt flach gedeckt, Zusammenfassung konstruktiver Teile zu einem erkennbaren System, erste Rippengewölbe, Strebepfeiler und Strebebogen, vermehrt plastische Durchformung der Bauglieder, Aufschließung der Außen- und der Innenwand durch Triforien und Zwerggalerien, bis zu acht Türme, Aufkommen von Fassaden und Fassadenschmuck.

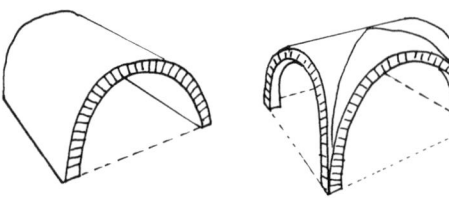

Tonnen- und Kreuzgewölbe

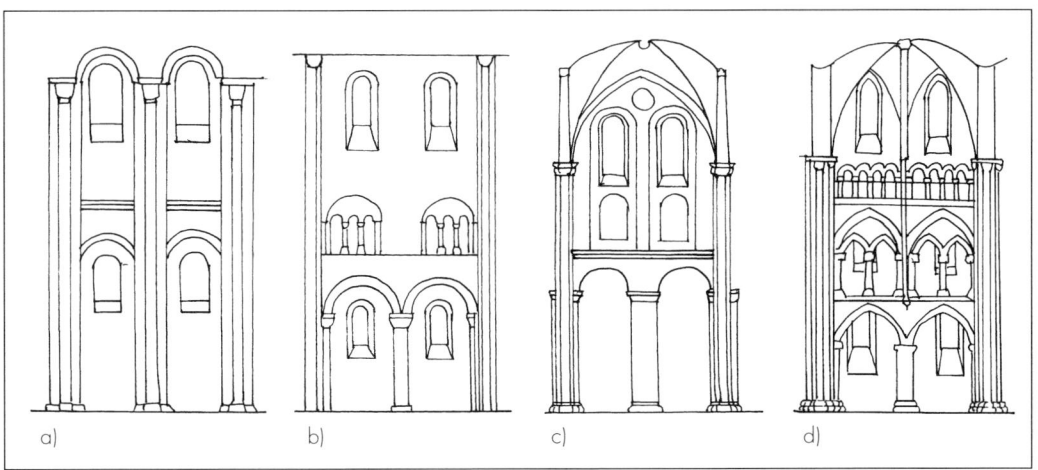

Entwicklung der Wandgliederung von der Romanik bis zur Gotik:
a) Speyer um 1090; b) Jumièges (Normandie), 1060; c) Worms nach 1180; d) Limburg 1235 (Beginn der Gotik)

Spätromanik (1180 bis 1240)

Ausschließlich Gewölbebau. An die Stelle des romanischen Rundbogens tritt der gotische Spitzbogen. Die Spätromanik wird auch *Übergangsstil* genannt.

Stichwörter:
→ Archivolten, → Basilika, → Dienst, → Gewölbe, → Rippe, → Schwibbogen, → Stützenwechsel, → Triforium, → Tympanon, → Vierung, → Zwerggalerie

Die Gotik (ca. 1150 bis 1500)

Vorbilder und Einflüsse

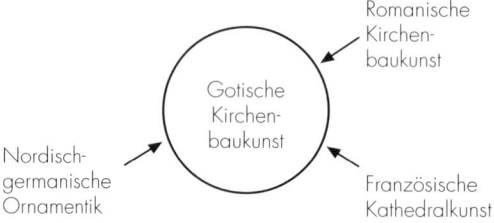

Der geistige Hintergrund

Ein ganz anderes Erscheinungsbild als die romanischen „Kirchenburgen" des frühen Mittelalters zeigen im Hoch- und Spätmittelalter die gotischen Kirchen und Kathedralen. Diese Veränderung ist nicht allein als eine formale oder technische Fortentwicklung zu verstehen, sondern sie ist vor allem die Auswirkung einer veränderten geistigen Haltung, eines neuen Verständnisses von Religion und Glauben im Hoch- und Spätmittelalter.
Die Begegnung mit arabisch-maurischer Baukunst und ihren Stilformen (Arabesken), die von Spanien her und durch die Kreuzfahrer auch nach Frankreich und Deutschland kamen, hat die Gotik mitbeeinflusst. Doch maßgeblich im Hinblick auf den Kirchenbau wurden neue theologische Akzentsetzungen.
Waren Gott und seine heiligen Heerscharen im frühen Mittelalter als Bezwinger des Bösen und Dämonischen verstanden worden, als eine überirdische, dem Weltlichen weit entrückte Macht, deren Hilfe und Gnade man durch Opfer und reiche Schenkungen an die Kirche erwerben konnte, so erhielten jetzt die Heiligengestalten menschlichere Züge. Das Christentum wurde mehr und mehr als Religion der göttlichen Gnade und Liebe verstanden.
Das Antlitz Gottes und sein Wirken zeige sich, so lehrte Thomas von Aquin (1225 bis 1274), in der Schönheit der Natur, und Franziskus von Assisi (1182 bis 1226) predigte den Tieren, die er als Gottes Geschöpfe den Menschen gleichsetzte. Im späten 13. und 14. Jahrhundert schließlich verlangten die Mystiker Eckhart,

Seuse und Tauler die Loslösung der Gläubigen von allen irdischen Werten und völlige Hingabe an Gott. Dieses jenseits gerichtete Denken fand seinen Ausdruck im bis dahin unvorstellbaren Höhen- und Auflösungsdrang gotischer Kathedralen.

Stichwörter:
→ Franz von Assisi, → Mystik, → Thomas von Aquin
Siehe dazu auch das Kapitel „Bauen nach einer Vision", Seite 21.

Die Bauhütten

Die neue Religiosität hatte baugeschichtliche Folgen: Die Kirchen wuchsen in die Höhe – näher zu Gott. Der hoch aufragende Gewölbebau erforderte hohe bautechnische und baukünstlerische Sachkenntnis.
Das konnten die in Klostergemeinschaften lebenden Bauleute der bischöflichen Dombauhütten allein nicht mehr leisten. Auch traten immer mehr wohlhabende Städte als Auftraggeber an die Stelle bischöflicher Bauherren, sodass nun Berufsbaumeister und Architekten, Steinmetze und Maurer als Laienbrüder den Mönchsorden beitraten. Daneben bildeten sich klosterunabhängige Bauhütten, die sich den städtischen Kirchen anschlossen.
Im Wettstreit wurden nun bischöfliche Kathedralkirchen und Stadtpfarrkirchen errichtet, die den Reichtum und die Macht der Kirche zeigten. Beispiele dieser neuen städtischen Baugesinnung sind in Süddeutschland etwa das Freiburger und das Ulmer Münster oder auch die Lorenzkirche in Nürnberg, die bis heute über eigene Bauhütten verfügen.

Charakteristische Bauglieder und Schmuckformen

Der Grundriss

Der Grundriss gotischer Kathedralen veränderte sich kaum gegenüber dem romanischen. Einzig der Chor wird erweitert. Das hängt mit der wachsenden Zahl der Geistlichen in Bischofskirchen zusammen, die mehr Platz benötigten. Auch die von den Kreuzzügen mitgebrachten Reliquien mussten untergebracht werden. Um die Verehrung der in Schreinen aufbewahrten Reliquien für die Massen der vorbeiströmenden Pilger zu erleichtern, wird auf Unterkirchen (Krypten) verzichtet. Statt dessen wird der Chor vergrößert durch einfache oder doppelte Chorumgänge mit angeschlossenem Kapellenkranz.

Der Vergleich romanischer mit gotischen Kirchengrund- und -aufrissen zeigt eine deutlich additive Reihung von Baugliedern in der Romanik, wohingegen die Gotik bemüht ist, den großen, lichtdurchfluteten Kirchenraum als eine Einheit zu gestalten. Die Ausladung des Querschiffes wird reduziert, die Zielrichtung aus der Horizontalen in die Vertikale gelenkt. Wichtigste Hilfsmittel dabei sind die hohen Spitzbogenfenster und das „Dienste-System": Dünne Säulchen oder Halbsäulchen, die, einzeln oder zu mehreren gebündelt, der Wand oder einem Pfeiler vorgelagert waren, sogenannte Dienste, entlasteten die hohen Langhauswände.

Der in der Romanik nur von kleinen Rundbogenfenstern mäßig erleuchtete Obergaden wird nun zu großen Fensterwänden, die die Bildprogramme romanischer Wandmalerei in ihren farbenprächtigen Glasmalereien aufnehmen.

Stichwörter:
→ Chor, → Dienst, → Kapellenkranz, → Kreuzzüge, → Krypta, → Obergaden, → Reliquien

Die Wände

Die gotische Kirche strebt in die Höhe. Die hoch ragenden Wände werden dünn, ihre Flächen weitgehend durch Glasfenster ersetzt. Diese skelettartige Bauweise hatte gegenüber dem massiveren Mauerwerk der Romanik zur Folge, dass die Wände durch ein ausgeklügeltes Strebewerksystem, bestehend aus Strebepfeilern und Strebebögen, an den Außenseiten gestützt werden mussten, um nicht vom seitlichen Gewölbeschub auseinandergedrückt zu werden.

Im Inneren bestehen die hohen Wände des Mittelschiffs von unten nach oben aus vier

Kathedrale von Amiens, Schnitt durch ein gotisches Hauptschiff mit Seitenschiffen und Strebewerk

Abschnitten: Säulenarkade, Empore, Triforium und Lichtgaden. In der Hochgotik wird der Aufbau dreizonig: Säulenarkade, Triforium und Lichtgaden. Zugleich reichen die Dienste (siehe oben) nun vom Boden bis in das Gewölbe und verstärken den Zug zur Höhe.

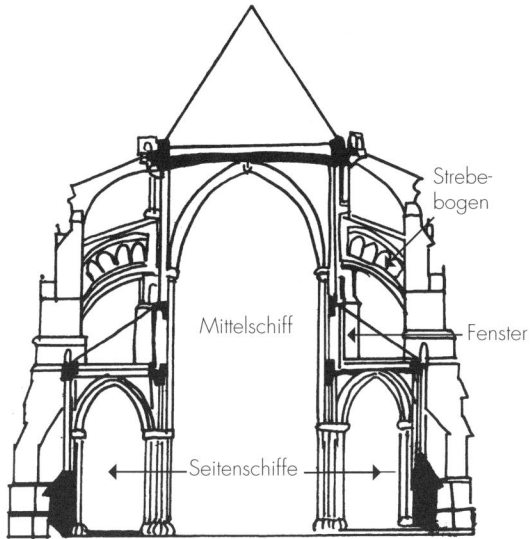

Strebewerk der Kathedrale von Chartres, Querschnitt durch die dreischiffige frühgotische Kathedrale mit hohen, dünnen, von Fenstern im Obergaden durchbrochenen Wänden

90 Von der Geschichte und den Bauformen christlicher Kirchen

Kreuzrippengewölbe

Stichwörter:
Arkade, → Chartres, → Dienste, → Empore, → Lichtgaden, → Säule, → Triforium

Rippengewölbe, Strebewerk und Spitzbogen

Das Rippengewölbe, das konstruktive Strebewerk und der Spitzbogen sind die drei wichtigsten Elemente des neuen Raumideals. Hohe, lichte Räume, die schwerelos aufzusteigen scheinen, entsprechen dem gotischen Glaubensverständnis.
Die immer höher und dünner werdenden Wände mussten von außen abgestützt werden. Das an den Außenwänden frei liegende, oft mehrgeschossige Strebewerk wurde zum charakteristischen Merkmal gotischer Kathedralen.
Vielfach wurde es zusätzlich beschwert mit Ziertürmchen und mit schmückenden Krabben und Statuen besetzt.

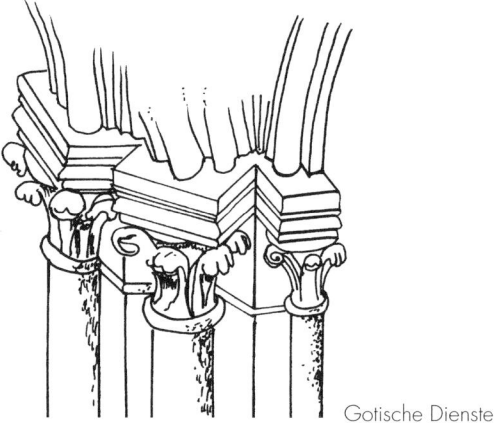

Gotische Dienste

Durch die Strebebogenkonstruktionen konnten die Wände weiter aufgelöst werden durch eine Vielzahl hoher und großer Fenster. Auch der gotische Spitzbogen, der die Wandlast besser ableitete als der romanische Rundbogen, trug zu dieser Entwicklung bei.

Stichwörter:
→ Fiale, → Krabbe, → Strebewerk

Die Fenster

Riesige farbige Fensterflächen kennzeichnen gotische Kathedralen. Ihr Licht lässt im Wechsel der Tageszeiten die verschiedenen Bauglieder der Kathedrale aufleuchten oder in ein Dämmerlicht setzen. Die auf ihnen dargestellten biblischen Figuren und Geschehnisse scheinen wie aus einer leuchtenden göttlichen Lichtquelle aufzuleuchten. Ähnlich wie die Goldhintergründe auf byzantinischen Mosaiken erhält die gotische Kathedrale durch die durchscheinenden Farben ihr Licht, das den Kirchenraum verwandelt, als sei es überirdischen Ursprunges.

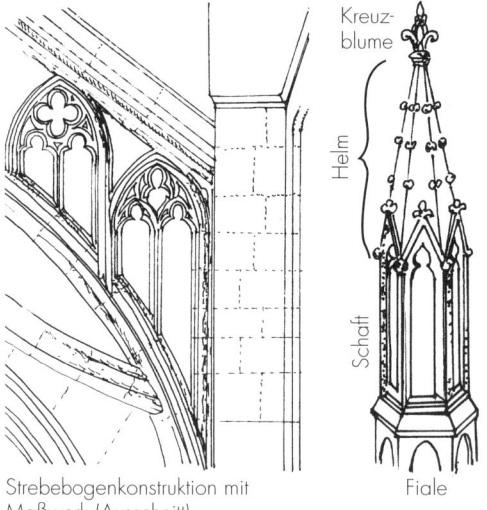

Strebebogenkonstruktion mit Maßwerk (Ausschnitt)   Fiale

Gotische Maßwerkfenster: frühgotisch, hochgotisch, spätgotisch

Stichwörter:
→ Licht, → Maßwerk, → Mosaik
Siehe dazu auch Seite 24 „Vom himmlischen Eigenlicht mittelalterlicher Glasfenster".

Ornamentale Architektur

Mit dem Zirkel konstruierte Steinstege, auch Maßwerk genannt (siehe Abb. oben) stabilisieren gotische Glasfenster. Schäfte hoch ragender Säulen werden mit dünnen, vertikalen Rippen, den sogenannten „Diensten" (siehe Abb. Seite 90) überzogen und führen den Blick vom Erdboden in direkter Linie über die Lichtgaden ins Kreuzrippengewölbe. Steinerne Schmuckformen (Fialen, Krabben und Kreuzblumen), überziehen die Altaraufbauten, Kanzeln und das Chorgestühl. Ebenso wird auch das Strebewerk an der Außenseite gotischer Kirchen reich mit Schmuck versehen.

Stichwörter:
→ Dienste, → Fialen, → Krabben, → Kreuzblumen, → Kreuzrippengewölbe, → Lichtgaden, → Maßwerk

Plastiken

Hatten in romanischen Kirchen Wandfresken, reliefartige Bildprogramme auf Säulenkapitellen und Bronzetüren sowie monumentale Kruzifixe aus Holz oder Stein über dem Altar den Bildschmuck gebildet, so entwickelte sich in der Gotik vor allem im Portalbereich, vor Säulen und in der Form von Andachtsbildern (Vesperbildern) eine hoch entwickelte Plastik, die eng mit dem gotischen Bau verknüpft war (siehe Tafel Seite 52).

Mit diesen steinernen Bildern, die streng stilisierte Formen und eine eindringliche Gestik aufwiesen, wurde Gläubigen die Heilsgeschichte an Hand von Bilderzyklen vor Augen gestellt. Nicht die Realität wurde abgebildet, sondern ein theologisches Programm. Ein beliebtes Thema war z. B. das Ende allen irdischen Lebens (das „Jüngste Gericht") im Bogenfeld über den Portalen, dem sogenannten Tympanon (siehe Abb. Seite 42).

Wer heute die plastischen Darstellungen an einem gotischen Portal betrachtet, kann sich kaum eine Vorstellung davon machen, wie farbenprächtig, wie einladend und zugleich auch beängstigend diese Kircheneingänge damals auf die Gläubigen wirkten. Das inzwischen restaurierte und wieder farbig gefasste Weltgerichtsportal an Berner Münster ist ein beeindruckendes Beispiel dafür.

Stichwörter:
→ Andachtsbilder, → Fresken, → Heilsgeschichte, → Kapitell, → Kruzifix, → Relief, → Tympanon, → Vesperbilder
Siehe dazu auch das Kapitel „Gnaden- und Andachtsbilder", Seite 51.

Die Bildprogramme

Bauplastik an Portalgewänden, Bildreliefs an Säulenkapitellen, Wand- und Deckenmalereien sowie farbige Glasbilder ergänzen einander im Erzählen der Heilsgeschichte. Hinzu kommen Bilderfolgen auf Altären und die vielen steinernen Andachts- und Vesperbilder in den Seiten- und Nebenkapellen. Vor Gläubigen im Mittelalter tat sich ein reicher Bilderbogen biblischer Geschichten auf, die er ohne zu lesen immer wieder meditieren und in andächtiger Stille betrachten konnte (siehe auch „Bildprogramme in mittelalterlichen Kirchen", Seite 33).

Im Verlauf der Spätgotik (etwa ab 1300) lösten sich die Figuren der Bauplastik mehr und mehr aus der Verbindung mit der Architektur. Freistehende Figurengruppen aus Stein oder Holz geschnitzt, sogenannte plastische Andachtsbilder, wurden in Kapellen und Nischen aufgestellt. Vor allem waren es Madonnendarstellungen, Christus-Johannesgruppen, Schutzmantelmadonnen und Vesperbilder, die in Seitenschiffen und Kapellen in Augenhöhe aufgestellt wurden und der Andacht der Gläubigen dienten.

Gotische Gewändefiguren

Ab 1400 bis 1450 kommt der Typ der „schönen Madonna" auf. Der weiche Faltenwurf, ihre lieblichen, dem Kind mütterlich zugewandten Gesichtszüge kennzeichnen diesen sogenannten „weichen Stil".

Stichwörter:
→ Andachtsbilder, → Heilsgeschichte, → Gewände, → Kapitell, → Madonna, → Relief, → Vesperbilder.
Siehe auch „Die häufigsten Themen der Bildprogramme", Seite 44 ff.

Der Altar

Große Bedeutung innerhalb der Bildprogramme gotischer Kirchen kommt dem mehrseitigen geschnitzten oder bemalten *Flügelaltar* zu. Über seiner Mitteltafel lassen sich in der Regel zwei oder vier Seitenflügel von jeweils halber Breite öffnen und schließen. Es gibt Werktags- und Festtagsseiten, die nur zu bestimmten Festen, z. B. Weihnachten, geöffnet werden. Beliebt waren Passionsaltäre. Die Mitteltafel zeigte üblicherweise Kreuzigungs- oder Mariendarstellungen. Rechts und links waren Szenen aus dem Leben Jesu (Passion) bzw. Darstellungen zum Marienleben dargestellt, an den Außenseiten auch Bilder von Kirchenpatronen oder Heiligen.

Schöne Madonna

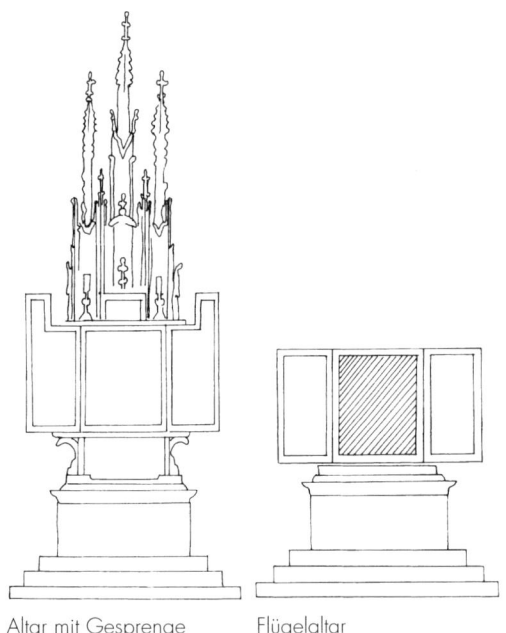

Altar mit Gesprenge   Flügelaltar

Vor allem reiche Patrizier stifteten Altäre und auch Seitenkapellen zu Ehren besonders beliebter Heiliger und erhofften sich damit nicht nur den Segen des Himmels, sondern auch öffentliche Anerkennung in den Augen ihrer Mitbürger.

Gegen Ende der Gotik bildet sich der *Schreinaltar* heraus, dessen kastenförmiger Mittelteil mit farbig gefassten Holzskulpturen ausgefüllt ist. Die bemalten Altarflügel rechts und links lassen sich schließen. Über dem Altar erhebt sich ein reich mit Maßwerk verzierter, geschnitzter und goldgefasster Aufbau, das sogenannte „Gesprenge".

Stichwörter:
→ Altar, → Gesprenge, → Passion, → Patrizier
Siehe dazu auch Seite 172 (Abbildungen).

Sonderformen des gotischen Kirchenbaus

Gleich hohe Haupt- und Seitenschiffe, meist unter einem gemeinsamen Dach, entsprachen dem Raum- und Lichtbedürfnis städtischer Predigt- und Pfarrkirchen mehr als die in der Romanik üblichen niedrigeren Seitenschiffe. Seit der Spätromanik finden wir daher *Hallenkirchen*. Sie erfuhren ihre Entfaltung im 14. Jahrhundert vor allem in der norddeutschen *Backsteingotik* und in der süddeutschen Spätgotik.

Nord- und nordostdeutsche Backsteinkirchen zeichnen sich durch riesige, hohe Räume mit 3–5 Schiffen aus. Die Wände sind wenig gegliedert und wuchtig, da sich die aus Lehm gebrannten Ziegel bzw. Backsteine, die als Baumaterial verwendet wurden, weder aushöhlen noch modellieren ließen. Entsprechend erfand

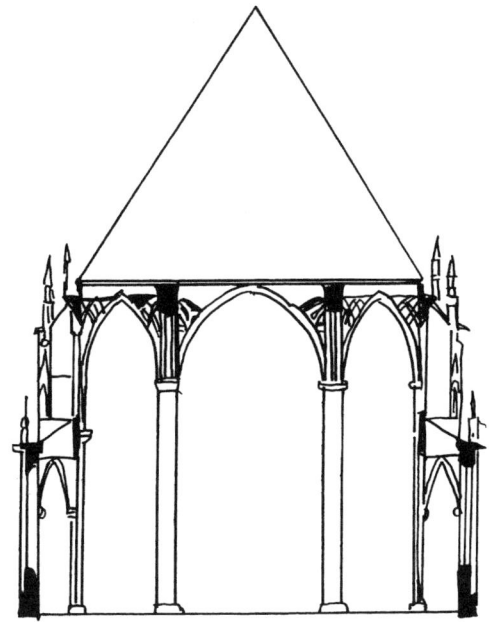

Querschnitt durch eine dreischiffige Hallenkirche, Scheitel der Seitenschiffe sind ebenso hoch wie das Mittelschiff. Lichteinfall durch die Seitenschiffe (Schwäbisch-Gmünd, Heilig-Kreuz-Kirche, Mitte 14. Jh.)

man den Formstein aus gebranntem Lehm, um wenigstens Rippen, Spitzbogenfenster und gotisches Maßwerk in sparsam-strenger Form nachempfinden zu können.

Beispiele für gotische Hallenkirchen sind die Zisterzienserkirche Chorin, die Marienkirche Danzig, die Marienkirche Lübeck, die Marienkirche Greifswald, die Nikolaikirche Wismar, aber auch St. Martin in Landshut.

Stichwörter:
→ Formstein, → Maßwerk, → Zisterzienser

Die Kirchenbaukunst der Neuzeit (15. bis 17. Jh.)

Die zwei wichtigsten Stilepochen der Neuzeit sind

- Renaissance, ca. 1420 bis 1600
- Barock, mit Spätbarock bzw. Rokoko, ca. 1600 bis 1770

Renaissance (ca. 1420 bis 1600)

Vorbilder und Einflüsse

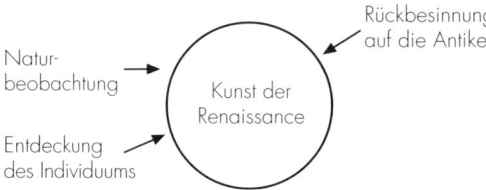

Der geistige Hintergrund

Zu Beginn der Renaissance (franz.: Wiedergeburt) steht die Wiederentdeckung der diesseitigen Welt. In den Mittelpunkt des Denkens und der künstlerischen Darstellung treten nun der Mensch und die Natur. Es findet eine Rückbesinnung auf die Antike statt. Die antike Denkweise, die auf Vernunft und Erfahrung gründet, gilt für Literatur, Kunst und Naturwissenschaften als Vorbild.

Gegenüber der jenseits gerichteten Geisteshaltung des mittelalterlicher Menschen stellt die Neuzeit mit den beiden Stilrichtungen der Renaissance und des Barock einen krassen Umbruch dar. Nicht mehr der weltentrückte Geist, das Aufgehen in Gott, war das höchste Lebensziel, sondern die gottgefällige irdische Vollendung des Menschen.

Der Aufstieg des Bürgertums führte zu einer neuen Weltzugewandtheit, die sich auch in einer zunehmenden Individualisierung des Menschen und der steigenden Wertschätzung individueller künstlerischer Leistung äußerte. Galt im Mittelalter die kollektive Leistung zur Ehre Gottes und blieb der Baumeister fast immer anonym, so brachten bald überregional wirkende Bauhütten ganze Schulen berühmter Baumeisterfamilien hervor, die im Bewusstsein ihres Könnens ihre künstlerischen Ideen relativ unabhängig von der Kirche durchsetzen und verwirklichen konnten.

Der so aus mittelalterlicher Anonymität heraustretende erfolgreiche Künstler der Renaissance suchte sich aus den Fesseln mittelalterlicher Religiosität zu befreien, sich im Diesseits zu vollenden, sich ganz mit seinem künstlerischen Werk zu identifizieren, um damit Ruhm und Ehre der Nachwelt zu erringen.

Der selbstsichere, vielseitig schöpferische Mensch, das Universalgenie, war das erstrebte Idealbild im Zeitalter der Renaissance. Neues wissenschaftliches Ziel wurde, die Natur und ihre Gesetze zu ergründen. Diese Bemühungen führten zur Vorrangstellung der Wissenschaften.

Im Zuge einer fortschreitenden Verweltlichung wurden nun viel mehr weltliche Bauten (z. B. Schlösser) anstelle von Kirchen errichtet, und diese wenigen waren dem neuen Zeitgeist entsprechend im Stil der Renaissance, der „Wiedergeburt der Antike", gestaltet. Alle Schöpfungen der Romanik, sogar die über lange Zeit für viele Länder obligatorische französische Kathedralkunst, die großen Kloster- und kleinen Dorfkirchen im gotischen Stil, lehnte man nun, vor allem in Italien, als „gotisch", das sollte heißen als „barbarisch" ab.

Am meisten aber litten die alten Kirchen unter den Religionskriegen des 16. Jahrhunderts. Viele romanische und gotische Kirchen wurden geplündert, zerstört und ihrer kostbar in Gold gefassten Reliquienschreine beraubt. Man riss bunt gefasste Statuen von ihren Sockeln, Grabplatten aus den Wänden und zerschlug Portalplastiken bis zur Unkenntlichkeit. Fresken wurden übertüncht, sodass der ehemals farbige und kostbar geschmückte Kirchenraum vielerorts zur strengen, nur noch steinernen Hülle wurde.

Rund- und Kuppelbauten

An die Stelle des mittelalterlichen *Strebens nach Gott*, nach weltlicher Entsagung und überirdischer Weihe trat jetzt ein weltzugewandtes *Ruhen in Gott*. Diese neue weltlichere Geisteshaltung fand ihren Ausdruck auch im Kirchenbau. Bevorzugt wurde jetzt der zentrale Rundbau. Die zentrale Kuppel weist zwar nach oben, aber der ruhige Rundbau lässt die Gedanken und Blicke der Gläubigen kreisen, statt sie allein zum göttlichen Licht, nach Osten oder zu unerreichbaren Höhen zu lenken. Wohltuende Klarheit, harmonische Ausgewogenheit ihrer Bauglieder, klassische Ruhe und antike Maße sind die hervorstechenden Kennzeichen der Renaissancebauten.

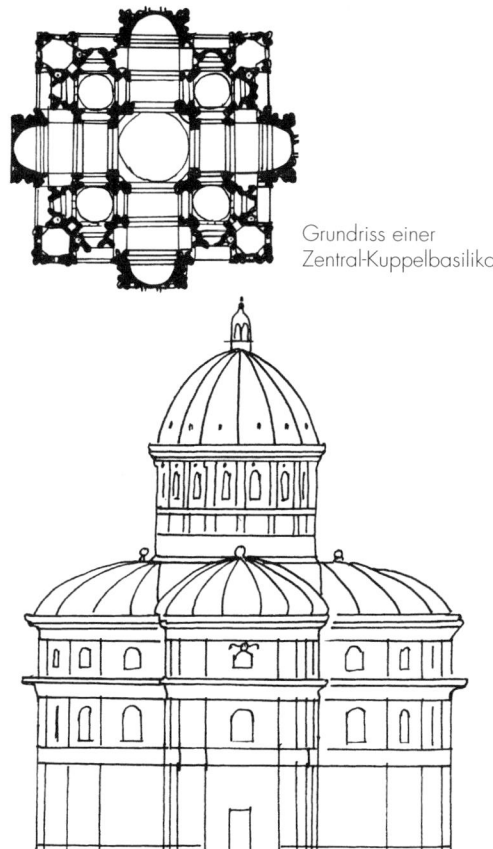

Grundriss einer Zentral-Kuppelbasilika

Zentral-Kuppelbasilika der Renaissance (Schema)

Die Innengestaltung

Ebenso wie die Fassaden der Rundbauten werden auch die Innenwände zweigeschossig mit Doppelsäulen und Pilastergliederung errichtet. Als Abschluss finden sich steinerne oder hölzerne Kassettendecken.

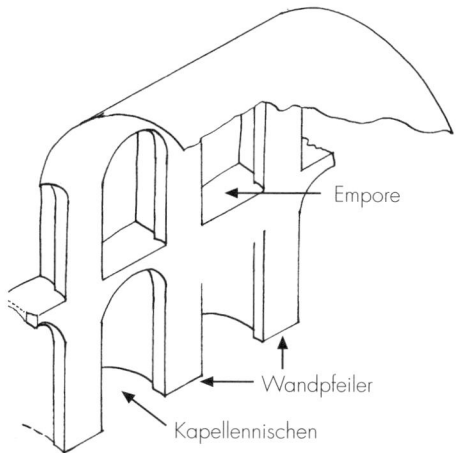

Wandpfeilerbasilika mit Nischen und Emporen, Renaissance und Barock (Schema)

Vernunft und Geometrie bestimmen die neue Architektur. Klare, klassische Proportionen, schlichte Formen, z. B. der Halbkreis für Bogenformen, und horizontale Steinbänder betonen die Innenraumgestaltung. Sie scheinen in einem Fluchtpunkt zusammenzulaufen.

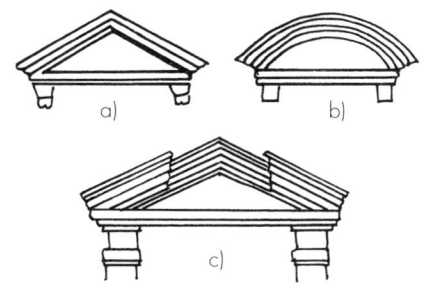

Fensterbekrönungen nach antikem Vorbild:
a) Dreiecksgiebel, b) Segmentgiebel, c) Dreiecksgiebel verkröpft

Im Mittelalter standen die Steinmetzarbeiten in den Kirchen, z. B. als Gewändefiguren oder Reliefs auf Kapitellen, noch in engem Zusammenhang mit dem Bau. Aus dieser Bindung befreit sich die Plastik in der Renaissance. Der vollkommene, nackte menschliche Körper in natürlicher und wirklichkeitsgetreuer Darstellung wurde zum Ideal und präsentierte sich nun als selbstständige Statue oft aus Marmor. Eine bildhafte, zentralperspektivische und tiefengestaffelte (Vorder-, Mittel- und Hintergrund) Raumdarstellung auf Flachreliefs, z. B. für Bronzetürentafeln, wurde immer mehr perfektioniert.

Dem Streben nach Ruhm und Fortleben in der Nachwelt entsprach ein Aufblühen der Grabmalkunst. Es wurde üblich, sich in monumentalen Grabdenkmälern zu verewigen, auf denen der Verstorbene realistisch und in kostbare Gewänder gekleidet abgebildet wurde.

Renaissancealtar (Schema)

Besonders wirkte sich der aufgeklärte Geist der Renaissance auf die von berühmten italienischen Malern gestalteten Altartafeln aus.
In ihren Bildern lassen sich folgende neue Gestaltungsprinzipien erkennen:

– Biblisches Geschehen wird in naturgetreu wiedergegebenen Landschaften und architektonischen Räumen der irdischen Welt angesiedelt.

– Bei menschlichen Gestalten wird eine realistische, vollplastische, d. h. dreidimensionale, oft monumentale Darstellung angestrebt.
– Ein individueller Ausdruck der Gesichter ist ebenso wichtig wie Schönheit, Eleganz und Harmonie.
– Der Bildaufbau zeichnet sich aus durch Symmetrie, klare, ebenmäßige Komposition in Dreiecks-, Pyramiden- und Kreisform.
– Außer durch die Zentralperspektive wird die naturgetreue Bildwirkung zusätzlich durch die *Farbperspekti e* verfeinert (mit zunehmender Ferne werden die Farben unbestimmter), durch die *Luftperspekti e* (mit zunehmender Bildtiefe werden die Farben blauer) und durch das *Sfumato* (die Auflösung fester Umrisse mit zunehmender Entfernung im Bild).

Folgende Themen kehren immer wieder: Madonnenbilder mit dem Kind, Heiligendarstellungen sowie Szenen aus ihrem Leben, biblische Geschichten und allegorische Darstellungen. Der geordnete, logische Aufbau, die harmonische Komposition sind wichtiges künstlerisches Ziel.

Alle neuen Mal- und Gestaltungsprinzipien nahmen in den ersten Jahrzehnten des 15. Jahrhunderts in Florenz und Oberitalien ihren Ausgang und griffen bald auf ganz Italien über. Im päpstlichen Rom erlebte die Renaissance in der ersten Hälfte des 16. Jahrhunderts ihren Höhepunkt und breitete sich bald auch nördlich der Alpen in ganz Europa aus.

Madonna im Grünen von Raphael (1483–1520), Wien, Kunsthistorisches Museum

Besonderheiten der Spätphase

Die Spätphase der Renaissance, ihrer übertriebenen Formen wegen auch *Manierismus* genannt, äußert sich im Kirchenbau weniger auffallend als in der Malerei und Plastik. Allerdings überziehen bald überreich ornamentale Schmuckelemente die Innenräume auch von Kirchen und widersetzen sich damit bewusst den Bestrebungen nach Harmonie und klassischer Einfachheit der Hochrenaissance.

Manieristische Dekorationsformen folgen nicht mehr nur dem Kanon überlieferter klassisch griechisch-römischer Ornamente wie: Akanthus, Eierstab, Perlstab, Zahnschnitt, Palmetten, Blattstab. Sie ufern in Rollwerk und Beschlagwerk aus, den Dekorationserfindungen dieser Spätphase der Renaissance. Sie überziehen Fensterumrahmungen, Portale und Giebel. Dazu kommen halbrunde Nischen, die leer stehen oder Statuen Heiliger aufnehmen können.

Kanzelsäule mit Beschlagwerk
(Sennfeld, Baden, Spätrenaissance, 1617)

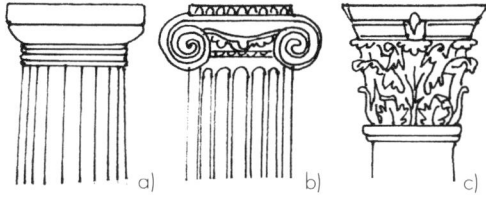

Renaissancekapitelle nach antikem Vorbild:
a) dorisch, b) ionisch, c) korinthisch

Stichwörter:
→ allegorisch, Allegorie, → Gewände, → Kapitell, → Manierismus, → Pilaster, → Relief, → Zentralperspektive

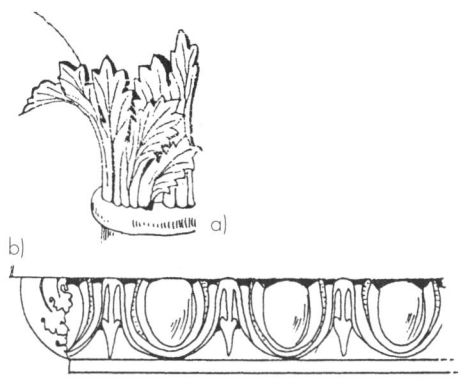

Schmuckelemente der Renaissance:
a) Akanthus, b) Eierstab

Barock (1600 bis 1770)

Vorbilder und Einflüsse

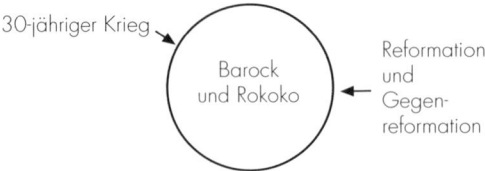

Der geistige Hintergrund

Das Konzil von Trient (1545 bis 1563) leitete die *Gegenreformation* ein. In der Kirchenlehre wurde der Gegensatz zu den reformatorischen Anschauungen betont und ein eigenes Reformwerk in Gang gesetzt, das der Rückgewinnung der verlorenen Territorien und Gläubigen dienen sollte. In der kirchlichen Kunst wurde der Anspruch der katholischen Kirche, die allein wahre, mit den Ursprüngen übereinstimmende Kirche und alleinige Mittlerin des Heils zu sein, zelebriert.

Da die reformierte Kirche jede Art Kirchenkunst ablehnte, sah die katholische Kirche – mit prunkvoller Prachtentfaltung, mit kostbaren Materialien in kolossalen Bauten, mit übertriebenen, bewegten und dynamisierten Formen – im Kirchenbau eine Gelegenheit, ihren Anspruch auf Vormachtstellung von neuem zu demonstrieren und zu entfalten. Insoweit ist der Barock auch als eine Machtdemonstration der katholischen Kirche zu verstehen, mit der sie ihre Gläubigen beeindrucken und Abtrünnige zurückgewinnen wollte. Konsequent setzte vor allem der Jesuiten-Orden diese Mittel ein.

Der Stil des Barock appelliert an die Schaulust, an das Gefühl und die schöpferische Fantasie. Das 17. Jahrhundert ist eine Epoche großer innerer Gegensätze, die sich in übertriebenem Pathos, in dramatischen Bewegungsabläufen und einem Drang nach Unendlichkeit darstellte. Allerdings standen überschwänglicher Lebens- und Sinnenlust große Lebensangst und übersteigerte Todessehnsucht gegenüber.

Erscheinungsweise und Stilmerkmale

Der Grundriss barocker Kirchen

Im Gegensatz zu den klaren, harmonischen Bauten der Renaissance wird im Barock der Effekt gesucht, werden Maßlosigkeit und dynamische Unruhe gefördert. Kirchengrundrisse werden nun oval und mehrere Räume wie Schalen ineinander geordnet. Nicht mehr der Kreis oder das Quadrat wie in der Renaissance, auch nicht das strenge Rechteck mittelalterlicher Kirchengrundrisse gliedern den barocken

Wallfahrtskirche Vierzehnheiligen mit zwischen den Türmen hervortretendem Gebäudeteil (Mittelrisalit), Turmhelmen und betontem Schmuckportal

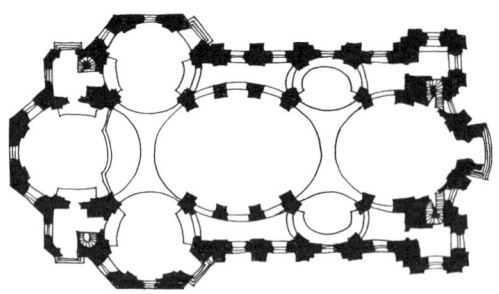

Grundriss der Wallfahrtskirche Vierzehnheiligen: Oval, Ellipse und geschwungene Linie herrschen vor.

Von der Geschichte und den Bauformen christlicher Kirchen 99

Längsschnitt durch die Gewölbeschalen (Wallfahrtskirche Vierzehnheiligen, 1744)

Bau, sondern das längs- oder quergestellte Oval, die Ellipse und die geschwungene Linie.
Das System des basilikalen Langbaus wird mit dem des Zentralbaus verschmolzen. An die Stelle additiv gereihter Bauelemente tritt nun die rhythmische Gliederung durch Gruppierung und Staffelung, durch Überschneidungen und Vertiefungen. Ehemals getrennte Bauglieder wie Chor, Querhaus, Vierung und Langhaus durchdringen und überschneiden sich.

Die Fassade

Eine starke Plastizität der Bauform ist das übergeordnete Ziel barocker Baumeister. Hinzu kommen:
– Überwinden statischer Elemente zugunsten des Bewegten,
– plastische Modellierung statt Flächengestaltung,
– Licht- und Schattenkontraste statt gleichmäßiger Ausleuchtung,
– Überspielen abgrenzender Linien durch bewegte Dekorationselemente, z. B. an Kapitellen (Abb. Seite 100),
– der Versuch, Realräume in irreale Scheinwelten zu öffnen.

Die rhythmische Gliederung als gestaltendes Prinzip zeigt sich an Fassaden, wenn stark profilierte Dreiecksgiebel, Doppelsäulen und Gesimse, die die Fassade optisch in zwei Geschosse teilen, die eigentliche Wand dahinter vergessen lassen.

Kirchenfassade des Spätbarock mit verkröpften Gesimsen, vor- und zurückspringenden Gebäudeteilen, Säulengliederung über zwei Stockwerke und plastischem Gebäudeschmuck

100 *Von der Geschichte und den Bauformen christlicher Kirchen*

Vorspringende und zurückweichende Bauglieder vor allem erwecken den Eindruck wellenartig geschwungener, dynamisch rhythmisierter Fassaden. Die Mitte betonen reich gestaltete Portale, großzügige Treppenanlagen und über mehrere Geschosse reichende Säulen. Die optisch hervorgehobene Mitte wird rechts und links von hoch aufragenden, plastisch gegliederten Türmen flankiert. Kräftige, vorspringende Gesimse gliedern die Fassade in der Horizontalen. Krasse Licht- und Schattengegensätze verstärken die angestrebte Plastizität. Segmentgiebel über Portalen und Fenstern werden verkröpft oder aufgebrochen.

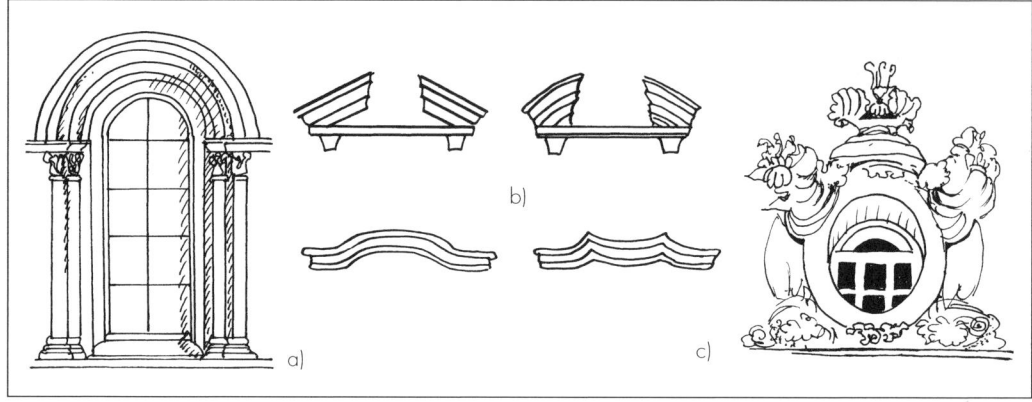

a) Barockfenster mit Segmentgiebel, b) Fensterbekrönungen, Dreiecksgiebel und Segmentgiebel gesprengt, c) Rund- und Ovalfenster („Ochsenauge")

Der barocke Innenraum

Allgemeine Gestaltungselemente

Der prunkvolle barocke Kirchenraum soll die Betrachtenden überwältigen. An die Stelle einer strengen, logisch nachvollziehbaren Architekturgliederung treten komplizierte, kaum mehr überschaubare Raumgebilde. Die statische Funktion von Stütze und Last wird verschleiert.

Dem Ziel, ein möglichst ambivalentes Raumgefühl hervorzurufen, ordnen sich alle Künste unter: die Architektur, die plastischen Stuckarbeiten und eine illusionistisch gemalte Scheinarchitektur. Die theatralische Innenraumgestaltung wird gesteigert durch Gegensätze von Licht und Schatten, einen gezielten Lichteinfall von mehreren Lichtquellen (Lichtsäule über dem Altar), Spiegelungen sowie eine reiche Vergoldung.

Selbst Hochaltäre werden mit spielerischem Reichtum der Formen zu einem mehrstufigen Architekturgebilde gestaltet.

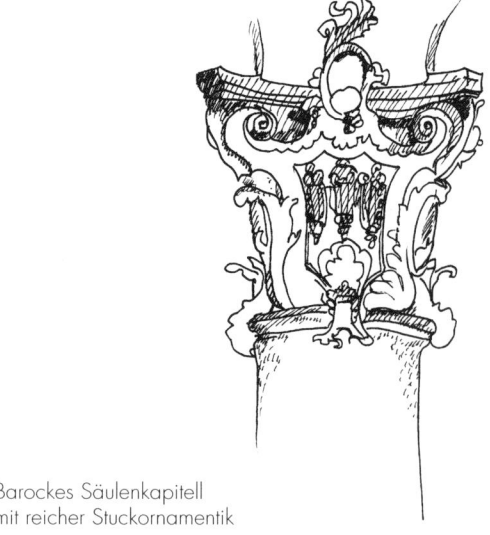

Barockes Säulenkapitell mit reicher Stuckornamentik

An die Stelle des in mittelalterlichen Kirchen den Chorraum vom Kirchenschiff trennenden Lettners aus Stein treten – vor allem in Klosterkirchen – zierliche, golden gefasste schmiedeeiserne Gitter.

Von der Geschichte und den Bauformen christlicher Kirchen 101

Illusionistische Deckenmalerei, die die flache Decke in scheinbar unendliche Höhen öffnet (Andrea Pozzo, 1642–1709)

Gewölbe und Kuppeln öffnen sich durch eine helle, illusionistische Bemalung scheinbar in unendliche Höhen und bieten Raum zu ebenfalls geschickt inszenierten biblischen Bildern. Zu dem unwirklichen Eindruck, den die Innenräume barocker Kirchen hervorrufen, trägt auch eine Vielzahl vergoldeter kindlich-verspielter Engelfiguren bei, die nicht nur Altäre und Decken bevölkern, sondern auch Kanzeln,

Barocker Stuckengel, Dreifaltigkeitskirche Neudrosselfeld

Gesimse und Emporen umspielen. Ihre Anwesenheit will den Eindruck des Himmels auf Erden vermitteln. In der barocken Kirche und noch viel mehr in seiner Spätphase, dem Rokoko, fühlen sich Gläubige schon zur Erdenzeit in eine prachtvolle, irreal-unirdische, in eine himmlische Welt entrückt.

Während frühbarocke Kirchen innen oft düster und monumental wirken, sind die des Spätbarock (Rokoko) hell, verspielt und mit dem typischen Rocailleornament (Form einer schiefen Muschel) und mit vergoldeten Kinderengeln (Putto, Putti) überladen.

Die Decke

Ein typisches Merkmal der Innenraumgestaltung barocker Kirchen ist die Deckenmalerei. Mit Hilfe technisch perfekter Kompositionen und raffiniert eingesetzter Perspektive (starke Verkürzungen, Froschperspektive) erzeugen die Maler illusionistische Welten, die direkt in den Himmel zu führen scheinen. Flache Decken werden durch die barocke Malerei zu unendlichen Höhen geöffnet.

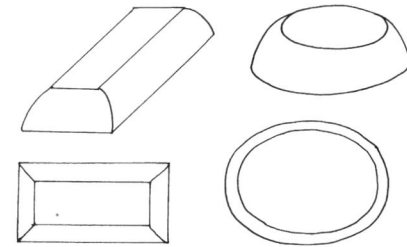

Barocke Flachdecken, die durch perspektivische Verkürzungen Höhe vortäuschen (Schema)

Die gemalte und reich mit Stuck verzierte Scheinarchitektur der Wände verstärkt diesen Eindruck. Alles scheint ineinander zu fließen, Himmel und Erde gehen ineinander auf.
Barockmaler bevorzugen in ihren Bildkompositionen die Diagonale, die eine dynamische Wirkung hat. Ihre Personendarstellungen zeichnen sich aus durch eine starke, oft übertriebene Gestik und Mimik. Heiligenfiguren haben einen verklärten, zum Himmel gewandten Blick. Den Künstlern kommt es auf Ausdruck und Bewegung an. Verdeckte Lichtquellen erleuch-

ten Wichtiges, heben es hervor und werfen zugleich so starke Schatten, dass die Figuren und Gegenstände vollplastisch erscheinen.

An kostbaren Materialien (Marmor-Imitate, Vergoldung, Verspiegelung) wird nicht gespart, doch werden die Materialien nicht immer materialgerecht verarbeitet. Fließende Übergänge von der Architektur über die Stuckplastik zur Deckenmalerei sind beliebt. Barocke Künstler scheuen sich nicht, einer gemalten Puttenfigur ein holzgeschnitztes, farbig angepasstes Beinchen von der Decke herabhängen zu lassen.

Der Altar

Pathos, Verzückung und Erregung werden Hauptkennzeichen der Plastik des Barock. Bewegung, Licht und Schatten, dazu eine vorher nicht gekannte Eindringlichkeit der Darstellung von Gefühlen führen zu bewegenden Figurendarstellungen.

Altäre werden nun zu mehrstöckigen Architekturbauten mit Säulen, die über die gesamte Höhe reichen. In den verschiedenen Ebenen scheinen lebensgroße Heiligen-, Märtyrer- und Engelfiguren wie in einem heiligen Schauspiel zu agieren. Besonders beliebt sind Darstellungen des Marienlebens, vor allem der Tod Mariens und ihre Himmelfahrt. Der Blick der Gläubigen wird – mit der zwischen Wolken schwebenden Maria – emporgezogen hin zu Gott, der sie goldumstrahlt in himmlischen Gefilden empfängt.

Mysterienbühne (Dießen am Ammersee)

Wendelsäule

Barockaltar

Eine heute fast vergessene Form der theatermäßigen Inszenierung biblischen Geschehens waren die in den Barockaltar eingebauten *Mysterienbühnen*. Vor einem beweglichen Altarbild wurde in der Passionszeit die kulissenartige Bühne für drei Szenen geöffnet: Christus am Ölberg, Kreuzigung und Auferstehung. Mechanische Vorrichtungen ermöglichten es, die überlebensgroßen Figuren zu bewegen und sie agieren zu lassen.

Stichwörter:
→ Illusionismus, → Neuer Himmel, → Ochsenauge, → Putte, → Risalit, → Rocaille, → Stuck, → Verkröpfung

Lutherische Gemeindekirchen im Barock

Veränderungen des Innenraums

Der Kanzelaltar

Vom evangelischen Glaubensverständnis her wurde die traditionelle Trennung zwischen Chorraum mit Altar und Kirchenschiff mit Kanzel nicht mehr akzeptiert. Altar und Kanzel gehören nach evangelischer Vorstellung in die Mitte der Gemeinde. Gemäß der zentralen Rolle der Wortverkündigung im evangelischen Gottesdienst erhielt die Kanzel ihren neuen Standort sichtbar erhöht auf der Südseite (der „Epistelseite") im vorderen Drittel der Langhauswand. Schalldeckel über den Kanzeln verbesserten die Akustik. Nun war der Prediger von allen Seiten gut zu hören und zu sehen.

Um die Zusammengehörigkeit von Altar und Kanzel deutlich zu machen, entstand zu Beginn des 18. Jahrhunderts der sogenannte *Kanzelaltar*. Die Kanzel trat an die Stelle des Altarbildes direkt über dem Altartisch. Der Kanzelaltar fand in den Gemeinden nicht überall Zustimmung. Die Stellung der Kanzel über dem Altar gab Anlass zu kontroversen Diskussionen. Nach Meinung der Gegner entweihte der Prediger mit seinen Füßen den Altar.

Barocker Kanzelaltar (Woldenhorner Kirche in Ahrensburg, Holstein, 1716)

Das Taufbecken

Ähnlich wie der Standort der Kanzel wurde auch der des Taufbeckens verändert. In romanischer und gotischer Zeit war es in einem dunklen Winkel der Vorhalle oder des Westwerks aufgestellt. Mit seinen Symbolen sollte es vor allem an die Überwindung dunkler, dämonischer Mächte durch die Taufe erinnern. Nach den Vorstellungen der Reformation wurde der Täufling durch das Sakrament der Taufe in die Gemeinschaft der Gläubigen aufgenommen. Dies sollte vor den Augen der Gemeinde geschehen. Deshalb rückte das Taufbecken nach vorn, in Altarnähe. Für alle gut sichtbar erinnerte es die Anwesenden an ihre eigene Taufe und an die Annahme des Glaubens.

Der Herrschaftsstand

Um sich gehörig von der übrigen Gemeinde abzuheben, ließen sich Adlige logenähnliche, meist verglaste sogenannte „Herrschaftsstände" an bevorzugter Stelle der Langhauswand gegenüber der Kanzel einbauen. Von hier aus konnten sie ungesehen, sozusagen in ihren Pri-

Barockkirche mit drei Emporen, Kanzelaltar, darüber die Orgel (Lohmen, Sachsen)

„Herrschaftsstand", ebenerdig im Altarraum (Woldenhorner Kirche in Ahrensburg/Holstein, 1716)

vaträumen, am Gottesdienst teilnehmen. Herrschaftsstände waren bis zu zimmergroß und im Gegensatz zum Kirchenschiff im Winter beheizbar.

Die Orgel

Ein wichtiges Ausstattungsstück protestantischer Kirchen wurde die Orgel, die oft reich mit barocken Schnitzfiguren geschmückt war. Sie unterstützte den für den protestantischen Gottesdienst wichtigen Gemeindegesang. Ihr Platz war hoch über den Emporen auf der dem Altar gegenüber liegenden Seite. War diese Seite bereits vom *Herrschaftsstand* belegt (siehe links), wurde die Orgel auch direkt über dem Kanzelaltar angebracht.

Sonderformen

Sonderformen evangelischer Gemeindekirchen der Barockzeit sind die *fränkische Markgrafenkirche* und die *mitteldeutsche Fachwerkkirche*.

Ostdeutsche Fachwerkkirche (Krausnick, Brandenburg)

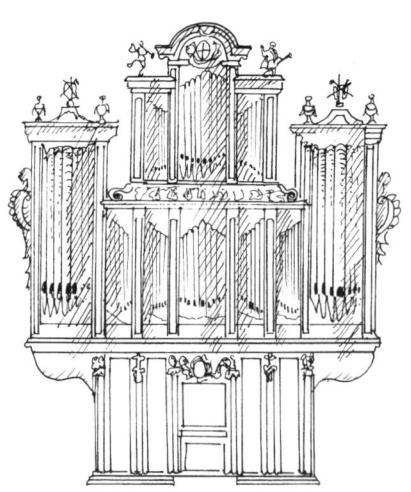

Orgelprospekt (Frontseite der Orgel) einer lutherischen Kirche des Barock (18. Jh.)

Fassade einer fränkischen Markgrafenkirche (Ansbach)

Die *mitteldeutsche Fachwerkkirche* finden wir zwischen Ostsee, Erzgebirge, Harz und Oder-bruch. Dort wurden während der Barockzeit vor allem kleinere Dorfkirchen in ortsüblicher Fachwerkbauweise errichtet.

Entsprechend dem zunehmenden Einfluss absolutistischer Fürsten im 17. und 18. Jahrhundert wurden Kirchen in der Barockzeit mehr und mehr von Landesherren statt von der geistlichen Obrigkeit in Auftrag gegeben. So gehen *fränkische Markgrafenkirchen* beispielsweise nicht mehr auf ein Theologiekonzept zurück, sondern drücken in Form und Gestalt den Inhalt des in ihnen vollzogenen Gottesdienstes aus.

Die meist zweistöckigen und auf hölzernen Säulen ruhenden Emporen umschließen drei Seiten des Innenraums. Sie gliedern den Raum horizontal und demonstrieren zugleich die Bedeutung und enge Zusammengehörigkeit der Gemeinde. Die vierte, die Schmalseite, ist emporenfrei. Vor ihr erhebt sich die Kanzel, die an der Wand direkt über dem Altar (Kanzelaltar) angebracht ist.

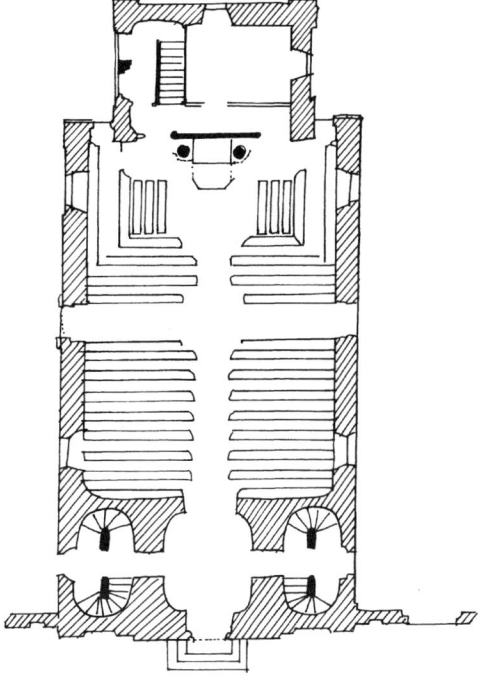

Grundriss der Markgrafenkirche in Ansbach, Mittelfranken

Stichwörter:
→ Epistelseite, → Orgelprospekt

Siehe dazu auch das Kapitel „Die Kirchen der Reformation", Seite 56 ff.

Rokoko (ca. 1730 bis 1770)

In der Spätphase des Barock entwickelten vielseitig begabte Künstler, die im Profan- wie im Sakralbau zugleich als Baumeister, Stuckbildhauer und Freskenmaler tätig waren, vor allem in Süddeutschland und Österreich, einen neuen, fantasievollen und eigenwilligen Bau- und Dekorationsstil. Noch weitgehender als im vorangehenden Barock versuchten sie den basilikalen, längsgerichteten Kirchenraum mit dem des Zentralbaus zu verschmelzen. Das Ergebnis sind wie Schalen ineinandergreifende Räumlichkeiten, deren Wände frei zu schwingen scheinen.

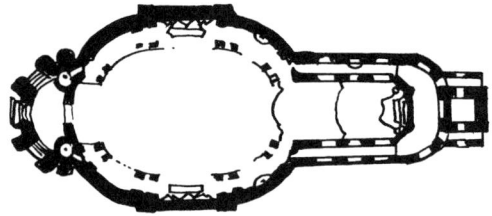

Grundriss der Wallfahrtskirche in der Wies (Steingaden, Bayern), erbaut von Dominikus Zimmermann (1743–84)

Statt der gewohnten Glaubensinhalte und Wundergeschichten stellen die Decken- und Wandmalereien mehr und mehr historische Ereignisse dar, z. B. das Leben von Ordensstiftern und die Entstehung von Klöstern.

Berühmte Kirchenbaumeister wie Kilian Ignaz Dientzenhofer, Egid Quirin Asam, Dominikus Zimmermann (Wallfahrtskirche Wies), Balthasar Neumann und Johann Michael Fischer statteten die Kircheninnenräume zierlich verspielt in hellen Farben aus, auch unter Verwendung von Silber und Gold. Die Wände, Gesimse, Spiegel, Emporenbrüstungen und Fenster wurden in elliptischer oder kreisrunder Form gestaltet und reich verziert.

Ein typisches Dekorationselement des Rokoko ist die „Rocaille" (franz. Muschelwerk), ein verschnörkeltes, in Frankreich entwickeltes Ornament. Die Rocaille überzieht überreichlich die Kircheninnenräume, vor allem in Süddeutschland, umrankt Wände, Gesimse, Spiegel, Emporenbrüstungen und Fenster und führt als versilbertes oder vergoldetes Stuckornament scheinbar stufenlos in zartfarbige Deckengemälde. Geschickt werden so in Deckenmalereien die Übergänge von der realen zur Scheinarchitektur überspielt.

Rocaille

Zusammenfassung

Der Barock mit seiner Spätphase, dem Rokoko, ist der letzte große abendländische, wirklich schöpferische Stil. Alle späteren Formen sind Wiederaufnahmen bzw. Rückgriffe auf Vorangegangenes.

Bedeutende Baumeister des Barock waren u.a. Matthäus Daniel Pöppelmann (Dresden), Fischer von Erlach, Vater und Sohn (Salzburg/Wien), Hildebrandt (Würzburg/Wien), Balthasar Neumann (Würzburg/Neresheim/Vierzehnheiligen), Cuvilliés, die Gebrüder Asam (München) und die Gebrüder Zimmermann (u. a. Wieskirche).

Drei außergewöhnliche Kirchenbauten dieser Zeit, allesamt Wallfahrtskirchen in Bayern, seien hier beispielhaft erwähnt: Dießen, Vierzehnheiligen und die Wies.

Stichwörter:
→ Basilika, → Fresko, → profan, Profanbau, → Rocaille, → sakral, Sakralbau, → Stuck, → Zentralbau

Der Kirchenbau der Moderne (19. und 20. Jh.)

Im Unterschied zu den länger währenden Stilepochen des Mittelalters und der Neuzeit folgen im 19. und 20. Jahrhundert Stilrichtungen schnell aufeinander, laufen oft gar parallel. Vor allem sind sie viel weniger originär als ihre Vorläufer.
Zu den auch für den Kirchenbau des 19. Jahrhunderts wichtigeren Stilformen gehören in erster Linie:
– der Klassizismus (ca. 1770 bis 1830/40)
– der Historismus (ca. 1830 bis 1900)

Der Klassizismus (1770 bis 1830/40)

Vorbilder und Einflüsse

Frontseite mit Portikus der klassizistischen Stadtkirche in Karlsruhe, erbaut von Friedrich Weinbrenner

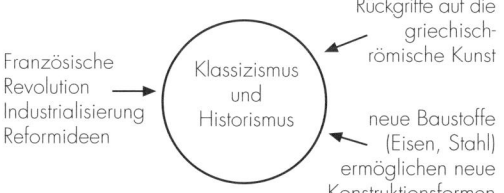

Als Gegenbewegung gegen die ausufernden, üppigen, spielerischen und gefühlsbetonten Formen des Barock und Rokoko zeigt der Klassizismus eine Vorliebe für gerade Linien, für schlichte geometrische und stereometrische Grundformen. An die Stelle barock-asymmetrischer Formen, Kurven und Schwingungen treten rechte Winkel, Dreiecksformen und eine strenge Symmetrie. Die klar gegliederten Tempel der Römer mit ihren klassischen dorischen, ionischen und korinthischen Säulenordnungen (Abb. Seite 97), mit Dreiecksgiebel und einem Säulenvorbau, dem sogenannten „Portikus", sind ihre Vorbilder.
Hierin folgt der Klassizismus der Renaissance, die besonders die klassische griechische Antike hatte wieder aufleben lassen. Der Widerspruch, der in der Übernahme heidnischer Tempel als Vorbilder für christliche Kirchen lag, scheint anders als in frühchristlicher Zeit keine Bedeutung mehr zu haben.
Klassizistische Bauten, und damit auch Kirchen, zeigen vornehme Würde und Ernst. Sie verherrlichen die Antike, die damals im Mittelpunkt auch des bürgerlichen Interesses stand.
Die Grundformen sind schlicht. Bevorzugt findet sich die *Saalkirche* mit Mittelgang und vor die Apsis geschobenem Altar. Vielfach werden Altar, Taufbecken und Kanzel sowie in evangelischen Kirchen die Orgel ins Zentrum gestellt, das Gestühl dreiseitig angeordnet oder zur besseren Kommunikation überhaupt unbefestigt gelassen.
Der Innenraum ist wie bei den Zentralbauten nahezu quadratisch. Sparsam werden die Wände mit klassischen Ornamenten geschmückt. Den Abschluss nach oben bilden Kassettendecken.
Nur vereinzelt finden sich statisch anmutende, strenge, dem Vorbild der Antike nachempfundene Marmorstatuen, die mit glatter Oberfläche auf modellierende Licht- und Schattenwirkung verzichten.

Von der Geschichte und den Bauformen christlicher Kirchen

Klassizistischer Innenraum: tonnengewölbte Basilika nach römischem Vorbild (Vor Frue Kirke, Kopenhagen, erbaut von Christian Frederik Hansen, 1811–1829)

Thorvaldsen: Segnender Christus in antikem Gewand

Herausragende Beispiele des Klassizismus sind die Elisabethkirche von Karl Friedrich Schinkel in Berlin und Weinbrenners Stadtkirche in Karlsruhe.

Stichwörter:
→ Apsis, → Kassettendecke, → Zentralbau

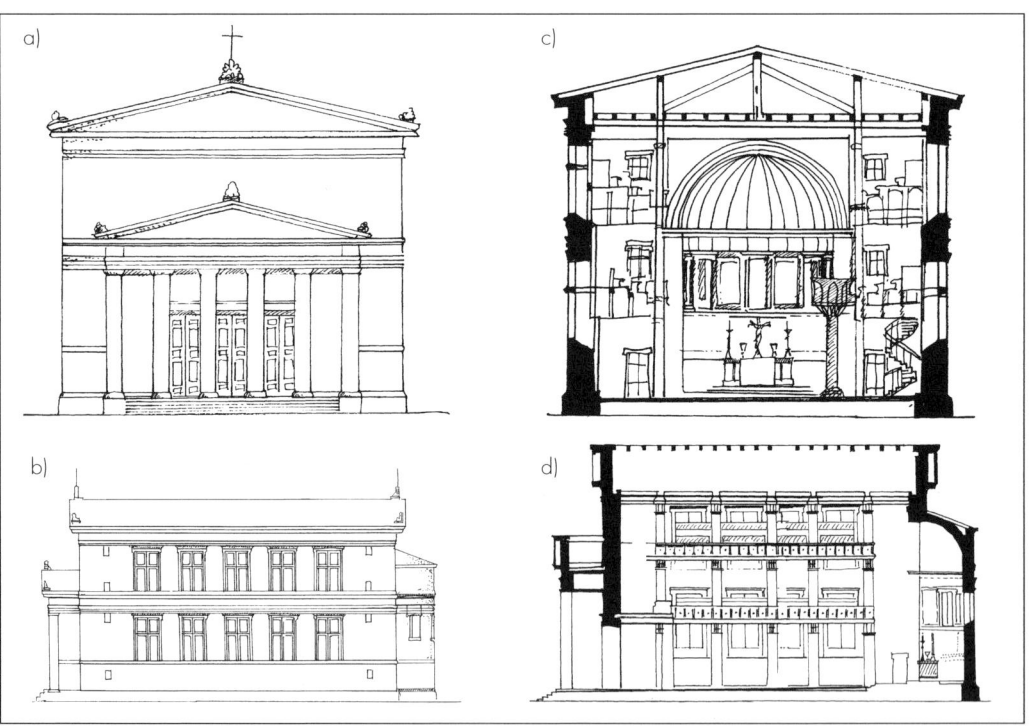

Elisabethkirche in Berlin von Karl Friedrich Schinkel:
a) Front mit Portikus, b) Seitenansicht mit klassizistischen Fenstern, c) Querschnitt mit Apsis und rechts und links doppelstöckigen Emporen, d) Längsquerschnitt mit Emporen, Chor und Apsis

Der Historismus
(1830 bis ca. 1900)

Rückgriff auf überlieferte Formen

Zu Beginn des 19. Jahrhunderts kommt es parallel zum Klassizismus zur Begeisterung für vorangegangene Stilformen. Bei den Kirchenneubauten beider Konfessionen wird auf romanische und gotische Formen zurückgegriffen. Diese Nachbildung überlieferter Formen nennen wir Historismus oder Eklektizismus. Bei dieser Stilform werden viele historische Bauglieder und Ornamente nachgebildet, aber nicht direkt kopiert. So nehmen beispielsweise die Hofkirche in München (1826) und die Kaiser-Wilhelm-Gedächtniskirche in Berlin (um 1890) Stilformen der Romanik wieder auf, der Kölner Dom wird im gotischen Stil weitergeführt (1842 bis 1880) und viele neue Kirchen entstehen im Stile der Neugotik, z. B. die 1825 in Hamburg neu errichtete Nikolaikirche.

Bei der Beurteilung des Historismus ist zu berücksichtigen, dass das Bauen durch moderne Bautechniken und Baumaterialien sehr viel einfacher geworden ist im Vergleich zu früheren Epochen. So konnten jetzt z. B. gusseiserne Säulen mit korinthischen Kapitellen mühelos serienmäßig hergestellt werden. Die von einem anonymen Berliner Baumeister überlieferte Frage an den Bauherrn: „Der Bau is' fertig, wat soll denn nu für'n Stil dran?", charakterisiert die neuen Möglichkeiten des Bauens eindrucksvoll.

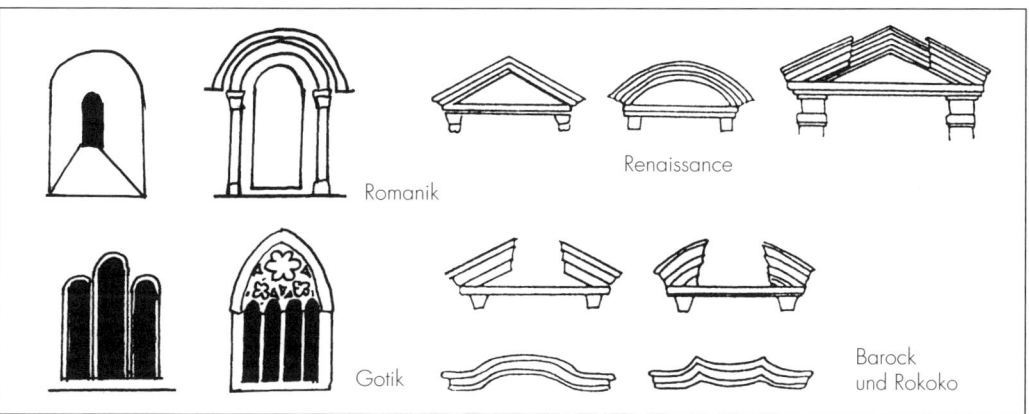

Historische Fensterformen, die im Historismus aufgegriffen werden

Historische Portalformen, die im Historismus aufgegriffen werden

Eisenacher Regulativ und Wiesbadener Programm

Kirchenneubauten, vor allem die nach dem gleichen Muster errichteten großen Stadtkirchen Berlins während des Baubooms der Gründerjahre, zeigen nicht nur verschiedene aus der Baugeschichte übernommene Stilformen, sie spiegeln auch die Unsicherheit der Kirchenbaukonzepte jener Zeit wider. Waren längs gerichtete Bauten mit breitem, auf den erhöhten Altar zulaufendem Mittelgang zu bevorzugen oder Zentralbauten? Wo hatte der Prediger seinen Platz, um mitten in der zahlenmäßig stark angewachsenen Gemeinde von allen gut hör- und sehbar zu sprechen? Brauchte man überhaupt festes Gestühl und wie wäre es anzuordnen? Wo hatten Altar und Taufbecken zu stehen?

Auf dem Eisenacher evangelischen Kirchentag (1861) wurde deshalb das sogenannte *Eisenacher Regulati* erarbeitet, das Reformideen für den evangelischen Kirchenbau zusammenfasste. Danach wurde die nach Osten gerichtete Rechteckkirche mit Apsis und einheitlich kreuzförmigem Grundriss (Eingang und Orgel im Westen, erhöhter Altar im Osten, Kanzel am Chorbogenpfeiler) zur Regelkirche ernannt. Wenn der Zentralbau gewählt wurde, dann hatte er achteckig zu sein. Sogar die Ausstattung wurde reglementiert.

Die starren Vorschriften des Eisenacher Regulativs führten vielfach zu unbefriedigenden Lösungen. Rund 30 Jahre später wurde deshalb im so genannten *Wiesbadener Programm* der zentrale Kirchenraum (mit amphitheatralisch um den Altar und die Kanzel angeordnetem Gestühl, mit Orgel und Sängerempore vor der Gemeinde) als die Kirchenform propagiert, die den Bedürfnissen der feiernden Gemeinde am besten gerecht werde.

Stichwörter:
→ Gründerstil, → Kapitell

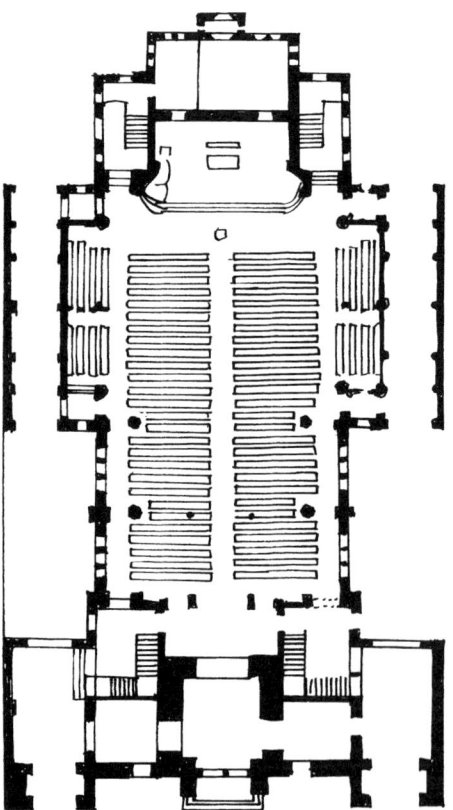

Programmkirche nach dem Eisenacher Regulativ (1865)

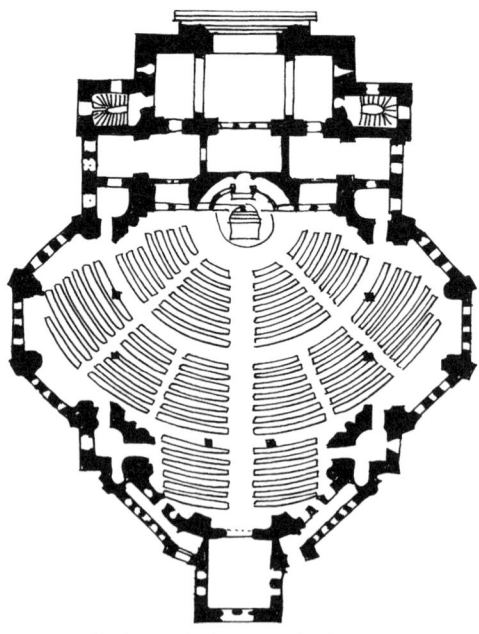

Programmkirche nach dem Wiesbadener Programm (1891)

Der Kirchenbau des 20. Jahrhunderts

Der Jugendstil

Vorbilder und Einflüsse

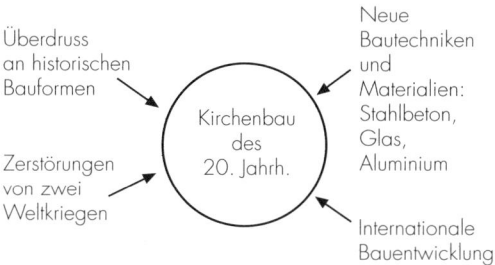

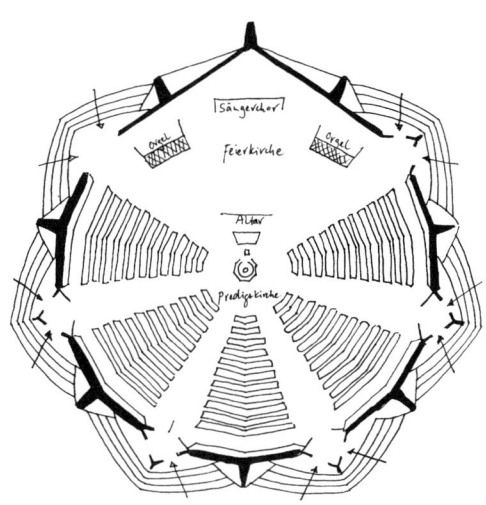

Otto Bartnings Sternkirche, Grundriss

Gegenüber den nachahmenden Stilformen des 19. Jahrhunderts gab nach der Jahrhundertwende der Jugendstil neue Impulse auch für den Kirchenbau. Der Jugendstil war ursprünglich eine für Buchillustrationen entwickelte Dekorationsform mit Blumenornamenten, die ihren Namen von der um 1900 erscheinenden Zeitschrift „Die Jugend" ableitete.

Neue Formen

Otto Bartnings Sternkirche

1906 verfasste Cornelius Gurlitt auf dem Kirchenbautag in Dresden die Schrift „Die Liturgie ist die Bauherrin". Auf Grund seiner Ausführungen versuchten namhafte Architekten neue Formen für einen zeitgemäßen Kirchenbau zu finden, die den gottesdienstlichen Abläufen angepasst waren.
Einer dieser Wegbereiter modernen Kirchenbaus war *Otto Bartning*, der 1922 mit dem Modell der *Sternkirche* den Zentralraum wieder aufgriff. In einem Dreiviertelkreis sollte die Gemeinde die Mitte umgeben, in der die Kanzel und hinter ihr der Altar gedacht waren. Das letzte Viertel, die so genannte „Feierkirche", war für die Orgel und den Kirchenchor vorgesehen. Hier sollten Abendmahl gefeiert und Trauungen vorgenommen werden.

Eine Variante der nie gebauten Sternkirche wurde 1930 in Essen errichtet: die Auferstehungskirche. In ihr versuchte Bartning Räumlichkeiten für Gemeindeveranstaltungen eng mit dem Gottesdienstraum zu verknüpfen. So erlaubten bei Bedarf Faltwände unter den Emporen das Zuordnen oder Ausschließen von Gemeinderäumen.
Eine Weiterentwicklung seiner Ideen erfolgte 1928, als Bartning in einer in Montagebauweise aus Glas und Stahl errichteten Ausstellungskirche in Köln das Kreissegment der ehemaligen „Feierkirche" zum eigentlichen Gottesdienstraum erhob, d. h., dem Kirchenraum die Grundform eines Kreissegmentes gab.
Große Anerkennung erfuhr Bartning nach dem Zweiten Weltkrieg mit 48 in Serie hergestellten Notkirchen für Städte, die im Krieg zerstört worden waren.

Theodor Fischers Kirche in Planegg

Auf ganz andere Weise versuchte 1928 Theodor Fischer in Planegg bei München den traditionellen Längs- mit dem Zentralraum zu verbinden.

Planegger Waldkirche — Zeltdach

Der schmucklose Tischaltar steht in der Mitte des achteckigen Baus.

Die in vier Blöcken angeordneten Kirchenbänke umrahmen dieses Zentrum. Die drei Gänge zwischen den Gestühlblöcken führen von drei Seiten her auf die Mitte zu. Die vierte Seite ist der Kanzel, dem an der Empore angebrachten Trinitätssymbol mit Kruzifix und der oben auf der Empore aufgestellten Orgel vorbehalten. Dahinter liegt der Gemeinderaum.

Die Innenausstattung, vor allem die Emporenmalerei, greift Stilelemente des Jugendstils auf.

Siehe auch Seite 61 „Die evangelische Waldkirche in Planegg".

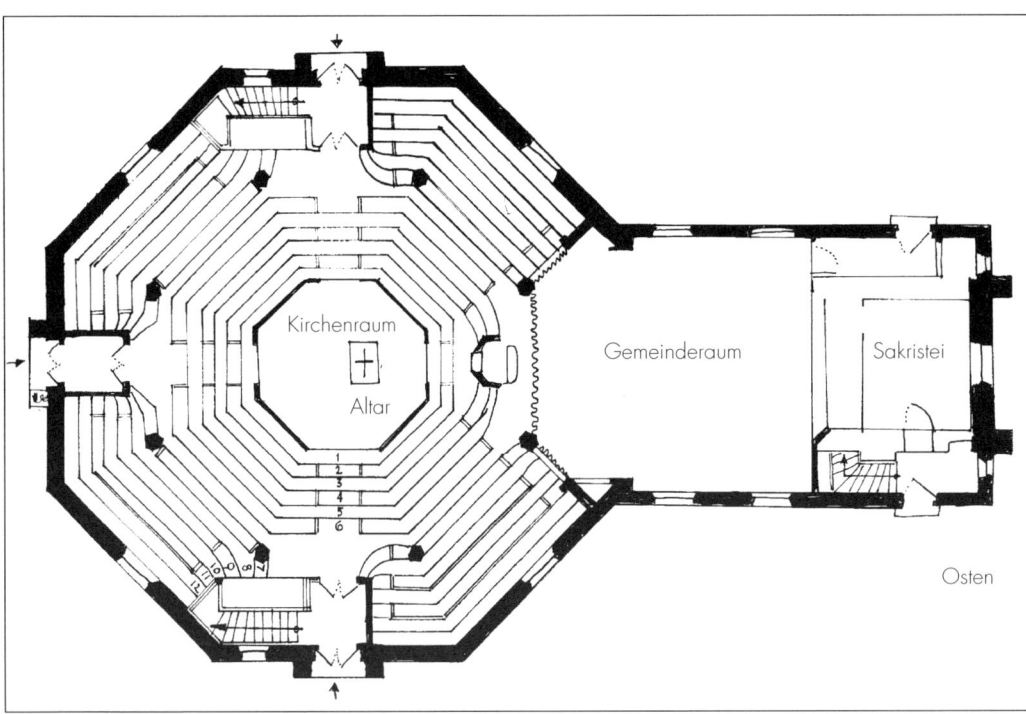

Grundriss der Planegger Waldkirche

Gulbranssons Kirchenbauten in den 50er und 60er Jahren

Richtungsweisend für den evangelischen Kirchenbau zwischen 1954 und 1965 in Deutschland wurden die Kirchen Olaf Andreas Gulbranssons, eines Sohnes des berühmten Simplizissimuszeichners Olaf Gulbransson. Als Grundriss legte er seinen meist kleinen Gemeindekirchen das gestreckte Sechs- oder Dreieck, auch ein Achteck und Quadrat bzw. zwei übereinander gelegte Quadrate zugrunde.

Gulbranssons Kirchen sind exzentrische Zentralräume, die liturgische Spannung und Raumdynamik in größtmögliche Übereinstimmung bringen wollen.

Bei der Anordnung des Gestühls ging Gulbransson von der Erfahrung aus, dass Zuhörer vorn einen freien Raum zwischen sich und dem Redner lassen, sich ihm aber an den Seiten nähern. Altar, Kanzel und Taufstein stehen in seinen Kirchen in enger Beziehung zueinander im Angesicht der Gemeinde. Der Altar als Ort des Abendmahls ist etwa um eine Stufe rundherum erhöht. Diese Rundung um den Altar macht die Gemeinschaft beim Abendmahl besonders sinnfällig.

Gulbranssons Kirchenaufrisse zeigen jeweils unregelmäßige, hohe Traufdächer, die, einem Zelt ähnlich, genau über dem wichtigsten Teil, dem Altar, ihren höchsten Punkt erreichen. Die Dachspitzen seiner Kirchen mit unregelmäßigen Grundrissen liegen also jeweils über ihrem liturgischen Mittelpunkt.

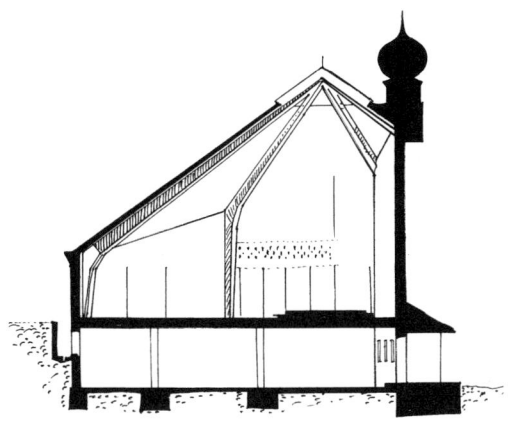

Christuskirche von Olaf Andreas Gulbransson in Schliersee/Bayern

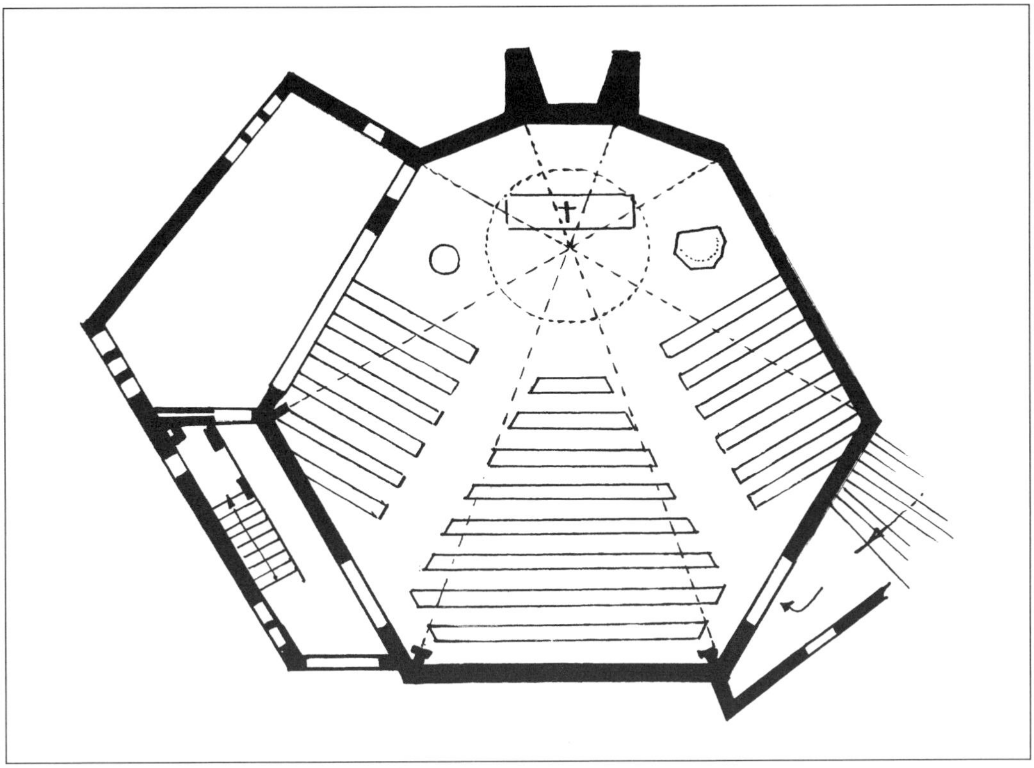

Grundriss der Christuskirche in Schliersee/Bayern (von Olaf Andreas Gulbransson)

Eine Besonderheit ist die Lichtquellentrennung: Das Leselicht für die Gemeinde fällt durch Lichtöffnungen in Rück- oder Seitenwänden, eine weitere Lichtquelle befindet sich über dem Altar.

Als Sinnbild für die Aufnahme des Täuflings in die Gemeinde steht der Taufstein in Gulbranssons Kirchen oft im Schnittpunkt der Gänge inmitten der Gemeinde.

Gulbransson berichtete von einem Rat Otto Bartnings, der ihm einmal sagte: „Wenn Sie jetzt wieder einmal einen solchen Auftrag bekommen, so machen Sie bitte nicht den Fehler und bringen etwas Neues, sondern bauen Sie genau dieselbe Kirche noch einmal und lassen all das weg, was Sie an dieser als unwichtig und unrichtig erkannt haben. Und wenn Sie eine dritte bekommen sollten, versprechen Sie mir, es wieder so zu machen. Nur auf diese Weise können wir überhaupt vorankommen: Indem wir eine Raumidee weiterentwickeln und an ihr arbeiten. Nicht, indem wir immer wieder neuen Gedanken nachjagen."

Gulbransson beherzigte diesen Rat. Seine optimal auf den evangelischen Gemeindegottesdienst abgestimmten Kirchen stehen in ganz Deutschland, u. a. in Schliersee (Christuskirche), Hamburg-Rahlstedt (Martinskirche), Grainau, Göttingen-Weende und Kassel (Immanuelkirche).

Stichwörter:
→ Abendmahlsfeier, → Dreifaltigkeit, → Empore, → Liturgie, → Sakristei, → Zentralbau

Zusammenfassung

Im Kirchenbau des 20. Jahrhunderts lassen sich folgende Tendenzen erkennen:
Durch neue Materialien wie Stahlbeton, Glas, Leichtmetall, Kunststoff wurden neue, kühnere Konstruktionen (Stahlskelettbau u. a.) möglich. Gleichzeitig versuchten die Architekten beim Kirchenbau nicht nur traditionell-liturgischen und ästhetischen Zielen zu folgen, sondern auch die neuen Formen des Gemeindelebens zu berücksichtigen.

Diese Vorstellung einer Integration und Stärkung des Gemeindelebens entsprach vor allem den Wünschen vieler Vorstadt- und Landgemeinden seit den 50er Jahren. Statt Kirchengebäuden entstanden Gemeindezentren, deren variable Raumsituationen zwar die verschiedensten gottesdienstlichen Nutzungsmöglichkeiten (Kulträume) zulassen, aber ebenso über Küchen, Werk- und Spielräume sowie zahlreiche, verschieden große Versammlungsräume verfügen. Ihr oft niedriges, ensemblehaftes Baugefüge entspricht in den seltensten Fällen der überlieferten Vorstellung eines Gotteshauses mit hohem Kirchenschiff, angeschlossener Sakristei und weithin erkennbarem Turm.

Im gleichen Zusammenhang ist auch die insbesondere in Ostdeutschland zu beobachtende Entwicklung zu sehen, nach der durch Umbau, d. h. z. B. durch Einbau von Trennwänden, ehemals großräumige Stadtkirchen den veränderten Gemeindeaufgaben angepasst wurden.

Kirchen erkunden – Kirchen erschließen

Die Schönheit einer Kirche liegt nicht so sehr in ihrer Architektur, sondern darin, dass sie Gott beherbergt.
Chiara Lubich

Ensor, James, Kathedrale. © VG Bild und Kunst, Bonn 1998

Eine Bildbetrachtung zur Einstimmung

Auch heute noch, im ausgehenden 20. Jahrhundert, überragen mächtige Kathedralen und Pfarrkirchen unsere Städte. Das Ulmer und das Freiburger Münster, auch der Kölner Dom und viele andere seit dem Mittelalter erhaltene Kirchen wurden zu vielbesuchten Touristenattraktionen. Doch wie steht es sonst mit unserer Beziehung zu Kirchen?
In seiner Radierung „*La cathédrale*" zeichnete James Ensor ein scheinbar düsteres Bild. Zwei Drittel des hochformatigen Blattes sind der hochstrebenden, alles überragenden Kathedrale vorbehalten, nur ein Drittel einer sich schiebenden, drängenden, immer weiter nachquellenden Menschenmenge zu ihren Füßen. Wohl wird der Blick des Betrachters nach wie vor von der perspektivisch schräg gestellten Kathedrale direkt nach oben, zum Himmel gelenkt. Über den Chor mit seinen kunstvollen Maßwerkfenstern, über das Langhausdach mit seinen aufstrebenden Pfeilern bis hinauf zu den sich hoch aufreckenden Türmen wandert das Auge. Auch führt die Komposition von dichter, beängstigender Enge und Dunkelheit unten zu dem kostbar ausgestatteten, himmelwärts und ins Licht strebenden Kirchenbau in der oberen Bildhälfte.
Unübersehbar zeigt Ensor zwei sich wandelnde und einander widersprechende Welten: Die eine, die obere „himmlische Region", symbolisiert die im Mittelalter alles beherrschende geistige Kraft christlichen Glaubens. Sie scheint bei genauerem Hinsehen zu bröckeln und zu verblassen, während die andere, die irdische, unten im Bild, eine sich von der Kirche entfernende, grölende, kaum zu bändigende Masse von Menschen zeigt. Sie wenden traditionellen Werten den Rücken, stellen sie in Frage oder vergessen sie. Wir sehen aber auch, mit welch nahezu überirdischer Pracht die Kathedrale einst von Menschen ausgestattet wurde.
Diese Wirkung blieb bewahrt. Kirchen aus der Blütezeit christlichen Glaubens faszinieren uns noch heute, Jahrhunderte später, lassen uns staunen und geben uns eine Ahnung von der scheinbar maßlosen Verehrung, die im Mittelalter Bauherren, Baumeister und auch das einfache Volk zu baulichen Höchstleistungen angespornt haben.
Versuchen wir diese Geisteshaltung, die zu den Wurzeln unserer abendländischen Geschichte gehört, besser zu verstehen, indem wir uns diesen überlieferten Kunstwerken möglichst aufgeschlossen zuwenden und ihre versteckte Bildsprache zu verstehen lernen.

Kirchenpädagogik – ein neues Unterrichtsfach?

Wer Kirchen erkunden und ihre Botschaften verstehen will, muss sich fragen, auf welche geistigen Herausforderungen die Menschen einer bestimmten Epoche Antworten suchten, welche Vorstellungen von Leben und Sterben sie bestimmten. So wissen wir aus vielen literarischen und bildlichen Zeugnissen, dass die Menschen des Mittelalters viele Kriege, Epidemien, Klimaveränderungen und ihre Folgen hinzunehmen hatten. Abergläubische Vorstellungen konkurrierten mit christlicher Frömmigkeit. Die ständische Ordnung der Gesellschaft hielt weite Bevölkerungskreise auf einer sehr niedrigen Einkommensstufe. Analphabetismus war die Regel, Bildung nur etwas für die höheren Schichten.
In eine solche Welt trat die Botschaft der Kirchen, wollte Trost in der Not, Sicherheit in der Angst und Hoffnung in der Verzweiflung zusprechen. Die Kirchen waren für viele der einzige Ort der Abwechslung, der Bildung, der Feste in einem von harter Arbeit und kurzer Lebenserwartung geprägten Leben.
Die äußeren Umstände sind heute ganz andere. Aber vielleicht hat sich an den Grundbefindlichkeiten der Menschen gar nicht so viel geändert. Was hilft in der Angst? Von wo kommt mir Hilfe?
Wer mit solchen Leitfragen an seine Kirchenerkundung geht, kann neben viel Wissenswertem auch etwas von der Spiritualität entdecken, die für die Zeitgenossen der Erbauer und Gestalter das Wesentliche war.
Die meisten unserer Kirchen sind überlieferte Kulturdenkmäler, die in der Gegenwart noch entsprechend ihrer ursprünglichen Funktion als Gotteshäuser genutzt werden. Ihre Architektur und die darin befindlichen Kunstwerke dienen nach wie vor diesem Sinnzusammenhang, doch droht das seit frühchristlicher Zeit wie selbstverständlich weitergereichte Wissen um ihre vielschichtige Symbolbedeutung in unserem Jahrhundert verloren zu gehen.
Je mehr das Interesse vieler Familien, Eltern und Erzieher an Kirche und Religion schwindet, desto stärker stellt sich ReligionspädagogInnen, PfarrerInnen und ehrenamtlichen MitarbeiterInnen in den Kirchengemeinden die didaktische Herausforderung, dieses Wissen selbst zu tradieren. Dies kann im Unterricht geschehen, in der Jugendarbeit, aber auch im Kinder-, Familien- oder Jugendgottesdienst, d. h. am besten gleich vor Ort, bei einem Erkundungsgang durch die Kirche.
Einzelne Pfarreien stellen inzwischen gezielt Kirchenpädagogen und Kirchenpädagoginnen ein. In Zusammenarbeit mit Museumspädagogischen Zentren (MPZs) werden Programme und Arbeitsbögen erarbeitet, Lernziele formuliert, Unterrichtsgänge angeboten und Erfahrungen ausgetauscht. Der Besuch von Kirchen ist ein vielversprechender Weg, Geschichte, Religion und Kunst direkt vor Ort erfahrbar zu machen, denn Kirchen sind auch Zeugen der Geschichte. Sie sind gleichermaßen

Ausdruck für Frömmigkeit, für Macht- und Ständedenken wie für die enge Verknüpfung religiöser, politischer und juristischer Bereiche einer Epoche.

Wer Kirchen als wichtige Zeugen der Vergangenheit zu schätzen gelernt hat, dem kann ihr Zustand nicht gleichgültig sein. Der wird verstehen, dass ihre Bausubstanz vor dem Verfall geschützt, ihre Kunstwerke für die Nachwelt erhalten werden sollen. Kircheninstandsetzung und die Pflege ihrer Bausubstanz gibt es, seit es Kirchen gibt. Schon im Mittelalter haben Steinmetze und Baumeister in ihren Dombauhütten fortwährend daran gearbeitet, den durch Witterungseinflüsse bedingten natürlichen Verfall aufzuhalten oder kriegsbedingte Zerstörungen auszubessern. Ebenso tragen auch wir heute Lebenden Verantwortung für die Erhaltung der Kirchen.

Steine und Kunstwerke zum Sprechen bringen – Kirchen als Lernort

Alte Kirchen sind wichtige Orte:

- Sie machen Glauben und Religion erfahrbar, lassen uns etwas von der Frömmigkeit vergangener Generationen, von Macht, von Tod und Hoffnung auf Auferstehung spüren.
- Das Kirchengebäude ist für gläubige Christen das Haus Gottes. Am *Altar,* dem „Tisch des Herrn", finden Abendmahl und Eucharistie statt. Die Kanzel ist der Ort der Verkündigung des Wortes Gottes, der Predigt. Das *Taufbecken* (Taufstein) ist das Symbol für die Aufnahme in die Gemeinde und die Zugehörigkeit zur Christenheit: Diese wichtigen Teile einer Kirche gilt es kennen und achten zu lernen.
- In Kirchen wird die regionale Kirchengeschichte lebendig, liegen hier doch Märtyrer, Heilige und Fürsten mit ihren Familien begraben, auch Bischöfe und Pfarrherren oder bedeutende Bauherren und Stifter, an deren Wirken Inschriften, Bildnisse oder sogar aufwendige Sarkophage erinnern.
- Kirchen erinnern an das sozialpolitische Umfeld vergangener Epochen: Kirche war im Mittelalter ein lebendiger, ein öffentlicher Ort, das Zentrum der Stadt. Sie war nicht nur Trau- und Richtstätte, sondern auch Durchgangs- und Versammlungsplatz, ein Ort, an dem man Handel trieb (Verkaufsstände an und in Kirchen), sich traf, miteinander feierte oder im Ernstfall Zuflucht suchte. Leider erinnern manche Kirchen auch an schreckliche historische Ereignisse, z. B. die am Turm der Lambertikirche in Münster zur Schau gestellten Wiedertäuferkäfige oder die als Folge mittelalterlicher Judenverfolgung in der Lorenzkirche zu Nürnberg zu einer Wendeltreppe verarbeiteten Grabsteine jüdischer Mitbürger.
- Wir können die Kirchenarchitektur bestaunen, ihre imponierenden Ausmaße und kunstvollen Wölbungen, und erfahren etwas über Bauhütten und Maßwerk, über Glasfenster- und Glockenherstellung, aber auch über Bauabschnitte, Bauglieder und Stilentwicklungen. Wir machen uns bewusst, dass viele verschiedene Zünfte

und Werkstätten (Schnitzer, Maler, Goldschmiede, Bildhauer u. a.) sich an der Innengestaltung beteiligt haben, und können uns von der hohen künstlerischen Qualität der Ausstattungsstücke überzeugen.
– Wir lernen die bildlichen Darstellungen überlieferter Bildprogramme zur Heilsgeschichte aus dem Alten und Neuen Testament und ihre Bildersprache, die sogenannte Ikonographie, kennen. Das bedeutet, dass wir unzählige verschlüsselte Symbole an Wänden und Säulenkapitellen, an Fenstern und Emporen, an Triumphbögen, Portalen und Altären entdecken und versuchen, ihren Sinngehalt zu deuten und einzuordnen.
– Schließlich können wir den Kirchenraum als einen Ort der Stille erfahren, an dem wir, herausgenommen aus der Hektik des Alltags, zu uns finden, uns im Gebet stärken und die Möglichkeit zu Einkehr und Meditation haben.
– Um religiöse Räume aber in ihrer ganzen Sinnhaftigkeit zu entschlüsseln, gehört dazu die Teilnahme an liturgischen Vollzügen, das Erleben des Zusammenklangs von Musik, Predigt, gottesdienstlichen Handlungen inmitten der Symbole in Architektur und Kunst. Die reine Betrachtung und Analyse wird immer nur Teilzugänge zu diesen reicheren Zusammenhängen ermöglichen.

Allgemeine didaktische Überlegungen

Viele Schülerinnen und Schüler haben heute keinerlei Vorerfahrungen mit Kirche. Manche kommen über den Religionsunterricht überhaupt zum ersten Mal in ein sakrales Gebäude. Sie reagieren dann leicht mit Lachen oder abfälligen Bemerkungen, um ihre Unsicherheit zu kompensieren. Genaue Kenntnis der Lerngruppe ist darum eine wichtige Voraussetzung für Kirchenerkundungen.
Gleiches gilt auch für Kinder aus unterschiedlich geprägten Elternhäusern. Für evangelische Kinder sind Maria und die Heiligen, Weihwasserbecken und das Ewige Licht oft ebenso anstößig wie für katholische Schülerinnen und Schüler die schmucklose Nüchternheit vieler evangelischer Kirchen.
Wer die Hintergründe für dies unterschiedliche Gewordensein kennt, wird die sprachliche und sachliche Kompetenz gewinnen, um Fremdes in seinem Eigenwert zu würdigen.
Schon während der ersten Vorbereitungen auf einen Erkundungsgang mit Kindern und Jugendlichen ist zu fragen: Wie können wir die Botschaft, die eine Kirche verkündet, angemessen und zugleich ansprechend anbieten? Wie vermitteln wir jungen Menschen, die täglich einem Ansturm von Reizen ausgesetzt sind, etwas vom tieferen Sinn, von der Transzendenz und der Mystik, die Jahrhunderte lang die abendländische Geistesgeschichte und die Wertevorstellungen unserer Vorfahren bestimmten?
Wie bringen wir heutige Kinder und Jugendliche dazu, auf das zu lauschen, was Kirchen zu erzählen haben? Kann das Erlebnis, das ein Kirchenraum vermittelt, nicht viel mehr bedeuten, als alles, was Kirchen- und Religionspädagogen, Pfarrer und

Eltern an gesammeltem Wissen anzubieten haben? Im Schlusswort des Kirchenführers der kleinen dänischen Dorfkirche Fanefjord/ Moen ist dies angesprochen:

„An den Besucher!

In dieser kleinen Schrift ist nur ein kurzer Aufriss von der Kirche und deren Geschichte angeführt. Die Kirche hat viel mehr zu erzählen. Das wird jeder verstehen, der an die vielen Generationen denkt, die hier mehr als 700 Jahre ihr Treiben gehabt haben.
Darum nehmen Sie sich Zeit! Betrachten Sie erst die Kirche und die Umgebung – setzen Sie sich dann in der Kirche hin und lauschen! Lassen Sie die Kirche selbst reden und erzählen. Lassen Sie sich von der Kirche mit Weisheit, mit Stärke und mit Schönheit, mit dem Frieden und der Nähe Gottes füllen – danach wird dieser Besuch für Sie mit Freude in Erinnerung bleiben."

Sich Zeit nehmen

Der Erfolg einer Kirchenerkundung hängt auch von der richtigen Zeiteinteilung ab. Die nachfolgend zusammengetragenen Lernziel- und Erkundungsvorschläge sollen keinesfalls zu einer Stoffüberfrachtung führen. Sie sind als Denkanstöße gedacht, vielleicht auch als Bausteine für Führungsblätter, und stellen lediglich eine Auswahl unterschiedlichster, den verschiedenen Altersgruppen entsprechender Zugangsmöglichkeiten zu einzelnen Sachgebieten vor.
Für einen ersten Kirchenbesuch beispielsweise, bei dem Grundschulkinder ihre Kirche als Gotteshaus und als besonderen, stillen Raum erfahren sollen, empfiehlt sich, höchstens eineinhalb bis zwei Stunden zu veranschlagen. Die Kirchenerkundung mit älteren Schülerinnen und Schülern dagegen kann ruhig einen halben oder ganzen Tag beanspruchen, je nach Vorbereitung und Intensität der gestellten Arbeitsaufträge. Wer den Wandertag auch zusammen mit KollegInnen der Kunsterziehung zu einer historischen oder kunst- und stilgeschichtlichen Exkursion nutzen will und anschließend z. B. eine Baudetail- oder Ensemblezeichnung (Kapitellrelief, Schluss-Stein bzw. Blick auf Kirche und Altstadt) erwartet, braucht einen ganzen Tag (einschließlich mehrerer Pausen, z. B. Picknick auf dem Kirchenvorplatz).

Zum ganzheitlichen Entdecken motivieren

Kinder und Jugendliche, Schülerinnen und Schüler werden durch die Besichtigung eines historischen Gebäudes besonders motiviert. Mit wachen Sinnen gehen sie auf Entdeckungsreise, machen Erfahrungen und sind in kleinen Gruppen besonders gesprächs- und diskussionsbereit.
Die Beschäftigung mit einer Kirche eröffnet sowohl für den Religionsunterricht, als auch für den Geschichts-, Sozialkunde- und Kunstunterricht neue Dimensionen, sofern dies Lernen altersgerecht geschieht. Nicht der nüchterne Vortrag oder eine

unpersönliche Führung motivieren, sondern das „Selber"-Sehen, -Denken, -Sprechen, das Erzählen, Begehen, Erkunden, Entdecken, Nachfragen bzw. das „gemeinsame" Recherchieren in der Gruppe, das Malen, Zeichnen, Aufschreiben, Rätseln, das Sammeln, Ordnen, Gestalten und Referieren der Ergebnisse.
Alle didaktischen und methodischen Vorüberlegungen sollen möglichst auf eine ganzheitliche Betrachtung des Phänomens „Kirche" abzielen. Der Altersstufe angemessen ist der religiöse Sinngehalt überlieferter Zeichen (Kreuz, Licht u. a.), die Frömmigkeit ihrer Auftraggeber, Erbauer und Nutzer ebenso in die Betrachtung einzubeziehen wie das politisch-soziologische, das regionalhistorische und das baugeschichtliche Umfeld. Erst in der Verknüpfung werden später auch architektur-, stil- und kunstgeschichtliche Zusammenhänge einsichtig und lebendig.
Wer seine Sachausführungen dort, wo es angebracht ist, mit örtlichen Sagen, mit Berichten kurioser Begebenheiten „rund um den Kirchturm" zu würzen versteht, braucht um die Aufmerksamkeit auch älterer ZuhörerInnen nicht zu bangen.

Der Unterrichtsgang

Idealerweise beginnt eine Kirchenführung mit einem großen Überblick über die gesamte Anlage und führt Schritt für Schritt von Bauglied zu Bauglied, vom Allgemeinen zum Detail, von außen bzw. oben nach innen, von Westen nach Osten, vom Portal zum Chor und Altar.
Eine erste Annäherung könnte aus der Ferne, von oben und außen (Türme, Langhaus, Chor), mit einer Kirchenumrundung entlang der vier Seiten der Kirche beginnen. Dabei sollte beispielsweise bewusst werden, welche Gesichtspunkte für die Wahl des Standortes sprachen:

- Landschaftlich erhöht oder besonders schön und einsam gelegen (Kapellen),
- an einem „heiligen Ort", z. B. Märtyrergrab, Wallfahrtsort, Stätte der Reliquienverehrung oder Ort einer göttlichen Erscheinung,
- über einer bereits in früherer Zeit bestehenden Kirche, die verlassen, zu klein oder nicht repräsentabel genug war.

Der Friedhof, alte Grabsteine in unmittelbarer Nähe der Kirche können in unsere Spurensuche mit einbezogen, ihre Inschriften, Daten entziffert und ihre regionalgeschichtliche Bedeutung besprochen werden.
Eine besonders eindrucksvolle Vorstellung von den Proportionen der einzelnen Bauteile der Kirche und ihrer Form (Kreuzform!) lässt sich vom Turm herab gewinnen. Aus der Vogelschau wird der kolossale Gegensatz der Ausmaße der Kirche zu den kleinen schmalbrüstigen Altstadthäusern am besten erkennbar.
Von hier oben aus wird auch deutlich, wie wichtig das Amt des Türmers als Wächter über die Stadt (Feuergefahr, Feinde) war. In diesem Zusammenhang kann über die Bedeutung der Kirchenglocken gesprochen werden.

Bei dem weiten Blick über die Landschaft kann man die Himmelsrichtungen feststellen und nachprüfen, ob beim Bau der Kirche die Orientierung nach Osten (Ostung, siehe Seite 22) eingehalten wurde.
Man könnte nach Turmhelmformen und Wetterfahnen Ausschau halten.

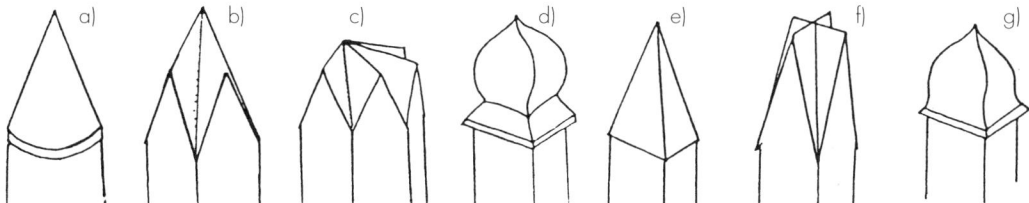

Turmhelme
a) Kegeldach, b) Rhombendach, c) Faltdach, d) Zwiebeldach, e) Zelt- oder Pyramidendach, f) Kranzdach, g) Glockendach („welsche Haube")

Ein besonderes Erlebnis während einer Turmbesteigung ist das einsetzende Glockenläuten, das sich in alten Kirchen bereits vorher durch ein Knacken und Knarzen im Gebälk ankündigt und überwältigend laut dröhnt. Eine kurzgefasste Darstellung über den Glockenguss und der Hinweis, wie viele Glocken in Kriegszeiten zu Kanonenkugeln eingeschmolzen wurden, machen dieses Thema interessant.

Tipp: Skizzierendes Zeichnen vertieft Gesehenes: Warum nicht auf einem mitgebrachten Skizzenblock den Eindruck dieser Massen, ihrer gewaltigen Höhen- und Breitenerstreckung mit dem Stift nachspüren? Zum Vergleich kann ein einfaches Wohnhaus dazugesetzt werden. Die Größenverhältnisse lassen sich über den Stift anpeilend vergleichen.

Stichwörter:
→ Abendmahl, → Eucharistie, → Heilsgeschichte, → liturgisch (→ Liturgie), → Reliquien → sakral, → Sarkophag, → Spiritualität, → Transzendenz

St. Michael, Bamberg

Kirchen mit jüngeren Kindern entdecken (5 bis 12 Jahre)

Allgemeine Überlegungen

Nach Pestalozzis Devise „Lernen mit Kopf, Herz und Hand" werden vor allem jüngere Kinder ihre Kirche und den Kirchenraum auf ganz natürliche Weise ergründen:

– Die Kirche von Ferne und aus der Nähe, von außen, von oben und von innen betrachten, den Bau umrunden, durchschreiten und beim Schrittezählen seine Länge und Breite „ermessen", den Turm ersteigen und die Welt aus der Vogelschau betrachten, sehen, wie winzig klein Wohnhäuser und wie unbedeutend aus dieser Perspektive Menschen sind.
– Die Größe und Schwere der Kirchentür erfahren, die von allein zufällt, sodass man sich kaum durchzwängen kann.
– Im Kircheninneren auf Entdeckungsreise gehen, Fragen stellen und gemeinsam Antworten suchen. Symbole als früher allgemeingültige Zeichen erkennen (Vergleich mit Verkehrszeichen heute). Die Erkennungszeichen von Heiligen, die sogenannten Attribute, zu identifizieren versuchen.
– Mit den Fingern Steinformen, Chorgestühlverzierungen ertasten. Die Kühle der Steine und die Stille, das wechselnde Licht des Raumes wahrnehmen. Selber leise sprechen, den Klängen der Orgel, der eigenen Stimme nachhorchen, gemeinsam ein Kirchenlied singen. Mit einer Sprechprobe die unterschiedliche Akustik von der Kanzel und dem Altar aus ausprobieren.
– Ein kleines Baudetail oder Symbol selber nachzeichnen (Ornament, Taube, Kreuz, Rose usw.), dabei erkennen, wie werkgerecht und kunstvoll es gestaltet wurde.
– Sich einen Lieblingsplatz suchen und die Stille genießen, die Augen umherschweifen lassen, sich an eine Taufe (z. B. die jüngerer Geschwister), eine Hochzeit oder einen besonderen Kirchgang erinnern, sich bewusst werden, wie viele Generationen – vielleicht schon die eigenen Ururgroßeltern – in dieser Kirche gebetet haben, getauft, konfirmiert, gefirmt, getraut oder ausgesegnet worden sind.
– In modernen Kirchen überlegen, worin sie sich von dem Typus „alte" Kirche unterscheiden: mehr Glas, Beton, freie Raum- und Dachgestaltung, frei stehender Kirchturm, Gemeindezentrum; sie erscheinen heller, farbloser, kleiner; andere Anordnung der Sitzreihen.
– Aufgaben des Pfarrers bzw. der Pfarrerin formulieren (Gottesdienst halten, taufen, trauen, predigen, singen, Abendmahl feiern, firmen und konfirmieren). Aufgaben der Kirchengemeinde bzw. der Kirche als gesellschaftlicher Institution (soziale Tätigkeiten wie Besuchsdienst, Betreuung von Alten und Kranken, Kin-

der-, Jugend-, Erwachsenengruppen, Arbeitskreise zur Bewahrung der Umwelt, Friedensgruppen, Hilfsprogramme für Hungernde und Verfolgte usw.).
- Das Entdeckte aufschreiben lassen, darüber nachdenken und miteinander sprechen. Mitgenommene Werkzeuge für einen Unterrichtsgang zur Kirche erhöhen in den Augen jüngerer Schüler seine Bedeutung und erleichtern die Bestandsaufnahme vor Ort (Taschenlampe, Fern- oder Opernglas, Zollstock und Maßband, Block, Bleistift, je nach Alter auch Buntstifte oder Malkasten).
- Teilen Sie jedem Kind einen vereinfachten Kirchengrundriss aus. Darauf können die Kinder ihren Standort beim Betreten der Kirche eintragen und finden sich besser zurecht. Außerdem bekommt der Rundgang, zu dem man einen Plan benötigt, einen ganz anderen Stellenwert.
- Stellen Sie abwechselnd Such- und Entdeckungsaufgaben, lassen Sie Bauglieder oder Kirchengerät zeichnen oder beschreiben.
- Stellen Sie Einzelaufgaben und auch solche, die besser zu zweit oder in Gruppen gelöst werden.
- Vereinbaren Sie nach Erkundungsgängen, für die Sie eine bestimmte Zeit vorgeben (5 Min. bis 15 Min.), jeweils eine Zusammenkunft, um Zwischenergebnisse einzufordern und Anregungen für weiteres Vorgehen zu geben. Versammlungsort: Am besten auf den letzten Kirchenbänken nahe dem Ausgang, um andere Kirchenbesucher nicht zu stören.
- Vielleicht lässt sich ein Pfarrer, eine Diakonin, ein Jugendleiter oder eine Kirchenälteste zu einem kurzen Gespräch/Interview über die Kirche gewinnen. Ein besonders eindrucksvolles Erlebnis wäre ein kurzes Orgelspiel oder die gleichzeitige Probe eines Kirchenchors.
- Sammeln Sie interessantes Material, das die Epoche, die Region oder den Kirchenbau betrifft, auch Sagen, Legenden oder Histörchen, die – zur Auflockerung des Stoffes oder zur Einführung erzählt – viel besser im Gedächtnis bleiben als unzählige Fakten. Offizielle Stadt- und KirchenführerInnen – auch die anderer Kirchen oder Städte – sind eine unerschöpfliche Quelle, ebenso Geschichtsbücher der verschiedenen Jahrgangsstufen und Kindersachbücher (→ siehe Seite 236).
- Verschenken Sie am Ende des Erkundungsganges an jedes Kind zur Erinnerung eine vorher als Umrisszeichnung kopierte, handtellergroße Abbildung einer besonders schönen oder typischen Symbolfigur dieser Kirche (z. B. eines Schluss-Steins mit Taube oder Christusfigur. Es kann auch eine vereinfachte Zeichnung der Kirche sein). Achten Sie auf gute Qualität der Kopien.
- Laden Sie ruhig jüngere Schülerinnen und Schüler ein, am nächsten Sonntag ihren Eltern und Geschwistern all das, was sie selbst gerade erkundet und entdeckt haben, zu zeigen. Vereinbaren Sie einen festen Zeitrahmen, an dem Sie selbst notfalls bei unerwarteten Fragen weiterhelfen können. Wenn es den Kindern wirklich Spaß gemacht hat, wird die Resonanz bei den Erwachsenen gut sein. Und das Erlebnis, den Eltern etwas zu zeigen, was man selbst erlebt hat, wird in guter Erinnerung bleiben.

Methodische Anregungen

Material beschaffen

Leider sind die unzähligen kleinen, in Kirchen ausliegenden Kirchenführer für die skizzierte Methode „Entdeckendes Lernen" nur von begrenztem Informationswert, da sie einseitig kunst- und baugeschichtlich orientiert sind. Man kann sich daraus die nötigen Informationen über Bauabschnitte, Baustile, Kirchenpatrone und Bauherren oder Stifter holen. Vom Sinngehalt einer Kirche, von ihrer Funktion, von dem sich in ihren Kunstwerken ausdrückenden Geist und der Frömmigkeit ihrer Erbauer vermitteln sie in der Regel nichts.
Erfreulicherweise bieten inzwischen einige Pfarreien, oft in Zuammenarbeit mit museumspädagogischen Zentren, empfehlenswertes und hilfreiches Begleitmaterial für Kirchenerkundungen, das auch das theologische und sozialpolitische Umfeld vor allem des mittelalterlichen Kirchenbaus einbezieht und bewusst macht, welche wirtschaftlichen, geistigen und nicht zuletzt körperlichen Anstrengungen von allen sozialen Schichten, vom Tagelöhner, Handwerker und Baumeister bis hin zu Klerus und Adel, für einen Kirchenbau erbracht wurden.

Siehe Seite 236, Literaturhinweise

Ein Modell bauen

Wer im Basteln geschickt ist, kann mit älteren Kindern ein einfaches Kirchenmodell aus Pappe bauen. An einem Modell werden die Größenverhältnisse deutlich, die einzelnen Bauteile lassen sich besser erkennen und erklären. Den Bauplan für einfache Kirchenmodelle finden Sie auf → Seite 186, G 2.

Arbeitsbögen erstellen

Klar erklärende Arbeitsblätter bzw. Folien helfen den Lernort Kirche als Ganzes in den Blick zu nehmen und Wesentliches von Unwesentlichem zu unterscheiden. Arbeitsbögen sollten nie nur Text enthalten. Die üblichen Kurzinformationen, Fragen oder Lückentexte werden attraktiver durch eingefügte Bilder. Das können Pläne, einfache Umrisszeichnungen, Puzzleteile, Leerrahmen für den Einsatz eigener Zeichnungen sein, aber auch angefangene Zeichnungen, die ergänzt, ausgefüllt oder korrigiert werden sollen.
Gut gestaltete Arbeitsbögen motivieren und steigern die Entdeckerlust. Sie finden ab Seite 152 Vorschläge, die Sie anregen sollen, sich Arbeitsbögen für ihre eigene Kirche zu erstellen.

Kirchen mit Jugendlichen entdecken (ab 12 Jahren)

Allgemeine Überlegungen

Im Vergleich mit dem noch völlig auf ganzheitliches, empirisches Erfahren und Erfassen ausgerichteten Erkundungsgang mit jüngeren Kindern sind die Lernziele des Besichtigungsprogramms mit Jugendlichen ihrem jeweiligen Alter entsprechend höher zu stecken. Hier gilt zwar ebenfalls der Grundsatz: von der Gesamtschau hin zum Detail. Aber in speziellen, auch möglicherweise arbeitsintensiven Einzelerkundungen soll vorhandenes Wissen vertieft, sollen Zusammenhänge erkannt und Erfahrungen umgesetzt werden.
In einem ersten Schritt geht es um gesamtheitliches Erfassen des Gotteshauses als einem Ort,

– an dem seit Jahrhunderten Gottesdienst gehalten und Abendmahl gefeiert wurde und noch heute getauft, getraut, gebetet und gesungen wird,
– zu dessen würdiger und kunstvoller Errichtung den Menschen keine Anstrengung noch finanzielle Aufwendung zu hoch war,
– der daher ein Gesamtkunstwerk höchsten künstlerischen und architektonischen Ranges seiner Epoche darstellt,
– der unbedingt erhalten werden muss (Denkmalschutz!).

Im Einzelnen bedeutet das:

– Die Kirche soll als Gesamtkunstwerk erfahren werden.
– Die Vielzahl einzelner Ausstattungsstücke sind nicht als einzelne Kunstwerke zu vermitteln, sondern als Teil des Kirchenraumes und müssen daher in ihrem funktionalen Zusammenhang mit ihm bzw. mit der sich darin vollziehenden Liturgie gesehen werden.
– Jugendliche sollen entdecken, dass der Kirchenbau und die zu ihm gehörenden Bilder und Figuren ein umfangreiches Bildprogramm enthalten. Sie sollen erfahren, dass Gläubige dieses Bildprogramm früher „lesen" konnten, obwohl sie Analphabeten waren und erst recht nicht die in lateinischer Sprache geschriebenen Bibeln hätten verstehen können.
– Es soll auch bewusst werden, dass ein Kirchenbau wie jedes Kunstwerk ein Abbild des Welt- und Glaubensverständnisses seiner Erbauer ist und dass folglich mit dem Bewusstseinswandel einer Gesellschaft ein Stilwechsel einhergehen konnte, der sich in den unterschiedlichen Stilen in einer einzigen Kirche abbilden kann.
– In dieser großen Zusammenschau müsste die Beschäftigung mit Kirchenbaukunst diese auch in den jeweiligen sozialen und gesellschaftspolitischen Rahmen einzuordnen versuchen.

Methodische Anregungen

Vorbereitung

Ältere Schülerinnen und Schüler sollten sich für einen Kirchenbesuch vorbereiten:
- Sich kundig machen über den historischen und kunsthistorischen Rahmen, das Umfeld, die Stilepoche, über das Leben eines Kirchengründers bzw. -patrons oder eines Heiligen, der in dieser Kirche verehrt wird. In Erfahrung bringen, ob es zu der betreffenden Kirche Legenden gibt und diese sammeln.
- Sich bewusst werden, wie eng verknüpft im Mittelalter religiöse, politische und juristische Bereiche waren, wie sie Ständedenken und soziale Ordnung bestimmten, wie sehr das Weltbild mittelalterlicher Menschen, ihr Denken und Tun vom Christentum bestimmt waren.
- Biblische Themen nachlesen, die auf Wandbildern, Altarblättern, Glasfenstern etc. dargestellt sind.

Vor Ort

Wie bei jüngeren Kindern dient auch bei Jugendlichen der Unterrichtsgang dem ganzheitlichen Erleben des Kirchenbaus. Es gibt viele Möglichkeiten der Annäherung:
- Neugierig auf Entdeckungsreise und Spurensuche gehen, die einzelnen Bauglieder von außen, dann von innen abschreiten (Langhaus, Chor, Querschiff, Vorhalle, Portal), die Hauptkunstwerke aufsuchen (Altar, Kanzel, Taufbecken), sie genau betrachten, darüber sprechen, gemeinsam im Hinblick auch auf ihre liturgische Bedeutung hin bedenken.
- Mit Unterstützung des Lehrers bzw. der Lehrerin ein Weltgerichts-Bildprogramm an einem Kirchenportal entziffern und zu verstehen suchen, wie es mit seiner Symbolik zu den Gläubigen des Mittelalters sprach. Sich die doppelte Funktion einer Tür, die einlädt oder aussperrt, die schützt und abwehrt, bewusst machen.
- Die zentrale Stellung der Passion oder der Weihnachtsgeschichte gegenüber anderen biblischen Geschehnissen im Gesamtbildprogramm einer Kirche erkennen und sich klar werden, mit welchen Mitteln die Künstler hervorhoben, was ihnen wichtig war (Bedeutungsmaßstab, rechte oder linke Seite, oben/unten).
- Sich die Grundformen eines Baugliedes oder Altars, einer Pieta, eines Taufbeckens oder Kapitells an Hand einer einfachen Umriss-Skizze bewusst machen.

Nachbereitung

Nachträgliches Aufbereiten der Ergebnisse vertieft das Erlebte und kann in unterschiedlicher Weise geschehen:

- Durch gemeinsames Auswerten der Einzelergebnisse und Klären offener Fragen.
- Beim Anlegen eines Arbeitsheftes, in das alle Fakten, Bilder (z. B. Postkarten), Gedanken sowie Ergebnisse des Erkundungsganges eingetragen und eingezeichnet werden.
- Durch kreatives Umsetzen und Gestalten wie z. B.:
  ein Kirchenmodell aus Pappe bauen,
  einen Modellausschneidebogen erarbeiten,
  aus Holz- oder Styroporklötzchen einen Gewölbebogen legen,
  aus verschiedenfarbigem Pergaminpapier ein Glasfenster kleben,
  eine Kirchenfassade in Folie drücken,
  das Papiermodell eines Altars mit Seitentafeln gestalten,
  ein Maßwerkfenster zeichnen und bemalen,
  ein Figurenquiz für jüngere Kirchenbesucher zusammenstellen,
  das in die Kirche fallende Licht malen usw.

Tipp

Postkarten mit verschiedenen Außenansichten oder vorher verteilte Kopien von Auf- und Seitenrissen der Kirche sowie ein Stadtplan helfen, das Erlebte zu einem Exkursionsbericht zu verarbeiten und den Unterrichtsgang zur Kirche zu dokumentieren.
Im Rahmen eines fachübergreifenden Unterrichts kann die Lerngruppe ihre bei der Erkundung gewonnenen Kenntnisse mit einem Gang zum Heimatmuseum vertiefen. Sie kann an Archivmaterial herangeführt werden und eine Vorstellung für die geschichtlichen Zusammenhänge mit einer Synopse der Zeitereignisse erarbeiten.

Unterrichtsschwerpunkte

Kirchenrundgang

Auf einem ersten Rundgang suchen wir vom Mittelgang aus die Kanzel, den Altar und das Taufbecken als die wichtigsten Ausstattungsstücke (Prinzipalstücke), die zu jeder christlichen Kirche gehören. Wir erklären ihre Bedeutung im Glaubensverständnis der Christen, ihre Einbindung in die gottesdienstlichen Handlungen und ihre Funktion im Gesamtgefüge des Kirchenbaus. Die Schüler und Schülerinnen erfahren, dass und warum vor allem das Taufbecken (→ siehe Seite 32), aber auch Altar und Kanzel, ihre Standorte im Kirchenraum verändert haben.
Ein zweiter Rundgang, diesmal durch die Seitenschiffe, führt an weiteren Ausstattungsstücken, an Seitenaltären, Familien- und Taufkapellen vorbei. In großen Kirchen folgen wir dem Chorumgang um den Altar herum und gehen die Stufen zur

Krypta hinab. Die Bedeutung der Krypta im Zusammenhang mit den Kirchengründungen wird bedacht (→ siehe Seite 31).
Hier wäre Anlass, die Bedeutung der Stiftungen reicher Bürger- und Patrizierfamilien vor allem in den großen Bürgerkirchen reicher Patrizierstädte zu erörtern und zu verstehen, dass hinter den großherzigen Schenkungen der Wunsch stand, sich nicht nur einen Platz im Himmel zu erobern, sondern sich auch als bedeutender Ratsherr, als angesehene Familie ein bleibendes Denkmal im Zentrum der Stadt zu schaffen. Ein Beispiel dafür ist die Lorenzkirche in Nürnberg. Hier haben sich die Stifter mit ihrer ganzen Familie am unteren Rand der Altartafel, in angemessenem Abstand von den Heiligenfiguren, geordnet nach Alter und Rang und nach männlichem und weiblichem Geschlecht, für alle Zeit verewigen lassen. Schenkungen ganzer Kapellen wie beispielsweise die mit herrlichen alten Glasfenstern ausgestattete Bessererkapelle im Ulmer Münster sind herausragende Beispiele dieser Haltung.
Vielfach ging auch die Aufstellung von Andachtsbildern, z. B. von Pietà- oder Schmerzensmannfiguren in Seitenschiffen oder Seitenkapellen auf Stiftungen reicher Familien zurück. In Kirchenführern lassen sich gelegentlich die Anlässe und Namen der Stifter nachlesen. Anregungen dieser Art können auch den Heimatkunde- oder Sachunterricht bereichern bzw. Anlass zu Nachforschungen in Kirchenbüchern und einschlägigen Berichten sein.
Bei einem Kirchenerkundungsgang können einzelne auch weniger im Blickpunkt stehende Kunstwerke näher betrachtet werden, z. B. kostbar gestickte und gewebte Decken und Tücher als Altar- oder Kanzelbehang (Paramente), ein besonders aufwendig gestalteter Bronzeleuchter, 14 gemalte Kreuzwegstationen oder die schön geschnitzte Wange des Kirchengestühls. Alle Künste trugen zum Gelingen des Gesamtkunstwerkes Kirche bei: Steinmetz, Maurer, Tischler, Stuckateur, Marmorierer, Goldschläger, Goldschmied, Altarmaler, Fresken- und Wandmaler, Glasmaler, Glockengießer und Teppichknüpfer! Nicht zu vergessen: Kerzenzieher, Bildschnitzer, Bronzegießer und Bildhauer, Mosaik- und Fliesenleger, Bänketischler und Paramentestickerinnen, Vergolder und Orgelbauer.
In einigen im Krieg zerstörten Kirchen sind die bei großen Bränden herabgestürzten und teilweise geschmolzenen Glocken zu sehen. Sie erinnern an das Schicksal der vielen sowohl im letzten Krieg als auch danach vor allem im Osten durch Verfall zerstörten Kirchen.
Zwei weitere Unterrichtsschwerpunkte lassen sich daran anknüpfen: Die Kunst des Glockengießens und die kirchenerhaltenden Aufgaben des Denkmalschutzes.

Bauen im Mittelalter

„Mein Auge schauet, was Gott gebauet. Baumeister und ihr Werk." Unter dieser Überschrift hat der Verein zur Erhaltung der St.-Lorenz-Kirche in Nürnberg eine Schrift herausgegeben, in der Wissenswertes über Bauhütten und Baumeister im Mit-

telalter, über Steinbearbeitung, Hebezeuge und Steinmetzzeichen berichtet wird. Ebenso finden sich darin Informationen über Abmessungen und Wölbungen, über alte Baumaschinen und über die Gesetze von Last, Druck und Gegendruck, die bei hochragenden gotischen Mittelschiffwänden ein massives mehrstufiges Strebewerk an der Außenmauer notwendig machten, sowie eine Versteifung (Maßwerk) für die großen Fensterflächen (→ siehe Seite 89 ff.).

Wenn im 20. Jahrhundert in kürzester Bauzeit Wolkenkratzer zu schwindelerregenden Höhen aufgerichtet werden, dann ist dies nur möglich, weil leistungsfähige Maschinen eingesetzt werden, weil den Bauplänen computergestützte Statikberechnungen zu Grunde liegen, weil Logistik die Materialanlieferung „just in time" ermöglicht und weil neue Materialien (Stahl, Beton, Glas und Aluminium) und Konstruktionsformen (Stahlskelettbau) zur Verfügung stehen.

Um wie viel beeindruckender ist, daran gemessen, die Leistung der Bauleute im Mittelalter! Mit der vom Vater auf den Sohn, vom Meister auf den Gesellen überlieferten Bauerfahrung, mit einfachen Werkzeugen, mit der Kraft der Hände (und – in Treträdern – Füße!), allenfalls der von Zugochsen oder Eseln, türmten sie Steine und Baumstämme zu über hundert Meter hohen Kirchen auf und schmückten ihre Werke sogar in luftiger Höhe mit Bauplastik und Bauornamentik von großer künstlerischer und handwerklicher Qualität.

Viele dieser alten Kirchen haben bis heute natürlichen Verfall, Brände und Kriege überstanden. Es ist wert, sich diese Leistung bewusst zu machen und auch die Verantwortung nachfolgender Generationen zu erkennen, diese Kunstwerke zu erhalten und zu pflegen.

Vom Steinbruch zum fertigen Kirchenbau

Um die Bauleistung früherer Generationen nur annähernd richtig einschätzen und würdigen zu können, ist es notwendig, sich die ganz anderen Arbeitsbedingungen auf einer Baustelle im Mittelalter bewusst zu machen. Spätromanische Dome und gotische Kathedralen waren für damalige Verhältnisse gigantische, mehrere Generationen von Bauleuten beschäftigende Großbaustätten. Sie forderten hohen finanziellen und körperlichen Einsatz.

Der Weg des Baumaterials von den Steinbrüchen und Wäldern zur Baustelle war oft weit; das Versetzen in der vorgesehenen Höhe am Bauwerk gefährlich. Wie viele Bauleute dabei ihr Leben ließen, weil sie abstürzten, von herabfallenden Steinen erschlagen oder auf andere Weise zu Invaliden wurden, ist nicht dokumentiert.

Es ist heute nur schwer vorstellbar, eine wie große Anzahl von Werkleuten in den unterschiedlichsten Funktionen und Berufen für den reibungslosen Ablauf des Baus verantwortlich waren:
– Steinbrecher und Steinhauer im Steinbruch,
– Fuhrleute mit Ochsen- und Eselkarren für den Transport zu Lande oder Schiffsleute, wenn die Materialien zu Wasser transportiert wurden,

- Steinmetzen, die das Profil der Steine mit Zweispitz (eine Art Pickel) und Knüpfel (Holzhammer) bearbeiteten,
- Maurer, die Mörtel mischten und antrugen,
- Steinversetzer, die mit Haspel und Kran arbeiteten, um die oft zentnerschweren Steine mit einer Eisenzange und mit Menschenkraft hoch zu heben und an die gewünschte Stelle zu transportieren,
- Zimmerer, die nicht nur zum Schluss den Dachstuhl errichteten, sondern den Bau auch in luftiger Höhe mit Gerüsten zu versehen hatten.

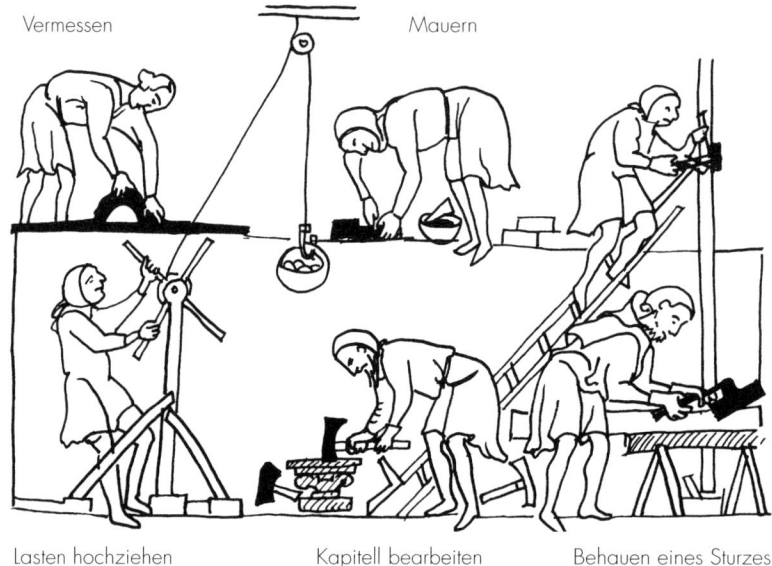

Steinmetzarbeiten nach einem alten Stich

Auf Baustellen großer Kirchen im Mittelalter herrschte drangvolle Enge. Oft wurde es nötig, inmitten der dicht besiedelten Städte durch Abbruch ganzer Häuserzeilen Platz für den Kirchenbau zu schaffen. Auf engstem Raum drängten sich Vorratslager, Schmieden, Kalköfen und Werkstätten, z. B. auch die der Steinbildhauer, die in oft Jahrzehnte langer Arbeit die Bauplastik schufen: Aus großen Steinblöcken meißelten sie die vielen Heiligenfiguren, Maßwerk, Wasserspeier, Krabben, Fialen und Bekrönungen. Alle Tätigkeiten wurden vom „Parlier", dem Bauaufseher, überwacht, der auch für die Einhaltung der strengen Bauhüttenverordnung verantwortlich war.

Die Bauhütte

Jeder, der in die Werkstattgemeinschaft einer Bauhütte oder eines großen Bauvorhabens eintrat, legte einen Eid auf die Bauhüttenordnung ab. Sie verlangte die Unterordnung unter den Hüttenmeister bzw. seinen Vertreter, den Parlier, und verpflichtete

Kirchen erkunden – Kirchen erschließen 133

Mittelalterliche Baustelle

zur Geheimhaltung bestimmter Konstruktionsmethoden, in manchen Fällen sogar über die Beendigung des Baus hinaus. In sogenannten Bauhüttenbüchern wurden Entwurfsskizzen, erprobte Risse, Winkel- und Maßangaben, Schablonen und Rezepturen für Mörtelmischungen und Anleitungen für den Bau einfacher Hebemaschinen gesammelt. Gut geführte Bauhüttenbücher galten als Zeugnisrolle und als Nachweis der Baubefähigung.

Bauplanung und Materialbeschaffung

An Hand erster Grund- und Aufrisszeichnungen wurden die Baupläne mit dem Auftraggeber abgesprochen. Nach der Auftragserteilung suchte man ergiebige Steinbrüche und Wälder mit einer genügend großen Anzahl hoher Bäume. Sie wurden für den Dachstuhl, für die transportablen Leergerüste, für Gerüste am Bau und als Unterlagen für die Steinbearbeitung benötigt.
Auf einer festen Unterlage aus Holz oder Stein aufgebockt wurde der Bruchstein mit einfachen Werkzeugen bearbeitet, mit einem Zweispitz, mit dem hölzernen, ein bis zwei Kilo schweren Knüpfel, mit dem flachem Winkel, mit Richtscheiten (Linealen), Fäustel, Anreißnadel, Spitz- und Zahneisen sowie mit einem Schlageisen.

134   *Kirchen erkunden – Kirchen erschließen*

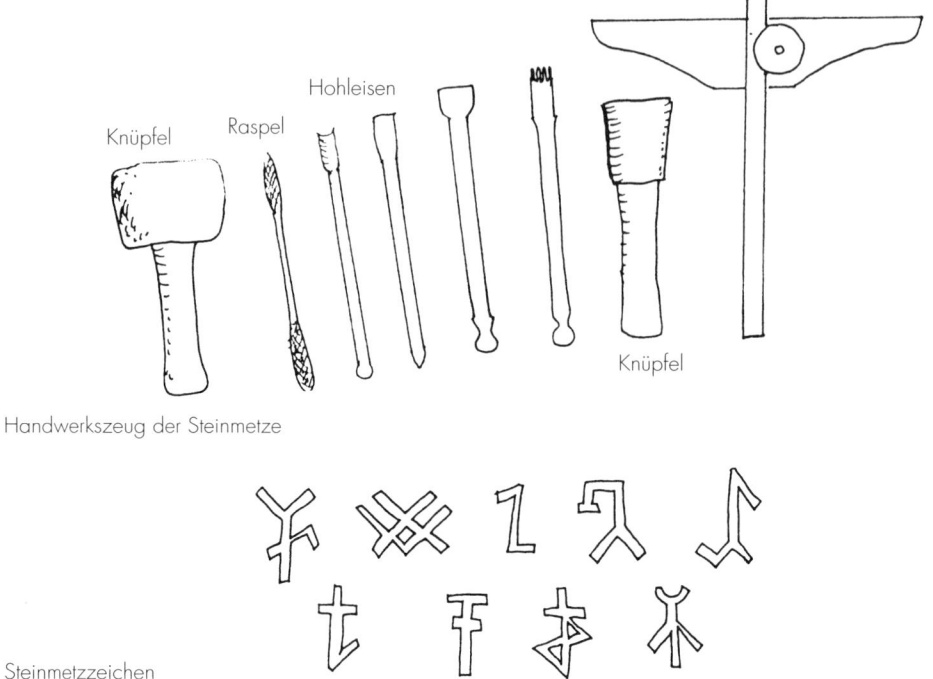

Handwerkszeug der Steinmetze

Steinmetzzeichen

Mit dem hölzernen Knüpfel, der wie ein Hammer benutzt wurde, trieb der Steinmetz die verschiedenen Eisen. Zuerst wurden mit dem Richtscheit Hilfslinien vorgezeichnet und dann die Kanten mit Randschlägen rundum und auf allen Seiten festgelegt. Danach wurde in verschiedenen Arbeitsgängen mit dem Spitzeisen überstehendes Material geglättet und abgetragen. Bei der Steinbearbeitung wird immer von außen nach innen gearbeitet, um Randkanten nicht ausbrechen zu lassen.
War ein Stein allseits bearbeitet, markierte der Steinmetz ihn mit eingeritzten Zeichen. Eines gab an, wohin der Stein gesetzt werden sollte. Das persönliche Zeichen des Steinmetz wurde für die Bezahlung benötigt, denn es war üblich, nach Anzahl der bearbeiteten und an den vorgesehenen Ort im Bauwerk verbrachten Steine zu entlohnen.

Und so wurde gemauert und eingewölbt

Nach dem Setzen der Fundamente für Mittelschiffpfeiler und Außenwände samt den Pfeilern für das Strebewerk wurde im Osten mit dem Bau des Chores begonnen. Dazu mauerte man zuerst die Pfeiler für den Chorumgang auf, danach Wände und Stützen. Alles musste mit einfachen Hilfsmitteln geschehen: Mit Seilwinden wurden schwere Steine gehoben, in ausgesparte Mauerlöcher schob man waagerechte Balken für das Gerüst, das jeweils Schicht um Schicht hoch gehoben wurde. Über steinerne

Kirchen erkunden – Kirchen erschließen 135

Glasfenster Chartres:
Maurermeister prüft Wand
mit Senkblei,
Arbeiter bereiten Steine vor

Glasfenster Chartres:
Steinmetzwerkstatt
des Mittelalters

Wendeltreppen gelangten Bauarbeiter in alle Höhen. Zur Überprüfung der Waagerechten verwendete man wassergefüllte Holzrinnen und Spiegel, zur Kontrolle der Senkrechten das Senkblei.

Standen Pfeiler, Mauern und Rahmen für die Fenster, wurde eingewölbt. Dazu wurde das Bogenwerk in Originalgröße auf den Boden gezeichnet, davon Schablonen für die unterschiedlich zu formenden Steine genommen. Nun wurde ein hölzernes Lehrgerüst als Hilfskonstruktion dort errichtet, wo der steinerne Gewölbebogen gemauert werden sollte. Stein um Stein wurden darüber die Bogenrippen bis zum Schluss-Stein gemauert. Nach dem Trocknen wurde das bewegliche Lehrgerüst zum nächsten Gewölbeabschnitt gezogen usw.

So wurden große Kirchenbauten abschnittsweise und über viele Jahre hinweg errichtet, während im provisorisch zur Baustelle hin verkleideten Chor längst Messen gelesen, getauft und gepredigt wurde.

Glasmalerei im Mittelalter

Undurchsichtige, aber lichtdurchlässige Buntglasfenster erhellen gotische Kirchen. Ihr Licht wirft zu wechselnden Tageszeiten farbige Muster auf Kirchenwände und Steinböden und lässt die hohen Chöre wie von übernatürlichem Licht erstrahlen.

Auch heute noch erscheinen uns mittelalterliche Glasfenster einerseits irdisch-gegenwärtig, andererseits – da sie Gegenstand und Lichtquelle in einem sind – seltsam entrückt und „nicht ganz von dieser Welt".

Material und Herstellung

Noch im Mittelalter war Glas ein sehr kostbares und seltenes Baumaterial. In kleinen Scheiben, ursprünglich in mehrteiligen Holzrahmen gefasst, diente es als Fensterver-

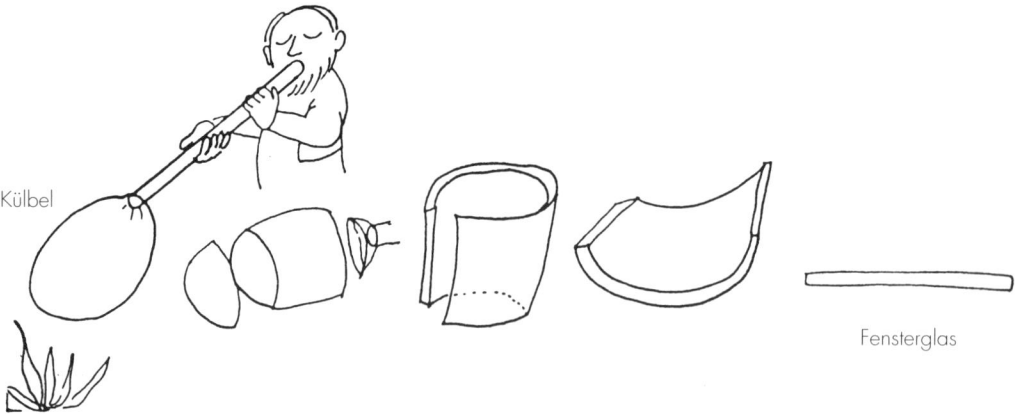

Külbel

Fensterglas

Vom Külbel zur Glasscheibe

schluss. Die Aufgabe der milchigweißen Glasstücke aus geschmolzenem Quarzsand und Pottasche war, Wind und Wetter von den Maueröffnungen fern zu halten und wenigstens gedämpftes Licht hineinfallen zu lassen.

Zur Fensterglasherstellung tauchten Glasbläser das Ende ihrer langen Glaserpfeife in die flüssige Masse und bliesen den an ihr hängen gebliebenen Glastropfen zu einer noch heißen, weichen Glasblase auf. Dieser „Külbel" wurde lang gestreckt, zylindrisch geformt, aufgeschnitten und noch glühend heiß zu Scheiben gestreckt.

Für Glasfenster in spätromanischen und gotischen Kirchen wurden farbige Glasteile zu größeren, bunt bebilderten Fensterflächen zusammengesetzt, indem man ihre Ränder mit biegsamen, im Querschnitt doppelt T-förmigen Bleirahmen, sogenannten Bleiruten, fasste und sie auf diese Weise wie ein Mosaik aneinander stückelte. Die verwendeten Bleiruten hatten gegenüber den früher verwendeten starren Holzrahmen mehrere technische Vorteile: Sie konnten exakt den Umrissen der verschieden geformten Glasstücke angepasst werden und ermöglichten dadurch erst Figuren- und Ornamentdarstellungen. Zum anderen gelang es mit dieser Technik besser, auch großflächigere Kirchenfenster gegen Winddruck von außen genügend zu versteifen. Zusätzlich in größeren Abständen eingezogene Eisenarmaturen verstärkten diese Möglichkeiten.

Glasfenster
a) Entwurf b) verbleite Glasscheibe: Bleiruten fassen die verschiedenfarbigen Glasscheiben c) Bemalung

Farbige Glasbilder

Glasfenster sind ohne die sie umgebende Architektur wirkungslos. Erst im Gegenlicht und von dunklen Mauern umrahmt kommen sie voll zur Geltung. Sie sind aus Dutzenden von bunten Glasstücken mosaikartig zusammengesetzt und durch die sich gegen das Licht schwarz abzeichnenden Bleiruten stark gegliedert. Die hauptsächlich verwendeten Grundfarben wurden durch Beimischungen von Metalloxiden erreicht. Es handelte sich vor allem um Rot (Kupferoxid), Blau (Kobaltoxid), Violett (Manganoxid), Grün (Kupferoxid) und Gelb. Da durchgehend rot gefärbte Scheiben zu dunkel wurden und den Rotton verloren, tauchte man seit der zweiten Hälfte des 13. Jahrhunderts dünne ungefärbte Glasscheiben kurz in flüssiges rotes Glas, d. h. man überfing sie nur dünn mit roter Glasmasse (Überfanggläser). Diesen Überzug konnte man auch anschleifen, um weiße Stellen darin aufleuchten zu lassen.

Bald wurden zusätzlich Gesichter, Hände und Kleidung der Personen sowie Ornamente mit Schwarzlot aufgetragen. Diese Konturlinien erlaubten insgesamt eine bessere Modellierung und das Anbringen von Schriftzügen mit den Namen der Dargestellten und Angaben zu Bibeltexten. Brechungen des durchfallenden Lichtes – Ursache für den besonderen Charakter mittelalterlicher Glasfenster – konnten durch unterschiedliche Konzentration und Reinheit der Zusätze zum Glasfluss oder durch eingeschlossene Luftbläschen bzw. Verunreinigungen erzielt werden.

Verschiedene Arbeitsgänge der Glasfensterherstellung

Nach einer Vorlage in Originalgröße, dem sogenannten Karton, werden auch heute noch die farbigen Glasstücke mit dem Kröseleisen gebrochen oder zugeschnitten und aneinandergelegt. Anschließend werden Feinzeichnungen mit Schwarzlot, einer Mischung aus Ruß und Harz, aufgetragen und bei geringer Temperatur eingebrannt.

Formal scheinen Glasfenstermaler auch Anregungen aus der Buchmalerei und Goldschmiedekunst aufgenommen zu haben, etwa die Vorliebe zu schmückenden Ornamentbahnen.

Als älteste erhaltene Kirchenfenster gelten die wohl um 1100 entstandenen romanischen „Prophetenfenster" im Dom zu Augsburg, auf denen u.a. die Propheten Daniel, Hosea und der König David abgebildet sind.

Das Portal

Wenn Christen im Mittelalter die Kirche als „Abbild des Himmels, als Haus Gottes, als herrliche Gottesstadt und himmlisches Jerusalem" verstanden, dann entsprach das Kirchenportal (die „porta coeli") dem Eingang

Prophetenfenster Augsburg

zum Heiligtum, zum Himmel, entsprechend dem Text bei Johannes, nach dem Christus selbst die Tür zum Heil ist: *„Ich bin die Tür. Wer durch mich hineingeht, der wird selig werden"* (Johannes 10, 9).

Entsprechend reich wurde jedes Hauptportal mit einem Relief im Bogenfeld über der Tür, dem Tympanon, geschmückt oder noch reicher als Weltgerichtsportal mit Plastiken und einem Bildprogramm, das Jesus als Auferstandenen und Weltenrichter zeigte. Seiner Funktion und Symbolkraft nach galt das Portal in mittelalterlicher Vorstellung als stabile Pforte, die Dämonen und Böses abwehrte, zugleich aber auch schützte und den Gläubigen als offene Tür in das Haus Gottes einlud.

→ Zusätzliche Informationen finden Sie auf Seite 42.

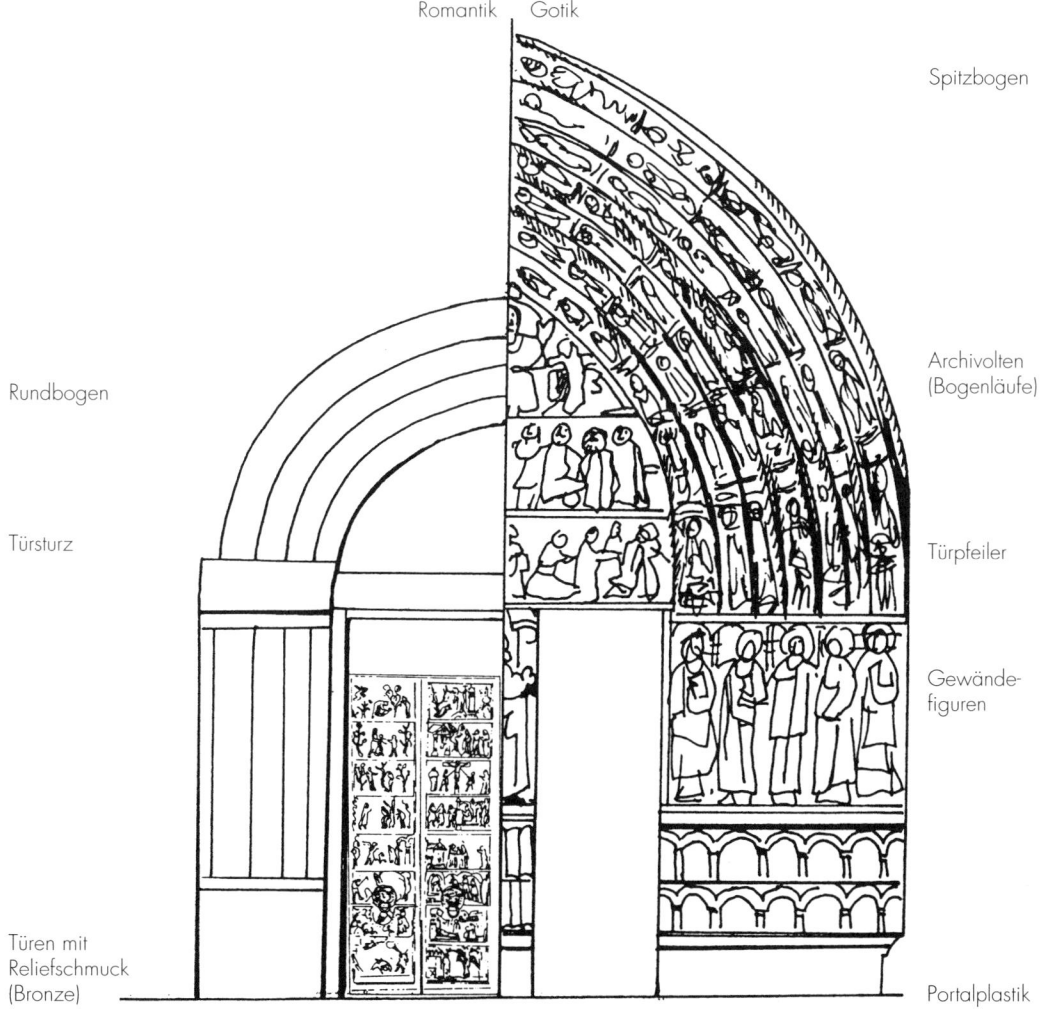

Das Kirchenschiff: Vom Portal zum Chor

Das große, oftmals reich geschmückte Westportal lädt ein, Gottes Haus zu betreten. Der dunkle Westteil muss vom sündigen Menschen durchschritten werden, um zum helleren Kircheninneren, dem Schiff entlang, bis ins Licht des Altars zu gelangen.
Hier wäre Gelegenheit, die historische Rolle und Funktion des Westwerkes als Sitz der weltlichen Macht zu erschließen. Kaiser hatten hier ihren Thron, auf dessen Höhe und Würde im Vergleich zum Bischofssitz im Chor streng geachtet wurde (→ siehe Seite 29). Ebenso könnten mit älteren Schülerinnen und Schülern die Rangordnungen besprochen werden, wie sie in der Raum- und Sitzverteilung großer Bischofskirchen zu erkennen sind:

– Der Klerus (Bischöfe, Pfarrer, Ordensleute) sitzend, nahe dem Allerheiligsten, einige Stufen erhöht, über der Krypta,
– die Laien stehend im Kirchenschiff, dann, nach Einführung des Kirchengestühls, von vorne nach hinten zum Ausgang zu, mit abnehmender Bedeutung.

Während des langsamen Abschreitens auf dem Mittelgang kann beobachtet werden, wie die Helligkeit zunimmt und der Schmuck zum Altar hin immer kostbarer wird (Glasfenster, Triumphbogen, Altarbekrönungen) und dass der Altar um mehrere Stufen höher liegt gegenüber dem Niveau der Gemeinde (Laien).
Anders verhält es sich natürlich bei Rundkirchen. Hier wird die Sprache auf die bergende Form des Halbrund oder Rund um den Altar im Gegensatz zur „Wegekirche" kommen.
Auf dem Weg zum Altar schreiten wir ins Licht und erkennen, dass das Langschiff mit Apsis und Querschiffarmen eine Kreuzform bildet. Wir können uns den Grundriss der Kirche als Sinnbild des menschlichen Körpers vorstellen und nachvollziehen, dass dieser kreuzförmige Kirchengrundriss als Figur des Gekreuzigten gedeutet wurde und als immerwährende Mahnung galt, dem gekreuzigten Herrn nachzufolgen (→ siehe Abbildung Seite 28).
Von frühchristlicher Zeit an spielt für den Kirchenbau Licht und die aufgehende Sonne als Hoffnungszeichen eine entscheidende Rolle: Kirchen wurden – wenn irgend möglich – nach Osten „orientiert" (geostet), der Altar im Osten errichtet, sodass die Gläubigen ihre Gebete gen Osten, zum Licht, zu Gott richten konnten (→ siehe Seite 22). Sogar viele Seitenaltäre in den Seitenkapellen großer Kathedralen sind zur Ostseite hin aufgestellt.
Im Längsquerschnitt der Kirche ist nicht zu übersehen, dass neben der West-Ost-Ausrichtung eine Erd-Himmels-Ausrichtung besteht. Bei alten, teils mehrstöckig in die Erde gebauten Krypten dehnt sich die vertikale Achse nach beiden Richtungen – in die Erde und zum Himmel. Beide Richtungen überschneiden sich im Altar zum Kreuz. In großen Kirchen mit eingeschobenem Querschiff, mit Chorumgang, mehreren Seitenaltären und einer darunter liegenden Krypta erscheint der Altar zusätzlich erhöht und damit den Laien im Kirchenschiff noch weiter entrückt.

Grund- und Aufriss werden mit zunehmender Stilentwicklung kleinteiliger und unübersichtlicher. Für sensible Beobachter spiegeln sich hierin noch heute Machtstrukturen mittelalterlicher Welt- und kirchlicher Rangordnung, nämlich eine Tendenz von oben nach unten und von vorne nach hinten, wie sie sich auch an der Größe, dem Standort, der Anordnung und Beleuchtung einzelner Kunstwerke ablesen lässt (→ siehe Seite 33, „Das Bildprogramm als Spiegel des mittelalterlichen Welt- und Glaubensverständnisses").

Tipp: Versuchen Sie den Begriff „Wegekirche" und den Weg vom Dunkel zum Licht körperlich erfahrbar zu machen. Geben Sie zum Beispiel folgende Anweisungen: „Versuche die Schriften im Dunkel zu entziffern. Beobachte, wie du sie auf dem Weg zum Altar immer besser lesen kannst. Beachte, wie auch die Bilder immer besser zu erkennen sind."
In sehr dunklen Kirchen oder abends kann auch die mystische Symbolkraft einer brennenden Kerze – besonders vor goldschimmernden Altarbildern – nachempfunden werden.
Ein besonderes Erlebnis wäre ein Gang über das Gewölbe des Kirchenschiffes. Es lässt die Einteilung in Joche von quadratischem oder rechteckigem Grundriss von oben erahnen.

Der Altar

Nicht nur an seiner hervorgehobenen und erhöhten Stellung im Osten des Kirchenschiffes ist die Bedeutung des Altars als „Allerheiligstes" abzulesen, sondern in alten Kirchen auch an seinem aufwendigen Schmuck.
Hier wäre die Möglichkeit, interessierten Jugendlichen einen kurzgefassten Überblick über die Entwicklung des Altars vom Opfertisch zum hochgotischen Wandelaltar anzubieten. Diese Entwicklung hatte auch etwas mit der Stellung des Priesters am Altar zu tun.
In frühchristlicher Zeit stand der Priester mit dem Gesicht nach Osten, zur Apsis. Das bedeutete, dass er der Gemeinde den Rücken zukehrte. Die später übliche Stellung *or* dem Altar und mit dem Gesicht zur Gemeinde bewirkte, dass der Altar in die Mitte des Chors bzw. des Vierungsquadrats rückte und durch Auf- und Anbauten neue Formen (Hoch- und Flügelaltar) entstanden.
Große Bischofskirchen besitzen neben dem Hauptaltar in extra dafür angeschlossenen Kapellen mehrere Seitenaltäre, die Heiligen oder Schutzpatronen geweiht sind. Sie sind notwendig, um den zahlreichen Priestern, die zu einer Bischofskirche gehören, Gelegenheit zum täglichen Messelesen zu geben.

Siehe Seite 39 und Materialblatt M 9, Seite 172.

Decken und Wände

Der Blick von verschiedenen Standorten des Kirchenschiffs rückt nicht nur Säulen und Bogen, sondern auch Decken und Wände in unseren Blick.

Decken und Wände bilden in romanischer Zeit den Malgrund für großflächige Darstellungen biblischer Ereignisse. Erst als die Wände gotischer Kirchen immer höher, ihre Fensterdurchbrüche immer größer wurden, entfiel die Mauer als Malgrund und das bunte gotische Maßwerkfenster trat an seine Stelle. Bildergeschichten, auf Glas gemalt und eingebrannt, leuchten nun bei wechselndem Tageslicht wie aus sich selbst und erzählen noch viel prächtiger als die alten Wandbilder biblische Geschichten und Heiligenlegenden. Frühe Tonnengewölbe mit aufgemalten Sternen wurden durch ausgemalte Gewölbe ersetzt oder blieben weiß. Eine Ausnahme bildet die Bamberger Michaelskirche, auf deren Renaissancedecken alle nur erdenklichen Heilpflanzen abgebildet sind.

Im Barock und Rokoko wird die Decke als Malgrund neu entdeckt.

Flache Holzdecke,
Dom zu Speyer um 1050

Kirchen erkunden – Kirchen erschließen 143

Barocke Deckenmalerei, Vierzehnheiligen

Obwohl barocke Kirchen oft mit flachen Holzbalkendecken geschlossen waren, gelang es barocken Kirchenmalern mit raffinierten optischen Täuschungen und perspektivischen Kunstgriffen die Kirchendecke in scheinbar unendliche Höhen zu öffnen, die dargestellten biblischen Gestalten und Heiligen gewissermaßen direkt zu Gott zu entführen.

Die Betrachtung barocker Deckenmalereien mit Schülerinnen und Schülern eröffnet nicht nur den Blick für die schwärmerischen religiösen Gefühle der Barockzeit. An den Darstellungen lässt sich auch ablesen, wie wichtig damals die Rangordnung der einzelnen Gestalten genommen wurde.

Beim Betrachten barocker Decken sollte erkannt werden, wie durch verkürzte Perspektive, durch fließendes Ineinandergehen verschiedener Elemente (Stein, Stuck, Holz und Leinwand) auf Flachdecken die Illusion von Weite und Tiefe entstand.

Plastische Stuckengel bevölkern in großer Zahl und in verschiedenen Stellungen die Gesimse und Wände und führen scheinbar nahtlos in die gemalte Himmelswelt der Kirchendecke über.

Die oftmals überladenen barocken Deckengemälde samt Gesimsen und Stuckfiguren verleiten zu schnellem, oberflächlichem Betrachten. Es lohnt sich in einer Aufgabenstellung den Eindruck wenigstens ausschnittweise zu vertiefen, z. B. durch folgende Aufgabenstellungen:

– Wähle eine Engelsfigur und versuche sie mit Bleistift abzumalen.
– Beobachte genau den Aufbau der Wand von der Säule bis zur Decke.
– Zeige in einer Skizze, was alles bis hin zum Gemälde aufeinander folgt. Beginne am Fußboden, vergiss kein Detail, kein Gesims und keine Dekoration.
– Wähle ein Teil der Gesimsdekoration (Früchte, Blattwerk, Engel) und zeichne es nach.
– Versuche der Rahmenform des Deckengemäldes nachzuspüren: Ist es oval, rechteckig, geschwungen? Mache eine Skizze.

Siehe G 5, Seite 190.

Orgel

Kirchenmusik ist seit frühester Zeit fester Bestandteil von Messe und Gottesdienst. Mit ihren reich geschmückten Gehäusen setzen Orgeln in vielen Kirchen bis heute einen wichtigen künstlerischen Akzent. Umso erstaunlicher, dass bei Besichtigungen oft nur wenig über diese Instrumente zu erfahren ist, deren Hauptaufgabe in christlichen Kirchen von Anfang an vor allem darin bestand, den schlechten Gemeindegesang zu begleiten.

Aufbau – Wirkweise – Geschichte

Die Orgel ist ein ursprünglich aus der Antike überliefertes mechanisiertes Blasinstrument, dessen unterschiedliche Anzahl zusammengestellter Pfeifen mit Hilfe von Tasten durch einen Luftstrom (Wind) zum Erklingen gebracht werden. Ihre drei wichtigsten im Orgelgehäuse untergebrachten Bestandteile sind: Das Windwerk, das Pfeifen- und das Regier- bzw. Steuerwerk.
Während früher mühevoll Blasebälge mit dem Fuß getreten und über Windkanäle und Windladen den Orgelpfeifen einen gleichmäßigen Wind zuführten, sind die Orgeln heute umgerüstet und der Wind wird elektrisch erzeugt. Der Organist leitet am Orgeltisch mit Hilfe mehrerer Tastaturen, zugleich mit Händen (Manuale) und Füßen (Pedale), den Windstrom gezielt zu den einzelnen Pfeifen.
Orgelpfeifen können aus Zinn, Kupfer, Bronze, aus verschiedenen Legierungen oder aus Holz bestehen. Zu unterscheiden sind Lippen- (Labial) und Zungenpfeifen.
Der vom Kirchenschiff aus sichtbare Teil des Orgelgehäuses, auch Orgelprospekt genannt, zeigt zwar nur einen Bruchteil der im Orgelwerk vorhandenen Orgelpfeifen,

Kirchen erkunden – Kirchen erschließen 145

Orgel Mon, Graubünden, Ende 17. Jh.

ist aber in der Regel besonders kunstvoll mit Malereien oder Schnitzwerk geschmückt. Kleinere Orgeln verfügen manchmal über hölzerne, nur an den Innenseiten bemalte Flügeltüren, die in der Karwoche, wenn Orgelmusik und Kirchenglocken schweigen, geschlossen werden.

Standorte

Je nach ihren Standorten bzw. ihrer Anbringung sind folgende Orgeltypen zu unterscheiden:

– die Chororgel im Altarraum;
– die Emporenorgel; sie ist auf einer seitlichen (witterungsbedingt meist auf der nördlichen) Empore aufgebaut;
– die kleine, seltenere „Schwalbennestorgel" ist an der Wand aufgehängt;
– große Prunkorgeln stehen erst seit etwa 1600 auf der Westempore
– und Altarorgeln. Diese – meist in Verbindung mit einer Kanzel direkt über dem Altar angebrachte Orgel ist nur in evangelischen Kirchen zu finden. Ihr Standort über Kanzel und Altar zeigt, welche Bedeutung dem Wort und der Musik in reformierten Kirchen beigemessen wurde.

Immer war die Aufstellung einer Orgel sowohl abhängig von der bestmöglichen Akustik als auch von dem für das tiefe Orgelwerk zur Verfügung stehenden Raum. Bedeutende Kirchen haben für bestimmte Anlässe neben der großen Orgel auf der Westempore zusätzlich eine Chororgel oder tragbare Orgeln, sogenannte Portative.

Schmuck der Gehäuse

Waren frühere Orgelprospekte selbst in der Gotik (Maßwerkschnitzereien) nur wenig verziert, so wurden sie zur Hochblüte im Zeitalter des Barock immer prächtiger ausgestaltet. Nun konnten beispielsweise die sichtbaren Orgelpfeifen dekorativ zu Rechteck-, Trapez-, Harfen- oder Bogenfeldern angeordnet sein, je nachdem, ob ihre Oberkanten waagerecht, schräg abfallend, s-förmig geschweift oder gebogen sind. Die schnell wechselnde Mode der Schnitzereien in den verbleibenden Gehäuseteilen lässt vielerorts eine erste grobe Datierung zu:

– um 1680 Knorpelstil,
– ab 1690 bis 1725 Akanthusblattschmuck,
– um 1730 bis 1740 Bandel- und Gitterwerk,
– ab 1755 bis 1780 Rokokomuschelwerk.

Figürliche Darstellungen im Barock und Rokoko sind neben dem Harfe spielenden David und der heiligen Cäcilie mit tragbarer Orgel paarweise Posaune blasende Engel oder in Vielzahl auftretende barocke Kinderengel (Putti).
Nicht selten finden sich in dieser Zeit auch Uhren als zentrale Bekrönung des Orgelprospektes. Die Frage, ob man sie als symbolischen Teil des gesamten Kosmos deuten soll oder eher als damals weit verbreitetes Sinnbild des „Memento mori"-Gedankens (Gedenke auch im Leben des Todes und lebe gottgefällig!) oder ob der Pfarrer die Länge seiner Predigt kontrollieren sollte, bleibt offen.

Auch sonst kam es im Barock zu vielerlei Ausschmückungen und Spielereien: Glockenspiele, klingende Sterne, Adler, die zur Sonne flogen, Gewitter- und Regenschauerzüge, Vogelsang für die Christnacht und so genannte Tremulanten, die am Karfreitag und bei Beerdigungen Schluchzen nachahmten. Sogar von besonderen Einbauten wird berichtet, die Neugierigen beim unsachgemäßen Betätigen der Orgel einen Fuchs- oder Kuhschwanz ins Gesicht schlugen.
Im 19. und 20. Jahrhundert ließ der Orgelneubau merklich nach. Vor allem wurden alte blasebalgbetriebene Orgelwerke durch moderne pneumatische oder elektrische Orgeln ersetzt.
Dem klassizistischen Stil entsprechend kamen bei Orgelneubauten dreiteilige Flachfelderaufbauten mit erhöhtem Mittelteil in Mode.
Nach nicht immer befriedigenden Versuchen im 20. Jahrhundert, den Pfeifenaufbau rational zu berechnen und zu gestalten und ganz auf das schützende und den Klang besser abstrahlende Gehäuse zu verzichten, scheinen Orgelbauer in jüngster Zeit eher wieder zur erprobten Gehäuseorgel zurückzukehren. In vielen Kirchenneubauten finden sie ihre Aufstellung auch hinter dem Altarraum im Angesicht der Gemeinde.

Glocken

Ein Kirchengeläute besteht aus verschieden großen Glocken, die im Glockenstuhl im Kirchturm beweglich aufgehängt sind und deren Schlagtöne auf ein bestimmtes Klangmotiv abgestimmt sind. Durch die Schall-Löcher der Türme klingt das Geläut weit in die Ferne. Oft sind es altbekannte Liedmelodien, die zum Gottesdienst rufen. In manchen Kirchen werden sie durch Glockenspiele ergänzt.
Früher wurden Glocken von Hand mit dem Glockenseil geläutet (Glöckner), heute werden sie elektrisch betrieben.

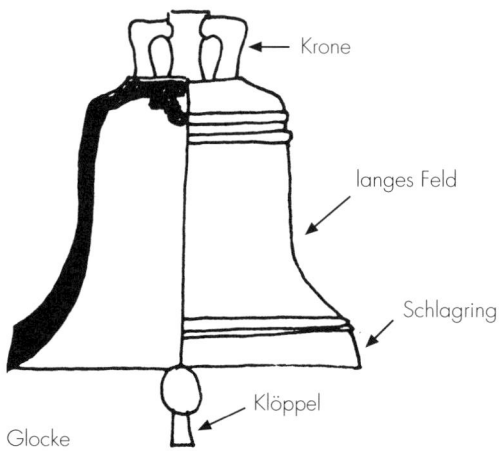

Glocke

Glockenstuhl

148 *Kirchen erkunden – Kirchen erschließen*

Als Material für den Glockenguss wird Bronze, sogenannte Glockenspeise, verwendet; Glocken können auch aus Stahl gegossen sein (härteres Geläut). Bei alten Glocken ist der Glockenmantel oft reich mit Reliefs, oftmals auch mit einem alten Glockenspruch geschmückt.

Gott dem Wahrhaftigen singe ich Lob.
Ich rufe das Volk und versammle den Klerus;
über die Verstorbenen weine ich,
vertreibe die Pest
und bin ein Schmuck für die Festtage.

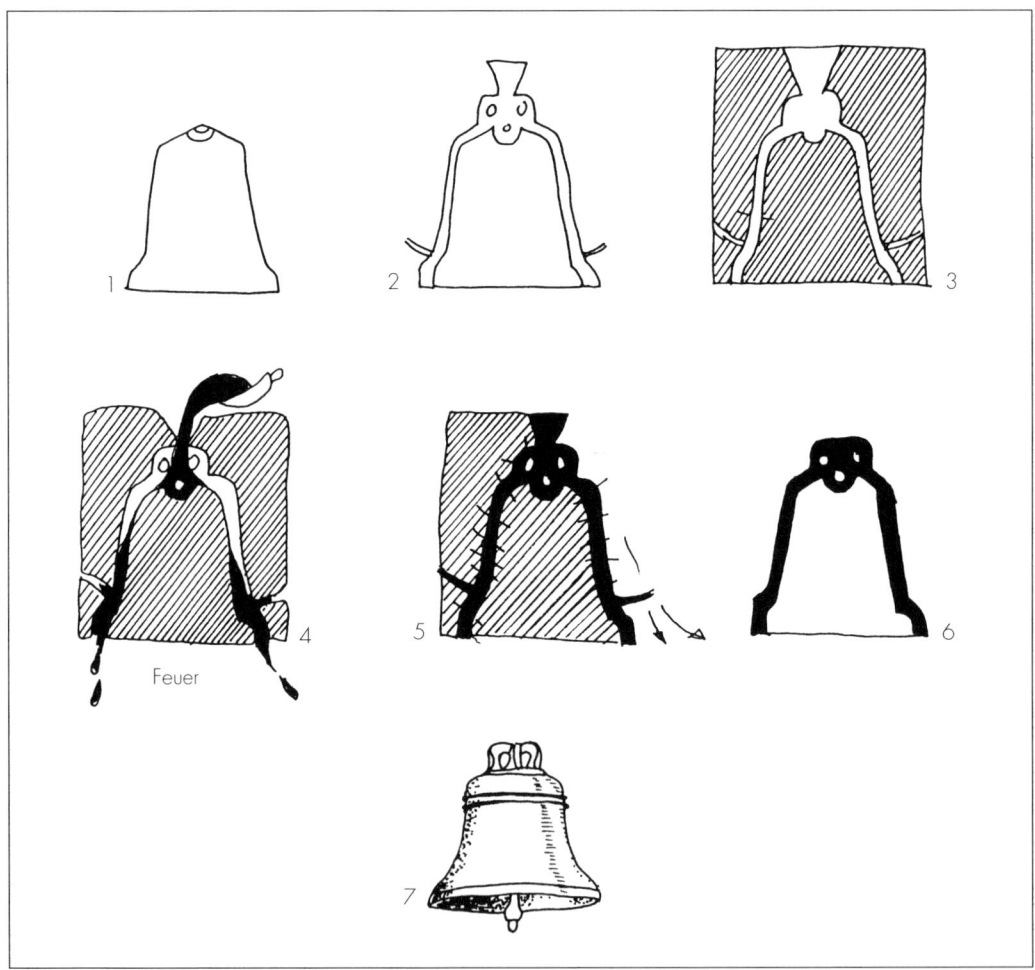

Glockenguss

Es kommen Einzel-, Teil- und Vollgeläute vor. Die Kirchenbehörde legt die Tonlage der Glocken fest, damit sie mit anderen Geläuten der Stadt harmonisch zusammenklingen. Bei Teil- oder Vollgeläuten beginnt die kleinste Glocke, die anderen werden nach und nach dazugeschaltet.

Kirchenglocken läuten die Stunden, sie läuten zum Gottesdienst, zu Festen, aber auch zu Begräbnissen. Sie läuten zum Jahreswechsel, mancherorts gibt es noch den Brauch des Wetter-, Feuer- oder Katastrophenläutens.

Der Glockenguss

Für den Glockenguss wird zuerst eine Grundform aus Backsteinen aufgemauert, die den inneren Kern bildet (Abb. 1).

Der „Kern" erhält eine Schicht aus einem Metall, das leicht flüssig wird. Bei kleineren Glocken benützt man auch Wachs. Diese Metall- oder Wachsschicht entspricht der Dicke der Wandung, die die Glocke bekommen soll. Darüber wird ein aus Lehm gebrannter Mantel gestülpt (Abb. 2).

Die Gießform steht aus Sicherheitsgründen in einer Grube, die mit Erde zugeschüttet wird (Abb. 3).

Durch Erhitzen wird das Metall bzw. Wachs zwischen dem Kern und dem Mantel flüssig und fließt ab (Abb. 4).

Der entstandene Hohlraum wird nun mit der „Glockenspeise", einem Gemisch aus etwa 80% Kupfer und 20% Zinn, nachgefüllt (Abb. 5).

Nach dem Erkalten werden die für den Guss erforderlichen Stege sowie die Zu- und Abflussröhren abgesägt, der Lehmmantel abgeschlagen und die Oberfläche der Glocke geglättet (Abb. 6).

Zuletzt wird die Glocke gestimmt. Dazu wird so lange Material abgetragen, bis der gewünschte Klang erreicht ist (Abb. 7).

150 *Kirchen erkunden – Kirchen erschließen*

Arbeitsbögen, Materialien, Gestaltungsvorschläge

Arbeitsbögen

Die folgenden Arbeitsbögen stellen Anregungen dar, nach denen Sie eigene Arbeitsbögen für Ihre Kirche anfertigen können. Informieren Sie sich zu den einzelnen Themen in den entsprechenden Kapiteln und benützen Sie zur Gestaltung Ihrer Blätter das reichhaltige Bildmaterial, das Sie dort vorfinden.

Tipp: Für Nachzeichnungen kopieren Sie eine Abbildung aus dem Buch oder eine vergrößerte kontrastreiche Abbildung Ihrer Kirche (Postkarte, Kirchenführer o. ä.), kleben sie mit Tesafilm ans Fenster und zeichnen mit schwarzem Stift die durchscheinenden Umrisse auf einem darüber gelegten Bogen Schreibpapier nach. Bei anschließender Verkleinerung wird die Zeichnung sehr prägnant.

Wenn wir uns mit dem Innenraum der Kirche vertraut machen wollen, hilft ein vereinfachter Grundriss. Er ist nicht nur Wegweiser für den Weg durch die Kirche, sondern gibt auch die nötigen Anhaltspunkte bei der Suche nach weniger auffälligen Gegenständen oder Symbolen.
Aufrisse erleichtern es, schwierige Fachwörter aus der Architektur richtig zuzuordnen und helfen so, sie sich einzuprägen und zu behalten.

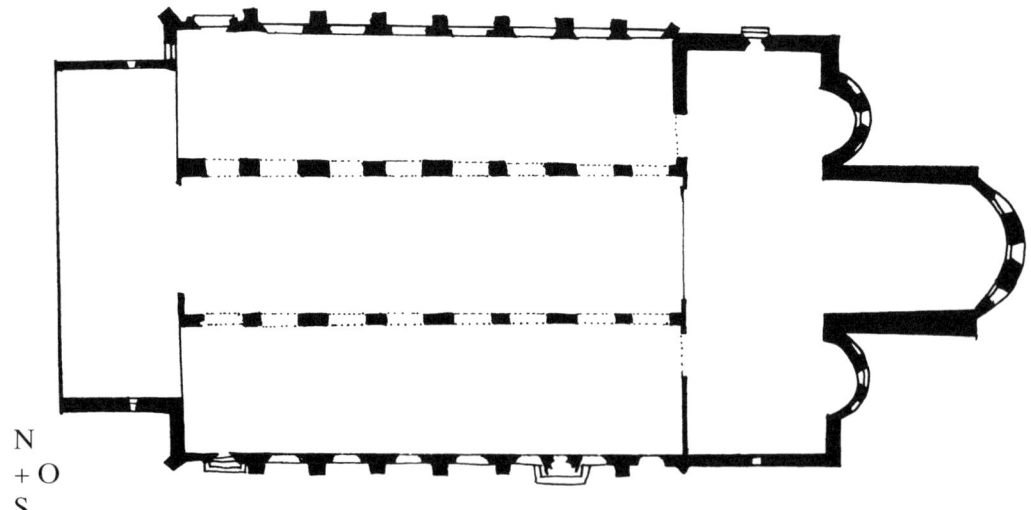

Beispiel eines vereinfachten Kirchengrundrisses (Braunschweiger Dom)

Tipp: Einen Kirchengrundriss können Sie folgendermaßen herstellen: Vereinfachen Sie einen Grundriss aus einem Kirchenführer, indem Sie auf einer Kopie alles überflüssige Linienwerk mit Tippex abdecken und die Grundmauern mit Filzstift schwärzen.

Für eine Standortübersicht versehen Sie die Orte der gesuchten Gegenstände (Altar, Kanzel, Taufstein, eine besondere Statue, ein Nebenaltar usw.) mit einem kleinen Kreis oder Viereck oder einer Zahl, die Sie am Rand erklären.

Schöner und auch einprägsamer ist es allerdings, Nachzeichnungen der gesuchten Gegenstände rund um den Kirchenplan anzuordnen, mitzukopieren und sie mit Pfeilen zuordnen zu lassen.

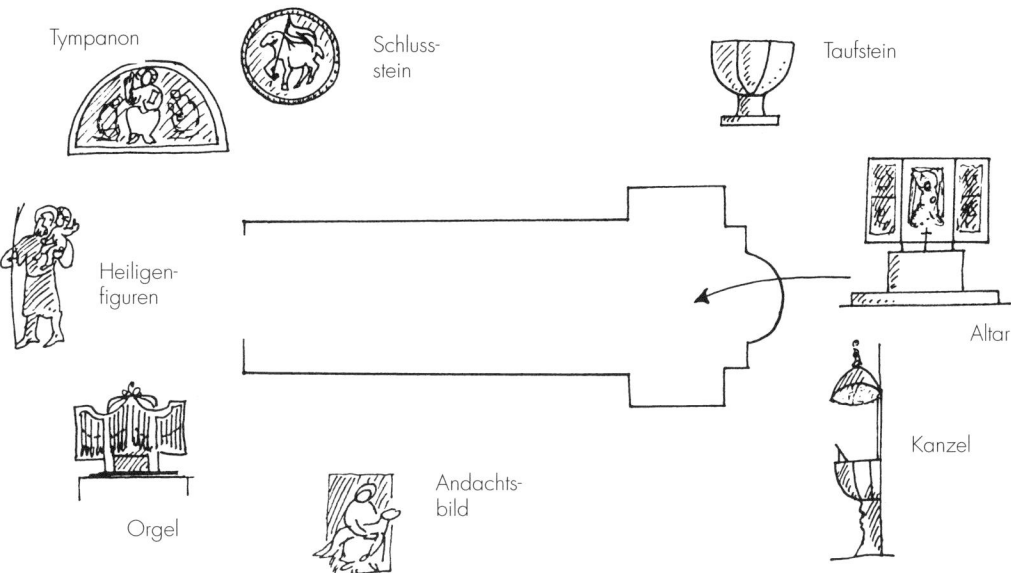

Beispiel für eine Zeichnung zur Standortsuche

A 1 Unsere Kirche erkunden

Vorschläge für Fragen, die nach den jeweiligen räumlichen Gegebenheiten verändert oder ergänzt werden müssen:

1. Gehe durch die Kirche und schau dich um. Suche
   – den Altar / – die Orgel / – das Taufbecken / – die Kanzel
   und mache in der Skizze einen Pfeil an die richtige Stelle des Grundrisses.

   Zeichnung zur Standortsuche (siehe Seite 151)!
2. Wie viele Türen hat das Kirchenschiff? Wo befinden sie sich? Trage sie in die Skizze ein.
3. Wie viele Heiligenfiguren zählst du in deiner Kirche?
4. Wie viele Engel?
5. Schau dir die Kanzel an. Welches Tier ist auf ihrem Deckel abgebildet?
6. Wie oft und wo findest du Jesus dargestellt?
7. Wie viele Sitzplätze hat die Kirche?
   Suche deinen Lieblingsplatz. Setze dich hin und sieh dich um. Worauf fällt dein Blick?

A 2 Säulen, Gewölbe, Strebewerk

Mögliche Fragen, die die Kinder vor Ort beantworten:

1. Pfeiler und Säulen tragen das Kirchenschiff.
   Wie sind sie aufgebaut?
   Mache eine Zeichnung, beschrifte sie!
2. Wie ist die Säule geschmückt? Beschreibe, was du siehst!
3. Betrachte die Decke der Kirche. Ist es ein flaches,
   ein Tonnen- oder Kreuzgewölbe?
   Oder sieht sie ganz anders aus? Skizziere, was du siehst.
4. Wenn deine Kirche im gotischen Stil erbaut wurde, dann sind außen an den Kirchenwänden Stützen hochgemauert. Wie nennt man sie?
5. Weißt du, wozu sie nötig waren?

Denken Sie daran, auf dem Arbeitsbogen Platz zu lassen für die Antworten und Skizzen der Schüler und Schülerinnen. Benützen Sie zur Gestaltung des Arbeitsblatts Abbildungen der entsprechenden Gebäudeteile, z. B. Seite 85 und 97 (Säule), Seite 206 (Gewölbe).

A 3   Das Kirchenportal

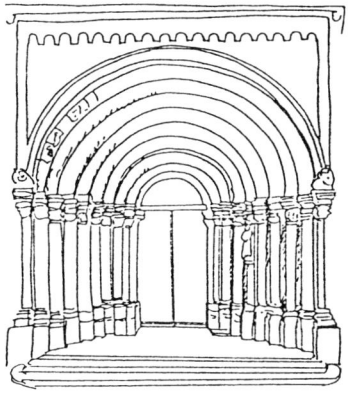

Kirchenportal mit Tympanon

Leerzeichnung Portal

Mögliche Fragen könnten lauten:

1. Wie viele Stufen führen zum Portal?
2. Wie ist es gegliedert? Zeichne seinen Aufbau.
3. Wie nennt man das Feld über der Tür?
4. Ist es geschmückt? Erkennst du, was dargestellt ist? Mache eine Skizze!
5. Weißt du, woran das Bild die Gläubigen erinnern sollte, ehe sie in die Kirche traten?

Vergessen Sie nicht, auf dem Arbeitsbogen ausreichend freien Platz zu lassen für die Beantwortung der Fragen oder für Skizzen.

Tipp: Lassen Sie in eine vorher verteilte Umrisszeichnung Ihres Kirchenportals mit vorgegebener Gliederung (Tympanon und Säulen) einige der Figuren hineinzeichnen oder ergänzen, und nachdem sie erkannt sind, auch benennen.

A 4   Der Altar

Mögliche Fragen:

1. Zeichne die Umrisse des Hochaltars.

   Platz lassen für die Skizze!

2. Was ist auf der Mitteltafel, was auf den Seitentafeln dargestellt? Beschrifte sie!
3. Welche Symbolfarben wurden verwendet? Was bedeuten sie?
4. Suche dir ein gemaltes oder geschnitztes Detail, das dir besonders gefällt, und skizziere es in nebenstehendes Feld.

   Rahmen vorgeben für die Skizze!

5. Erzähle von der Bedeutung des Altars in der Kirche.

A 5   Das Taufbecken

Mögliche Fragen:

1. Wo findest du das hier abgebildete Taufbecken?

   Skizze des Taufbeckens Ihrer Kirche vorgeben!

2. Weise auf dem Grundriss mit einem Pfeil auf den Standort.

   Benützen Sie z.B. die Abbildung auf Seite 151 zur Standortsuche!

3. Benenne die einzelnen Bauglieder des Taufbeckens und schreibe sie neben die Skizze.
4. Mit wie vielen Figuren ist das Taufbecken geschmückt?
5. Was stellen die Figuren dar?
6. Zeichne eine Figur in das umrandete Feld.

   Rahmen vorgeben!

7. Überlege, welche Bedeutung ein Taufbecken hat.
8. Erzähle, was du über die Taufe weißt.
9. Erinnere dich an eine Taufe, die du miterlebt hast.
10. Kennst du eine Taufgeschichte aus dem neuen Testament?

A 6 Die Orgel

Mögliche Fragen:

1. Sieh dich im Kirchenraum um und suche die Orgel.
2. Du findest hier die Zeichnung einer Orgel mit ihren wichtigsten Teilen. Vergleiche die Abbildung mit der Orgel deiner Kirche und suche dort die wichtigsten Teile. *Siehe Abbildung Seite 145 rechts.*
3. Fertige eine Skizze der Orgel deiner Kirche an und trage die Namen der Teile ein.

Rahmen für die Skizze vorgeben!

A 7 Die Kanzel

Mögliche Fragen:

1. Wo in deiner Kirche befindet sich die Kanzel?
   – An einer Säule? An welcher Seite?
   – Neben dem Altar?
2. Ist sie geschmückt?
   – Mit Schnitzereien?
   – Mit einem Tuch?
   – Erkennst du, was dargestellt ist?
3. Zeichne die Umrisse eurer Kanzel.
   Trage die Namen für die folgenden Bauteile ein:
   – Schalldeckel
   – Kanzelkorb
   – Kanzelfuß

   Rahmen für die Skizze vorgeben!
4. Zeichne vom Schmuck deiner Kanzel eine Figur, einen Kopf, ein Muster oder etwas anderes ab, das dir gefällt.

   Platz für die Skizze vorsehen!

A 8 Die Statue eines Heiligen erkunden
(am Beispiel des heiligen Christophorus)

1. Suche die nebenstehend abgebildete Figur. Weißt du, wen sie darstellt?

2. Heilige halten immer einen bestimmten Gegenstand in der Hand, an dem man sie erkennt. Weißt du, wie man diesen Gegenstand nennt?

4. Zeichne den Erkennungs-Gegenstand des Heiligen ab. Kannst du dir vorstellen, warum man dem Heiligen gerade diesen Gegenstand zugeordnet hat?

5. Kennst du die Legende des Heiligen? Erzähle sie in Stichworten.

6. Wie viele andere Heiligenfiguren kannst du noch in dieser Kirche entdecken? Kennst du ihre Namen? Zähle sie auf.

Selbstverständlich sind Kirchenerkundungen in einem vielfältig gestalteten und reich ausgestatteten Kirchenraum interessanter. Aber auch eine kleine, schmucklose Dorfkirche weist in einfacher Form die wesentlichen Merkmale eines christlichen Gottesdienstraumes auf und bietet Möglichkeiten für Erkundungsaufgaben:

– Trage in den Grundriss *(Skizze!)* den Standort der wichtigsten Ausstattungsstücke unserer Kirche ein:
  – Altar
  – Taufbecken
  – Kanzel
  – Orgel

Wie sind die Bänke (Stühle) zum Altar hin angeordnet? Mache eine Skizze. Wie viele Sitzplätze bietet die Kirche?
- Zeichne den Altar und alle Gegenstände, die du darauf siehst.
- Gibt es Bilder in der Kirche? Wo? Weißt du, was sie darstellen?
- Schau dir die Fenster an. Ist das Glas farbig? Sind Abbildungen (Figuren, Symbole, Szenen) darauf?
- In den alten Kirchen stand der Altar immer im Osten. Weißt du den Grund? Stelle fest, in welcher Himmelsrichtung der Altar deiner Kirche steht.

158 *Kirchen erkunden – Kirchen erschließen*

Materialien

Die folgenden Materialien bieten Grundmaterial für Informations-, Arbeits- oder Führungsblätter. Sie können beliebig abgeändert, kombiniert oder ergänzt, im Unterricht, in der Gemeindearbeit oder bei Kirchenführungen eingesetzt werden.
Bewusst ist das Material, wenn es sich nicht um Originaltexte handelt, sehr vereinfacht und verkürzt dargestellt. Es soll einen ersten Überblick bieten und als Grundwissen dienen, das nach Bedarf dem jeweiligen Kirchenobjekt oder Unterrichtsziel angepasst, erweitert und vertieft werden kann.

M 1 Meditationsanleitung für einen Kirchenraum

Am Beispiel der St.-Marien-Kirche zu Husum zeigt ein kleiner Kirchenführer beispielhaft, wie auch ein wenig spektakulärer Kirchenraum dem Besucher nahegebracht und in einer Meditation erschlossen werden kann. Der Text wurde verfasst von Pastor Ernst Otto Hansen und ist entnommen aus „Kirche und Kunst", Jahrgang 1983, Heft 1.

St.-Marien-Kirche, Husum

Die Husumer St.-Marien-Kirche wurde 1829 bis 1833 vom dänischen Staatsbaumeister Christian Friedrich Hansen entworfen. Hansen ist einer der bedeutendsten nordeuropäischen Baumeister des frühen 19. Jahrhunderts. Seine Husumer Marienkirche gilt als Hauptwerk des Klassizismus in Schleswig-Holstein.

Ähnlich wie unsere Landschaft an der Schleswig-Holsteinischen Westküste hat die Husumer Marienkirche dem oberflächlichen Betrachter nicht viel zu bieten: ein schönes altes Taufbecken, ein paar Pastorenbilder, ein stilechtes Bauwerk des Klassizismus. St. Marien entzieht sich oberflächlicher Betrachtung. Sie erschließt sich nur dem, der seine überkommenen Erwartungen an das Aussehen eines Kirchenraumes zurückstellen kann und sich die Zeit nimmt, sich in die eigene Art und Aussage dieser Kirche zu versenken.

Schon der Turm fällt aus dem Rahmen des Üblichen. Er gleicht nicht, wie die gotischen Türme, einem hoch aufgerichteten Zeigefinger, der nach oben weist, als wäre da oben Gott zu finden. Nein, Kopernikus ist gewesen. Da oben sind die Vögel und die Wolken, der Mond und die Sterne, die Sonne, Milchstraßensysteme und Spiralnebel. Gott ist nicht da oben. Der Turm in Gestalt des hoch aufragenden Zeigefingers ist sinnlos geworden. Ein anders gearteter Turm dagegen ist elementar wichtig geworden: Der Leuchtturm, der in der rauhen See des Lebens die Hafeneinfahrt markiert, der uns sagt: „Hier ist wahrhaft Gottes Haus und die Pforte des Himmels." Diese Funktion will unser Kirchturm erfüllen. Vielleicht hat er auch Ihnen den Weg gewiesen.

Durch ein schmuckloses Portal sind Sie in den Kirchenraum gekommen. Der Raum ist weit und streng und kühl. Manchen fröstelt, kaum einer spürt hier Wärme und Geborgenheit. Nein, dieser Raum ist noch nicht die Pforte des Himmels, er ist ein Abbild der Welt, in der wir leben, einer Welt, von der es im Hebräerbrief heißt: „Wir haben hier keine bleibende Stadt, sondern die zukünftige suchen wir."

Mächtig wirkende Säulen stehen beiderseits in Reih und Glied, stützen die Emporen, tragen „die da oben" und heben sie heraus aus der Masse „da unten". Man fühlt sich nicht gut hier unten, wenn „die da oben" auf einen herabblicken. Darüber breitete sich früher ein Sternenhimmel, auch er nur Teil einer vergänglichen Welt, nicht die Pforte des Himmels.

In diese Welt hineingelegt ein Weg in Gestalt eines Kreuzes, der Kreuzweg von Menschen in der Nachfolge Christi. Wenn Sie auf diesem Weg gehen, denken Sie bitte daran, dass Christenverfolgungen nicht nur eine Sache der Vergangenheit, sondern bedrückende Gegenwart sind.

Werden Sie bitte sensibel für die Leiden sehr vieler Christen in dieser Welt, beten Sie auch für die Verfolger und Peiniger und ihre Regierungen, nehmen Sie aber auch eindeutig und einseitig Partei für die Geschundenen, auch dann, wenn Sie sich damit keine Freunde machen. Gehen Sie den Kreuzweg mit – wenigstens am Rande. Er ist der Weg zur Gottesherrschaft und zur „Pforte des Himmels". So sagt es unsere Marienkirche.

Innenansicht der Husumer St.-Marien-Kirche

Am Beginn dieses Weges, beim Eingang im Mittelgang, fällt Ihr Blick unmittelbar auf die „Pforte des Himmels". Sie sehen das reicher verzierte, aus ionischen Säulen gebildete Portal an der Stirnseite, das Kanzel und Altar umfasst und auf seinem Giebel wiederum ein Kreuz trägt. Über diesem Portal öffnet eine große halbrunde Lünette den Blick in die Tiefe des Raumes. Ist der Kirchenraum ein Abbild des Kosmos, so lädt diese Öffnung symbolisch dazu ein, mit unseren Gedanken die Grenze von Raum und Zeit hinter uns zu lassen und einzudringen in die Tiefe des Seins, hinzudenken zu dem, was allem Seienden Grund und Ziel gibt.
Zugleich sehen wir an dieser Stelle, dass aus der Tiefe des Seins Licht in diese Welt kommt. Das halbrunde Fenster jenseits der Lünette ist die einzige Lichtquelle, die man vom Haupteingang her sieht. Von Gott her kommt das wahre Licht in unsere Welt.
Mit diesem Licht verbindet sich das Kreuz über der „Pforte des Himmels" und dieses Kreuz verbindet sich mit dem Licht – der gekreuzigte Christus wird zum Licht der Welt. Wenn Sie nun im Mittelgang langsam nach vorn gehen, sehen Sie das Licht im Osten immer weiter unter den Horizont sinken, das Kreuz ragt immer höher auf. Ist es so: Je weiter wir vordringen auf dem Weg des Kreuzes und des Leidens, desto verborgener

wird uns Gott, bis hin zu jenem Punkt, an dem wir sagen: „Mein Gott, mein Gott, warum hast du mich verlassen?" Und dann kommen Sie über diesen Punkt hinaus, und Sie schauen weiter auf das Christuskreuz und plötzlich entdecken Sie an der Decke jenseits der Lünette und über dem Kreuz einen hellen Schein, der immer größer wird, je weiter Sie voranschreiten. Gott ist gegenwärtig im Leiden, Gott ist mit dem Gekreuzigten. Sterbend kann Christus sprechen: „Vater – ich befehle meinen Geist in deine Hände."

Und nun stehen Sie an der „Pforte des Himmels". Sie sehen die Kanzel, den Altar mit dem Halbrund des Abendmahlstisches und sehen über allem noch einmal das Christuskreuz. Hier kommt Gottes Welt in unsere Welt hinein.

Sie sehen die Kanzel. Sie hat die Gestalt einer korinthischen Säule – der Säule, der in der Säulenordnung der höchste Rang zukommt. Sie sehen an der Kanzel das sehr verdichtete Gottessymbol: Ein Auge – Gott sieht, und er schläft nicht. Ein Dreieck – Zeichen der Vollkommenheit, zugleich der Dreieinigkeit. Ein Strahlenkranz – Symbol für Licht und Wärme, für Freude und Leben.

Sie sehen das Christuskreuz, gestaltet als Lebensbaum. Die Enden der Kreuzarme sind blattförmig ausgebildet. Aus dem Kreuz Christi erwächst das Leben. Wie von der Frucht eines Baumes im Paradies der Tod kam, so kommt von der Frucht, die am Kreuz hing, das Leben. Wie infolge von Adams Ungehorsam uns das Paradies verloren war, so ist es uns durch Christus neu erschlossen.

Schließlich blicken Sie vor sich auf den Altar und den halbrunden Abendmahlstisch. Das ist der Tisch, an den Gott einlädt zu Brot und Wein. Hier versammeln sich Menschen im Geist Gottes. Hier verkörpern sie besonders augenfällig die Zugehörigkeit zu Gott und die Gemeinschaft untereinander, aber auch die Gemeinschaft mit der Gemeinde Gottes zu allen Zeiten und an allen Orten.

Es gehört nicht viel Fantasie dazu, das Halbrund des Abendmahlstisches zu einem vollen Kreis zu ergänzen und auf dieser (gedachten) anderen Seite die Mitchristen aus anderen Zeiten und anderen Ländern sich vorzustellen. Mit ihnen allen gemeinsam knien oder stehen wir an diesem Tisch.

Gottes Tisch und seine Einladung ist wirklich universal. Schmerzlich wird uns die Trennung bewusst, die wir an diesem Tisch geschaffen haben, die Trennung zwischen den Konfessionen, und schmerzlich sehen wir die Herzenshärtigkeit, die rechte Christen – und wir alle müssen uns dazurechnen – daran hindert, mit den Armen wirklich brüderlich zu teilen und ihnen nicht nur Almosen zu geben.

Der Weg zurück führt mitten hinein in die Stadt. Wenn Sie sich auf diesem Weg noch einmal umschauen, sehen Sie das Fenster im Osten. Vielleicht erscheint es Ihnen jetzt wie ein neuer Horizont, wie der Horizont einer neuen Welt, die über dem Horizont unserer alten Welt aufsteigt. Sie gehen hinaus in die alte Welt, aber behalten Sie dieses Bild in Ihrer Erinnerung: Das Bild vom wiedergewonnenen Paradies, das Bild der hereinbrechenden Gottesherrschaft, die alle Herrschaft von Menschen über Menschen ablöst, das Bild von Gott, der bei uns wohnt, alle Tränen abwischt von unseren Augen und spricht: Siehe, ich mache alles neu.

M 2 Kirchenbaustile im Überblick

Romanik (ca. 1000 bis 1250 n. Chr.)

- Einfacher Rechteckbau oder dreischiffige Basilika (hohes Mittelschiff, halbhohe Seitenschiffe),
- halbrunder, gewölbter Altarraum (Apsis),
- Unterkirche (Krypta) unter dem Chorraum,
- offener Dachstuhl, schwere Balkendecken, massives Tonnen- oder Kreuzgewölbe,
- hohe, ungegliederte Wandflächen über Rundbogenarkaden (Arkaden) auf gedrungenen Säulen oder über Pfeilern,
- kleine, hoch sitzende Rundbogenfenster (Lichtgaden).

Gesamteindruck: „Himmelsburg", gedrungen-wuchtige, festungsartige Bauweise aus Bruch-, Feldsteinen oder behauenen Quadern.

Plastik und Malerei

Strenge, blockartige Figuren, große Kruzifixe, der Gekreuzigte als König dargestellt. Fresken an den Wänden und am Chorgewölbe, thronender Christus vor mandelförmigem Heiligenschein (Mandorla). Hoheitsvolle, distanzierte Darstellung der Figuren.

Gotik (ca. 1250 bis 1500 n. Chr.)

- Drei- oder fünfschiffige Basilika oder Hallenkirche,
- Wegfall der Krypta,
- hohe Steingewölbe. Hochgotik: Kreuzrippengewölbe; Spätgotik: Netz- oder Sterngewölbe,
- Strebepfeiler im Innenraum, massives Strebewerk an den Außenwänden, um den Schub abzufangen,
- spitzbogige Maßwerkfenster,
- Fenster farbig verglast.

Gesamteindruck: Hoch aufragende Bauten mit hellen, stark durchfensterten Wänden.

Plastik und Malerei

- Figurengeschmückte, farbig gefasste Portale,
- Einzelfiguren innen und außen (Bauplastik) mit weichem Faltenwurf,

- Christus dargestellt als dornengekrönter, leidender Mensch, nicht mehr als König,
- Aufkommen sogenannter Vesper- bzw. Andachtsbilder und großer Schnitzaltäre mit bemalten Flügeln,
- Kanzeln werden reich geschmückt, ebenso Chorgestühle, Taufsteine und Sakramentshäuser.

Bildthemen der Glasfenster: Geschichten aus dem Leben Jesu, Geburtsgeschichte, Passion und Auferstehung, Mariendarstellungen, Heiligenfiguren.

Renaissance (ca. 1500 bis 1620)

- Wieder breiter gelagerte Bauten nach antikem Vorbild (mit ionischen und korinthischen Säulenkapitellen, auch Wandpfeilerkirchen),
- Gewölbe- oder Kassettendecken,
- die Waagerechte betonende, schwere Gesimse,
- Rundbogenportale von Säulen, Gesimsen und flachen Giebeln gerahmt,
- Fenster meist rechteckig mit Ziergiebeln (flacher Dreiecks- oder Segmentgiebel),
- dem evangelischen Gemeindegottesdienst angepasste Predigtsaalkirchen (ohne Chor, rundherum Emporen).

Gesamteindruck: Betonung der Waagerechten, Wiederaufleben antiker Vorbilder, weite, helle Räume.

Plastik und Malerei

- Weniger Glasmalerei, dafür frei stehende Marmorstatuen,
- in evangelischen Kirchen bemalte Emporenbrüstungen.

Barock (ca. 1620 bis 1780) und **Rokoko** (ca. 1730 bis 1780)

- Prunkvolle katholische Kloster- und Wallfahrtskirchen mit Kuppel über ovalem oder elliptischem Grundriss,
- bewegte, vor- und zurückschwingende Fassade mit deutlich hervorgehobener Mitte (Mittelrisalit),
- flache Gipsdecken (Stuckmarmor und illusionistische Deckenmalerei),
- schmiedeeiserne Altargitter,
- hell verglaste Oval- oder Rundfenster (Ochsenauge),
- am oft mehrstöckigen, geschnitzten Hochaltar gedrehte Wendelsäulen.

Plastik und Malerei

- Bemalte und reich vergoldete Heiligenfiguren mit entrücktem oder ekstatischem Ausdruck, Faltenfülle der Gewänder,
- Kinderengel (Putti) umspielen Altar, Kanzel, Orgel und Himmel auf Deckenfresken und auf Altarbildern (Ölmalerei).

Gesamteindruck: Prunkvolle Inszenierung, viel Gold und Marmor. In katholischen Kirchen scheinbar ins Unendliche sich öffnende Freskenmalereien.

Im Gegensatz dazu in evangelischen Gegenden:

- Schlichte Predigerkirchen mit umlaufenden, mehrstöckigen Emporen,
- oftmals Kanzel über dem Altar an der Stirnwand (Kanzelaltar) und reich geschnitzte Orgelwerke.

Klassizismus (ca. 1780 bis 1850)

- Erneutes Streben nach klassisch-griechischer Harmonie und schlichter Größe,
- Fassadengestaltung oft mit einem den Eingang betonendem Portikus nach dem Vorbild griechischer Tempel bzw. Säulenfront (griechische Säulenordnung: dorisch, ionisch, korinthisch), darüber flacher antike Dreiecksgiebel.

Plastik und Malerei

- Keine Malerei,
- Heiligenfiguren meist freistehend oder in Halbnischen aufgestellt. Sie sind antiken Statuen nachempfunden.

Gesamteindruck: Eher nüchterne, in weißgrau gehaltene Räume mit wenig Schmuck.

20. Jahrhundert

- Eine Vielfalt neuer Kirchenformen,
- die Raumkonzeptionen sind geprägt vom Streben nach Anpassung der Räume an die Bedürfnisse der Gemeinde,
- neuzeitliche Materialien (Stahl, Beton, Glas, Aluminium) machen neue Konstruktionen möglich, z. B. Zeltdach, Stahlbeton- und Stahlskelettbau,
- Keine festgelegten Stilformen mehr. Die modernen Architekten, z. B. Gaudi, Le Corbusier, Gulbransson, ziehen eine individuelle Gestaltungsweise vor.

Kirchen erkunden – Kirchen erschließen 165

M 3 Bildtafel Romanik

Zeit: ca 1000 bis 1250

I. Bau ~ 980
II. Bau 11 Jh.
III. Bau 12 Jh.
IV./V. Bau 13/14 Jh.
VI. Bau 15 Jh.

M 4 Bildtafel Gotik

Zeit: ca. 1250 bis 1500

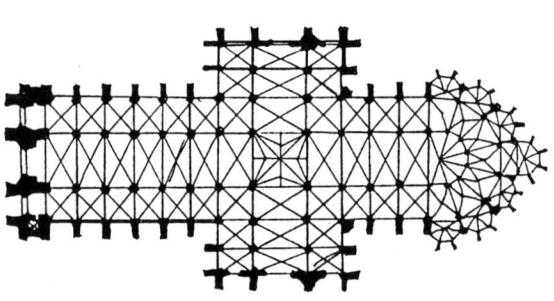

M 5 Bildtafel Renaissance

Zeit: ca. 1500 bis 1620

168 *Kirchen erkunden – Kirchen erschließen*

M 6 Bildtafel Barock und Rokoko

Zeit: ca. 1620 bis 1780

M 7 Bildtafel Klassizismus

Zeit: ca. 1780 bis 1850

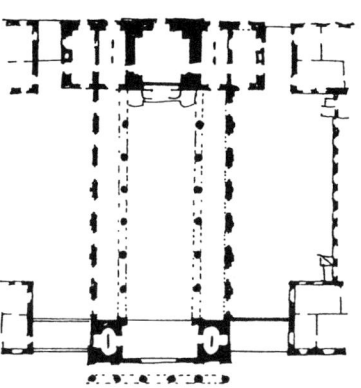

M 8 Amtstrachten katholischer und evangelischer Geistlicher

In vielen Kirchen, vor allem des Barock, sind Päpste und Bischöfe als historische Gestalten abgebildet, auf Altarbildern des Lucas Cranach z. B. auch Reformatoren. Wie entstanden die verschiedenen liturgischen Gewänder und wie sind sie zu unterscheiden?
Um sich vom einfachen Volk abzuheben, trugen schon im Alten Testament nicht nur Könige und hohe Beamte besondere Gewänder, sondern auch Propheten (Jesaja 20, 2 ff.; 2 Könige 1, 8; 2, 8) und Priester (Exodus 28; Ezechiel 44, 17 ff.).

Farben und Formen liturgischer Gewänder und Kleidervorschriften für die katholische Geistlichkeit stammen aus der Mitte des 16. Jahrhunderts. Sie lehnen sich an römische Vorbilder an. Folgende Farben entsprechen der katholischen Liturgie:

Papst: weiß, als Sinnbild der Reinheit;
Kardinäle: früher purpurviolett, heute rot;
Bischöfe: violett, früher rot oder grün;
Einfache Geistliche: schwarz.

Die Mantelalbe, ein weißes, knielanges Untergewand, geht auf die römische Tunika aus dem 4. bis 6. Jahrhundert zurück.
Die Stola, deren Herkunft aus der Antike verschieden gedeutet wird, ist eine etwa 2,50 m lange Stoffbahn, die um den Nacken gelegt an das Joch Christi (Matthäus 11, 29 ff.) erinnern soll und in der römisch-katholischen Kirche Diakonen und Priestern als Zeichen ihrer Ordination (Beauftragung) verliehen wird. Mit der Stola werden z. B. während der Bestätigungsformel die Hände des Brautpaares umgeben.
Der schwarze Talar als Amtstracht evangelischer Geistlicher geht auf die Festtagskleidung der Reformatoren (Kutte und weltliche Schaube) zurück. Sie folgten der alten, vorkatholischen Tradition, Gottesdienst in den besten Kleidern zu feiern.

Siehe Stichwortverzeichnis → Paramente

M 9 Bildtafel zur Entwicklung des Altars

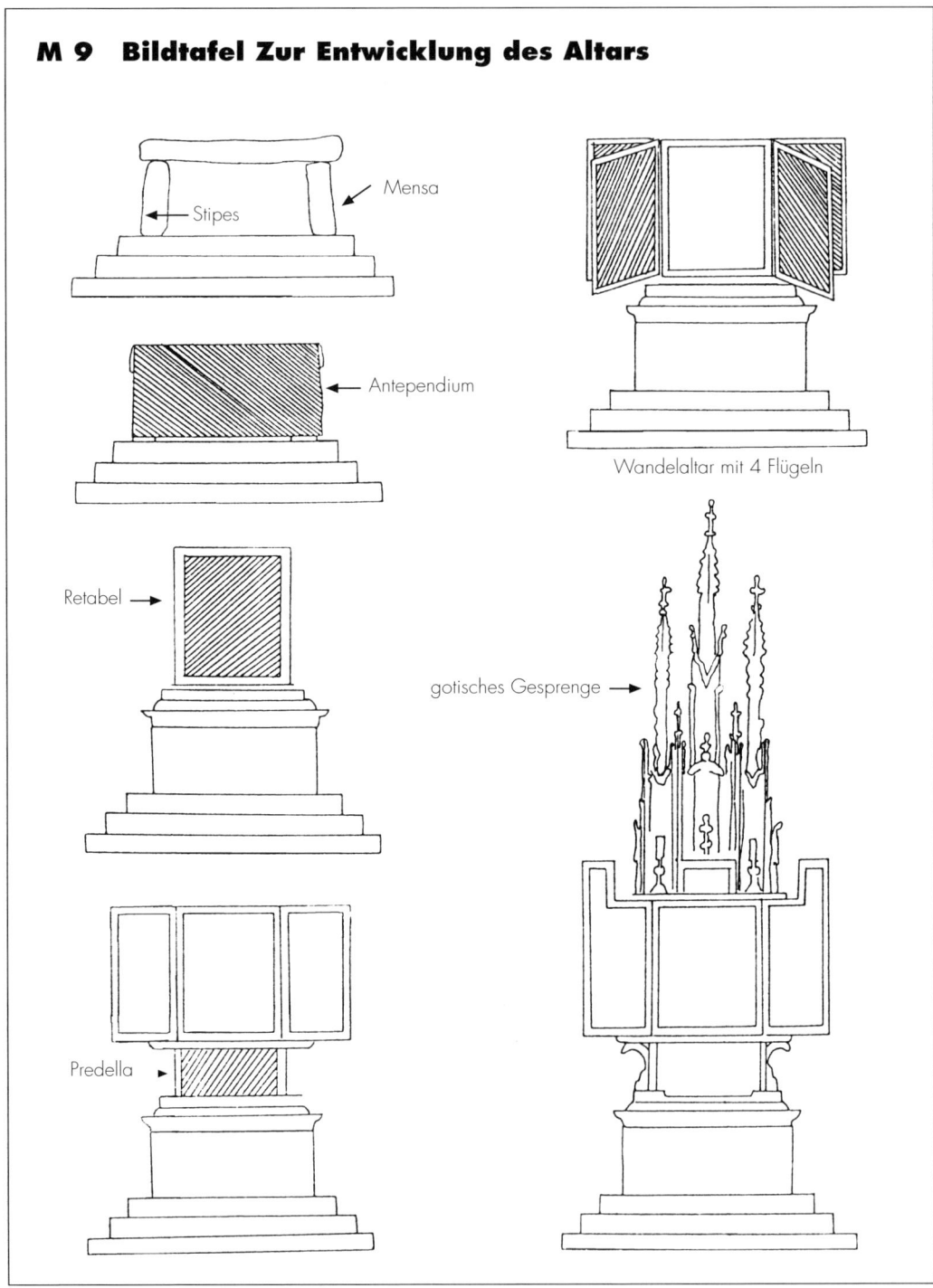

M 10 Heilige Männer und Frauen mit ihren Attributen

Antonius	Lilie (Symbol der Reinheit)
Barbara	Turm (in dem ihr Vater sie eingesperrt hielt, um sie vor allen bösen Einflüssen zu bewahren)
Benedikt	Rabe
Bonifatius	Axt und Buch. Als Missionar brachte B. den Germanen das Evangelium (Buch); um die Ohnmacht der alten Götter zu demonstrieren, fällte er eine dem Gott Donar geweihte Eiche (Axt).
Christophorus	(griech. Christusträger), Attribut: Jesuskind, Baumstamm. Chr. soll der Legende nach das Jesuskind über einen Fluß getragen haben
Drei Könige	Drei Kronen; Gold, Weihrauch, Myrrhe
Franziskus	Tiere, z. B. Wolf, Lamm u. a.
Georg	Tötet den Drachen mit einer Lanze (Drachentöter)
Hildegard von Bingen	Salbentopf
Hubertus	Kreuz in Hirschgeweih
Joseph	Reißschiene, Hobel, Stemmeisen (Zimmermannswerkzeuge)
Katharina	Rad (sie starb den Märtyrertod auf dem Rad)
Maria	Ein M mit dem Kreuz; eine Rose
Martin	Bischof mit der Gans (M. soll sich der Legende nach im Gänsestall versteckt haben, um seiner Berufung zum Bischof zu entgehen)
Michael	Schwert mit Schild
Nikolaus	Bischof mit Schiff; Anker; drei Äpfel auf einem Buch (alles Anspielungen auf Begebenheiten aus seinem Leben)
Paulus	Schwert und Buchrolle (für seine missionarische Tätigkeit)
Petrus	Schlüssel, zwei Schlüssel überkreuzt (Zeichen für Vollmacht)
Veronika	Schweißtuch

M 11 Begriffe aus Liturgie, Theologie und Kirchengeschichte

Apokalypse (Enthüllung, Offenbarung)
Schriften, die meist in Form von Träumen und Visionen göttliche Geheimnisse verkünden. In der „Apokalypse des Johannes", dem letzten Buch des Neuen Testaments, werden die Wiederkunft Christi und das Weltende beschrieben.

Epistel (lat.: Sendschreiben, Brief)
Ursprünglich Briefe der Apostel im Neuen Testament

Eucharistie (griech./lat.: Danksagung)
Das Abendmahl als Sakrament des Altars und wichtigstes Element katholischer Frömmigkeit

Evangelium (lat.: gute Botschaft)
Die frohe Botschaft von Jesus Christus, wie sie in den vier ersten Büchern des Neuen Testamentes über das Leben und Wirken Jesu niedergeschrieben ist

evangelisch-lutherisch Der von Dr. Martin Luther (1483–1546) in der Reformation begründeten Glaubens- oder Bekenntnisgemeinschaft angehörend

evangelisch-reformiert Einer Bekenntnisgemeinschaft angehörend, die auf die Schweizer Reformatoren Ulrich Zwingli (1484–1531) und Johannes Calvin (1509–1564) zurückgeht

Heilsgeschichte Für den gläubigen Christen ist die Geschichte nicht bloß eine zufällige Abfolge von Ereignissen, sondern ein bestimmter Plan, den Gott zum Heil des Menschen verfolgt – von der Schöpfung bis zum Weltende.

himmlisches Jerusalem Im Alten Testament endzeitliche Erhöhung des irdischen Jerusalem, Stadt der besonderen Erwählung Gottes; im Neuen Testament Bild für die Vollendung der Geschichte Gottes mit den Menschen (→ Heilsgeschichte)

Hostie Das in der katholischen und lutherischen Kirche verwendete ungesäuerte Abendmahlsbrot in Form einer runden Oblate

Kleriker Katholische Geistliche

Klerus Kath. Geistlichkeit (Priesterschaft)

Liturgie Form und Ablauf eines öffentlichen Gottesdienstes; im evangelischen Gottesdienst vor allem die am Altar im Wechselgesang mit der Gemeinde gehaltenen Teile des Gottesdienstes

Pantokrator	Gott Vater, Allherrscher
Passion	Das Leiden und die Leidensgeschichte Jesu Christi und ihre Darstellung in der bildenden Kunst und Musik (als Chorwerk oder Oratorium).
Presbyterium	Chorraum einer Kirche, in dem das katholische Priesterkollegium sich versammelte
Presbyter	Urchristlich: Gemeindeältester. In der katholischen Kirche Bezeichnung für Priester mit dem dritten Grad der höheren Weihen. In der evangelischen Kirche Mitglied eines Kirchenvorstandes
profan	(lat.: vor dem Heiligtum gelegen) Weltlich, ungeweiht
Reformation	(lat.: umgestalten, neuordnen) Christliche Glaubensbewegung im 16. Jahrhundert, die zur Bildung der evangelischen Kirchen führte
Religion	Bindung an das Göttliche, Gottesverehrung, Glaube und Bekenntnis zu Gott
Reliquien	Körperliche Überreste von Heiligen, ihren Kleidern, Gebrauchsgegenständen oder Marterwerkzeugen als Gegenstand religiöser Verehrung
Ritual	Ordnung für gottesdienstliche Abläufe mit fest vorgegebenen Texten und Handlungen
sakral	Im Gegensatz zu → profan: heilig, religiöse Dinge betreffend
Sakrament	Christliches Glaubensgeheimnis, Gnadenmittel. In der katholischen und der Ostkirche vor allem sieben Sakrakramente: Taufe, Firmung, Eucharistie, Buße, letzte Ölung, Priesterweihe, Ehe. In der evangelischen Kirche gibt es nur zwei Sakramente: Taufe und Abendmahl.
Spiritualität	(lat. = Geist), Geistigkeit. Der Versuch, über das materielle Leben hinaus sich Geistigem zu öffnen und mit dem Geist Gottes zu verbinden.
Transzendenz	Überschreiten diesseitiger (irdischer) Erfahrungen
Trinität	Im christlichen Verständnis Dreieinigkeit von Gott Vater, Sohn und Heiligem Geist (auch: Dreifaltigkeit). Dahinter steht der Glaube, dass der *eine* Gott sich auf dreifache Weise offenbart hat: als der, der von Anfang an da war (Vater), in der Gestalt von Jesus (Sohn) und in den Menschen, die in der Nachfolge Jesu leben (Geist).

M 12 Begriffe aus Architektur und Kunstgeschichte

Antependium	„Das Davorgehängte", Behang vor dem Altar
Apsis	Der meist halbrunde östliche Abschluss einer Kirche
Basilika	Eine Kirche mit einem hohen Mittelschiff und zwei oder vier Seitenschiffen
Chor	Der durch Stufen, Gitter oder Schranken gegenüber dem Gemeinderaum hervorgehobene Altarraum
Chorgestühl	Oft reich geschnitzte Sitzreihen für Geistliche an den Längsseiten des Chorraums
Dienste	Dünne Viertel-, Halb- oder Dreiviertelsäulen an Wänden und Pfeilern, die sich nach oben in der Gewölberippe fortsetzen und als Stütze des Gewölbes dienen
Empore	Über den Seitenschiffen gelegenes balkonartiges Obergeschoss oder als Orgelempore meist an der Rückwand im Westen eingebaute Galerie für Orgel und Sänger
Epitaph	Erinnerungstafel an Verstorbene mit Inschrift und oft reichem Figurenschmuck
Fensterrose	Kreisförmiges, mit Maßwerk gefülltes Fenster, meist über dem Hauptportal und in Querschiffgiebeln
Fresko	Wandmalerei direkt auf frischem Putz
Gerichtsportal	Portal auf der Westseite, zum Sonnenuntergang, symbolisch dem „Jüngsten Gericht" zugeordnet
Gewändefiguren	Rechts und links an Portalen angebrachte gotische Steinfiguren (Portalplastik)
Kapitell	Mit Ornamenten, Pflanzenformen oder Figuren geschmückter oberer Teil von Säulen und Pfeilern
Krypta	Unter Chor und Altar gelegene unterirdische Grabstätte für Heilige, Märtyrer, geistliche oder weltliche Würdenträger und Reliquien
Langhaus	Der den Laien vorbehaltene Kirchenraum im Mittelschiff einer Basilika
Lettner	(Lat. lectorium = Lesepult), Brüstung oder trennende Wand zwischen Chor und Mittelschiff, in spätroman. und got. Kirchen anstelle

	der Chorschranken. Der begehbare Lettner ist mit einer Brüstung versehen und diente zum Verlesen des Evangeliums, ebenso als Sängertribüne. Wurde später durch ein kunstvoll gestaltetes, schmiedeeisernes Chorgitter ersetzt, das den Blick auf den Altar gestattete
Maßwerk	Im Bogenfeld gotischer Fenster auftretendes, mit dem Zirkel konstruiertes, in Stein gehauenes Ornament
Pietà	Darstellung der vom Schmerz ergriffenen Maria mit dem Leichnam Jesu auf dem Schoß (auch Vesperbild genannt)
Prinzipalstücke	Die wichtigsten Ausstattungsstücke des Kirchenraums: Altar, Taufbecken, Kanzel
Orgelprospekt	Reich geschmückte Vorderseite (Schauseite) der Orgel
Sakramentshaus	Holz- oder Steinschrank an der Nordwand katholischer Kirchen zur Aufbewahrung der geweihten Hostien (Abendmahlsbrot)
Sakristei	Der Kirche angegliederter Raum, in dem Gewänder und liturgische Geräte aufbewahrt werden
Schluss-Stein	Der oberste, als letzter eingesetzte, konische Stein im Scheitel eines Rippengewölbes. Oft reich verziert, auch mit Monogramm des Baumeisters oder Bauhüttenzeichen
Stützenwechsel	Rhythmisch wechselnde Abfolge von Säulen und Pfeilern
Triptychon	Dreiteiliger Flügelaltar
Triumphbogen	Mauerbogen zwischen Mittel- und Querschiff einer Basilika, oft reich mit Fresken oder einem Triumphkreuz geschmückt
Tympanon	Über den Portaltüren angebrachtes halbrundes Bogenfeld, oft mit Skulpturen oder Reliefs geschmückt
Vierung	Zwischen Chor und Mittelschiff im Schnittpunkt zwischen Langhaus und Querschiff gelegener Raum
Vierungsturm	Über dem zwischen Chor und Mittelschiff eingeschobenen Vierungsquadrat sich erhebend

M 13 Christliche Symbole und symbolische Abkürzungen

Anker	Zeichen für Hoffnung
A & O	Zeichen für das Bekenntnis zu Christus nach der Offenbarung des Johannes, Kap. 22, 13: „Ich bin das A und O, der Erste und der Letzte, der Anfang und das Ende." A und O sind der erste und letzte Buchstabe des griech. Alphabets
C+M+B	Abkürzung für **C**aspar, **M**elchior und **B**althasar, die Namen der Heiligen Drei Könige; auch Abkürzung von lat. „**C**hristus **m**ansionem **b**enedicat" (Christus segne das Haus). Wird in katholischen Gegenden zusammen mit der Jahreszahl am Dreikönigsfest als Segensformel auf den Türbalken geschrieben
Dornenkrone	Symbol für Verspottung
Drache	Verkörpert das Böse
Ei	Auferstehungssymbol
Fahne	Sieges- und Auferstehungssymbol
Flammen	Symbol für den Heiligen Geist (nach dem Pfingstereignis, das in der Apostelgeschichte, Kap. 2 überliefert ist)
Fisch	Zeichen für die Zugehörigkeit zur christlichen Gemeinde. Die Buchstaben des griech. Wortes für Fisch ergeben die Anfangsbuchstaben von „Jesus Christus, Sohn Gottes, Retter". In der frühen Kirche Geheimzeichen der verfolgten Christen
Hahn	Wächter (erinnert an die Verleugnung des Petrus bei der Gefangennahme Jesu – überliefert z. B. bei Lukas, Kap. 22, 54–62)
IHS	Anfangsbuchstaben von lat. **I**esus **h**ominum **s**alvator (Jesus, Erlöser der Menschen)
INRI	Abkürzung für lat. **I**esus **N**azarenus **R**ex **I**udaeorum (Jesus der Nazarener, König der Juden). Nach Johannes, Kap. 19, 19 ließ Pilatus diese Inschrift am Kreuz anbringen
Kreuz	Symbol der Erlösung. Erinnert an den Kreuzestod Christi, mit dem gläubige Christen die Erlösung von Schuld und Sünde verbinden. Wichtigstes christliches Symbol
Krippe	Erinnert an die Geburt Jesu. Symbol für Weihnachten

Lamm	Symbol für Unschuld und Demut, häufigstes Opfertier des alttestamentlichen Kultes. Symbol für den Opfertod Christi
Licht	Symbol für Leben, Heil, Glück; für Gott und Christus
Lilie	Symbol für Reinheit
Lorbeerkranz	Attribut für Märtyrer
Olivenzweig	Friedenszeichen
Palme	Attribut für Märtyrer; Zeichen für den Glauben an das Ewige Leben
Regenbogen	Erinnert an die Sintflutgeschichte: Zeichen für den Bund, den Gott mit den Menschen geschlossen hat; Zeichen der Versöhnung
R.I.P	Inschrift auf Grabsteinen: Anfangsbuchstaben von lat. **R**equiescat **i**n **p**ace (er/sie möge in Frieden ruhen)
Rose	Symbol für Maria
Schiff	Symbol für die Kirche, die durch die Gefahren der Welt steuert
Schlange	Verkörpert das Böse (nach dem Sündenfall der Paradiesgeschichte)
Schlüssel	Vollmacht; Attribut des Apostels Petrus
Sense	Symbol für den Tod (der Sensemann als Personifizierung des Todes)
Taube	Symbol des Heiligen Geistes, nach der neutestamentlichen Überlieferung, dass bei der Taufe Jesu eine Taube vom Himmel herabgekommen sei (z. B. bei Lukas, Kap. 2, 21 + 22); Friedenssymbol
Waage	Gerechtigkeit, Gericht
Weintraube	Symbol für das Abendmahl, die Eucharistie; erinnert an das Blut, das Christus für die Menschen vergossen hat
XP → ☧	Christusmonogramm; symbolisches Zeichen für den Namen Christus, gebildet aus den beiden ersten Buchstaben der griechischen Schreibweise des Wortes Christus

M 14 Auswahl beliebter Bildthemen und Symbole in christlichen Kirchen

Abendmahl	Jesus, umgeben von 12 Jüngern beim letzten gemeinsamen Mahl am Vorabend der Kreuzigung. Judas, als Hinweis auf den Verrat, oft abseits dargestellt. Der Lieblingsjünger Johannes lehnt an Jesus. Byzantinische Darstellungen folgen dem Matthäus-Text, wonach Judas in die Schüssel greift. Abendländische Darstellungen richten sich nach dem Evangelium des Johannes: Jesus reicht Judas einen Bissen.
Adam und Eva	Bildthema aus der Schöpfungsgeschichte (Erschaffung Adams, Sündenfall und Vertreibung). Adam und Eva, rechts und links vom Baum der Erkenntnis, mit der Schlange, die – oftmals in Teufelsgestalt – die Versuchung symbolisiert. Gern wahrgenommener Vorwand, den nackten menschlichen Körper darzustellen.
Auferstehung	→ Stichwortverzeichnis
barocke Bildprogramme	Wichtige Themen sind u. a. Verherrlichung der → Dreifaltigkeit, Jesu und Marias (z. B. die Sieben Freuden und die Sieben Leiden der Maria, der Rosenkranz). Siehe Seite 60, 101.
Buch	Attribut in der Hand des lehrenden oder richtenden Christus (→ Pantokrator), geschlossen als Buch der Weisheit, geöffnet oft mit Text (z. B. „Ich bin das Licht der Welt"). Auf Verkündigungsszenen trägt Maria das Buch zunächst geschlossen: als Zeichen der Jungfräulichkeit, später geöffnet als Zeichen der Vertrautheit mit dem Wort Gottes.
Dornbusch	Der brennende Dornbusch, der die Berufung des Mose durch Gott (Exodus, Kap. 3–4) symbolisiert, wird im Mittelalter Vorbild für die Verkündigung. Der brennende, doch nicht verbrennende D. ist Sinnbild der Maria, die Mutter Gottes wurde, doch Jungfrau blieb.
Dreikönige	→ Stichwortverzeichnis
Erdkugel	Symbol für die Schöpfung, Sinnbild der Weltherrschaft, auf → Majestasdarstellungen als Fußstütze für Christus. Mit dem Kreuz Symbol für himmlisches und irdisches Reich.
englischer Gruß	Gruß des Erzengels Gabriel an Maria bei der Verkündigung der Geburt Jesu.

Einhorn	Wird oft zusammen mit Maria dargestellt. Siehe → Tiersymbolik
Fenster	In der Malerei Zeichen für Gebet, Verbindung zu Gott.
Finger	Finger auf dem Mund bedeutet Schweigen. Zeigt jedoch das Jesuskind auf Mund oder Zunge, so bedeutet es: „Ich bin das Wort."
Gestik	Sichtbare Sprache der Hände, besonders auf Bildwerken des Mittelalters, z. B. als *Zeige-* und *Deutegestus*. Berühmt ist der Deutegestus des Johannes auf der Kreuzigungsszene des Isenheimer Altars.
Himmel	Seit frühester Zeit in der menschlichen Vorstellung der Sitz alles Göttlichen, durch blaue Farbe symbolisiert. In barocken → Deckengemälden oftmals illusionistisch als sich unendlich öffnender göttlicher Raum dargestellt.
himmlisches Jerusalem	→ Stichwortverzeichnis
Kopf	Heilige tragen ihre abgeschlagenen Köpfe als → Attribut und Hinweis auf ihren Märtyrertod, z. B. die heilige Katharina. David weist auf das Haupt Goliats, Judit auf das des Holofernes. Der Kopf Johannes des Täufers wird auf einer Schale (Johannesschale) dargestellt.
Lamm	→ Stichwortverzeichnis
Leidenswerkzeuge	→ Stichwortverzeichnis
Mariensymbole	→ Stichwortverzeichnis
Passion	→ Stichwortverzeichnis
Paradiesgärtlein	Auf das Hohelied (Kap. 4, 12 ff.) zurückgehendes Motiv: „Ein verschlossener Garten bist du, meine Schwester Braut, ein versiegelter Quell…" Innerhalb eines verschlossenen Gartens sitzt Maria mit dem Kind auf einer Blumenwiese. Gartentor: Sinnbild der Jungfräulichkeit Marias.
Regenbogen	Hinweis auf den neuen Bund, den Gott nach der Sintflut mit Noah schloss: „Solange die Erde steht, soll nicht aufhören Saat und Ernte, Frost und Hitze, Tag und Nacht" (Genesis, Kap. 8, 22).

M 15 Liturgische Ausstattung katholischer Kirchen

Heilige Gefäße

Liturgische Geräte, die zur Aufnahme des Abendmahlsbrotes (Hostie) und Weins bestimmt sind.

Der Messkelch (in der evang. Kirche der Abendmahlskelch) besteht aus dem Becher und dem Fuß, dazwischen zum besseren Anfassen eine knaufartige Verdickung. Seit dem 9. Jh. sind Abendmahlskelche meist aus Edelmetallen (Gold und Silber bzw. im Inneren vergoldet) und nicht selten reich geschmückt. Während jede Kirche früher einen Messkelch besaß, ist heute in der kath. Kirche der Primizkelch üblich, den der neugeweihte Priester als persönliches Eigentum von Eltern und Verwandten erhält.

Die Patene, flache Schüssel oder Teller aus Edelmetall, trägt die Hostie, eine Oblate, die früher mit der Hand genommen, gebrochen und ausgeteilt wurde. Seit dem 13. Jh. diente die Patene nur noch für die Hostie des Priesters.

Das Ziborium, ein dem Kelch ähnlicher, ebenfalls reich geschmückter Behälter mit Deckel zur Aufbewahrung und Austeilung der Hostien

Das Tabernakel, Behälter zur Aufbewahrung des „Allerheiligsten" (der geweihten Hostie)

Die Monstranz (lat. monstrare = zeigen): Ursprünglich Schaugefäße für Reliquien, später, etwa ab 14. Jh., Zeige- und Tragegerät für das „Allerheiligste" (die geweihte Hostie) zum sichtbaren Mitführen, z. B. auch für Prozessionen.
Die Monstranz besteht aus einem Kelchfuß, der einen Glaszylinder (Schaugehäuse) und darüber einen bekrönenden Schmuck trägt. Die Hostie wird im Schaugehäuse gut sichtbar in einem aufklappbaren Halter befestigt. Er ist sichelförmig und wird daher Lunula, „kleiner Mond" genannt. Die Spitze des äußeren oft sehr aufwendigen Schmuckes, im Barock z. B. sog. Sonnenmonstranzen, endet meist in einem Kruzifix.

Andere Gefäße

Alle liturgischen Geräte, die mit der geweihten Hostie (das für die Eucharistie bestimmte, aus reinem Weizenmehl bereitete, ungesäuerte, noch frische Brot bzw. die Oblate) nicht direkt in Verbindung kommen.

Kirchen erkunden – Kirchen erschließen 183

Weihrauchfass und Weihrauchschiffchen: In der kath. Kirche kann bei jeder hl. Messe und dem Stundengebet Weihrauch zum Beräuchern verwendet werden. Der Weihrauch (in fester Form, meist kleinen, farbigen Stückchen) wird im Weihrauchschiffchen aufbewahrt, mit einem Löffelchen aufgestreut und im Weihrauchfass verbrannt.

Das Weihwasserbecken am Kircheneingang enthält geweihtes Wasser. Die seit dem Mittelalter übliche sonntägliche Wasserweihe und Besprengung der Gläubigen soll nicht nur an die Taufe erinnern, sondern ist als Bitte um Vergebung und Segen zu verstehen. Für das Besprengen bei Prozessionen, Begräbnissen etc. wird der tragbare Weihwasserkessel aus Metall und der Sprengwedel verwendet.

Ölgefäße, meist kleine Garnituren, Kapseln oder Ampullen aus Silber zur Aufbewahrung heiliger Öle. In der kath. Kirche werden sie u. a. bei der Taufe, Firmung, Priester- und Bischofsweihe und bei der Krankenölung verwendet. Sie erinnern Gesalbte daran, dass sie zu Christus, dem „Gesalbten", gehören.

Messkännchen oder Karaffe aus Glas, Zinn oder Silber für die Aufbewahrung des Weins, der bei der Messfeier (Eucharistie) verwendet wird.

Lavabogarnitur und Lavabotüchlein dienen der symbolischen oder hygienischen Reinigung der Hände (Fingerspitzen) z. B. nach der Ascheausteilung am Aschermittwoch, nach der Fußwaschung am Gründonnerstag, nach einer Ölsalbung oder der Gabenbereitung.

Das Messbuch vereinigt alle für die Messe wichtigen Gebetstexte, während die Bibelabschnitte für die Verkündigung im *Lektionar* bzw. *Evangeliar* zusammengefasst sind.

Messglöckchen kündigen bei der Messfeier das Emporheben von Hostie und Kelch vor der Eucharistie an.

Gestaltungsvorschläge

G 1 Einen Rundbogen aus Styropor nachformen

Styropor ist ein weiches Material, das in Baumärkten in verschieden dicken Platten angeboten wird. Für den Rundbogen genügt eine ca. 1 cm starke Platte, damit sie noch gut mit einem scharfen Messer geschnitten werden kann. Zuerst den Bogen mit den einzelnen konisch zulaufenden Gewölbesteinen aufzeichnen, dann ausschneiden und wie ein Puzzle zum Rundbogen legen.

G 2 Einfaches Kirchenmodell aus Pappe

Auf weißen Plakat- oder Bristolkarton nach dem unten angegebenen Muster die vier Kirchenseiten und die beiden Dachflächen verkleinert und im richtigen Maßstabverhältnis zueinander aufzeichnen, die Klebelaschen nicht vergessen.
Noch vor dem Ausschneiden Detailzeichnungen mit schwarzem Zeichenstift auftragen: Türme, Fenster, Gesimse, Friese und auch Steinlagen andeuten. Turm und architektonische Sonderformen (Chor, Apsis, Sakristei usw.) gesondert ausschneiden und an die rechteckige Grundform zum Schluss ankleben.

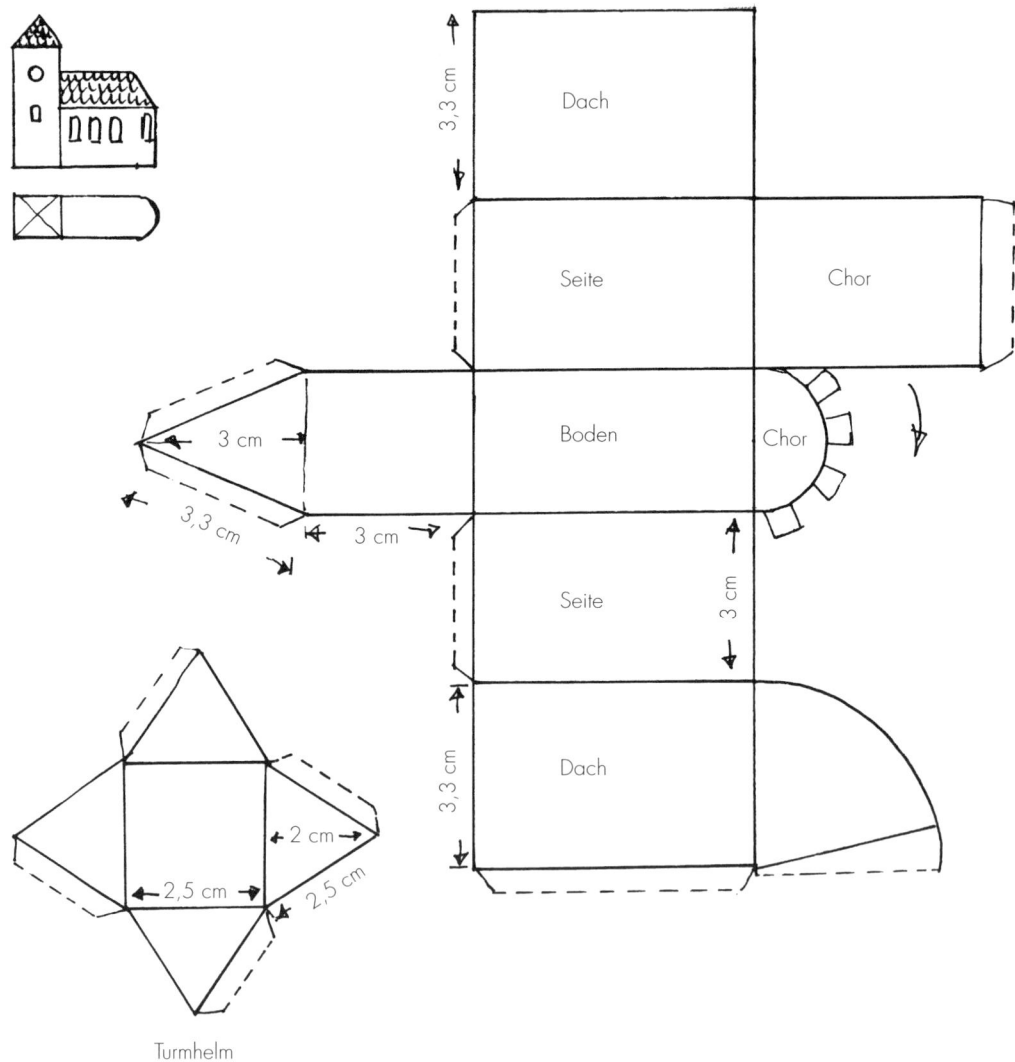

Turmhelm

Kirchen erkunden – Kirchen erschließen 187

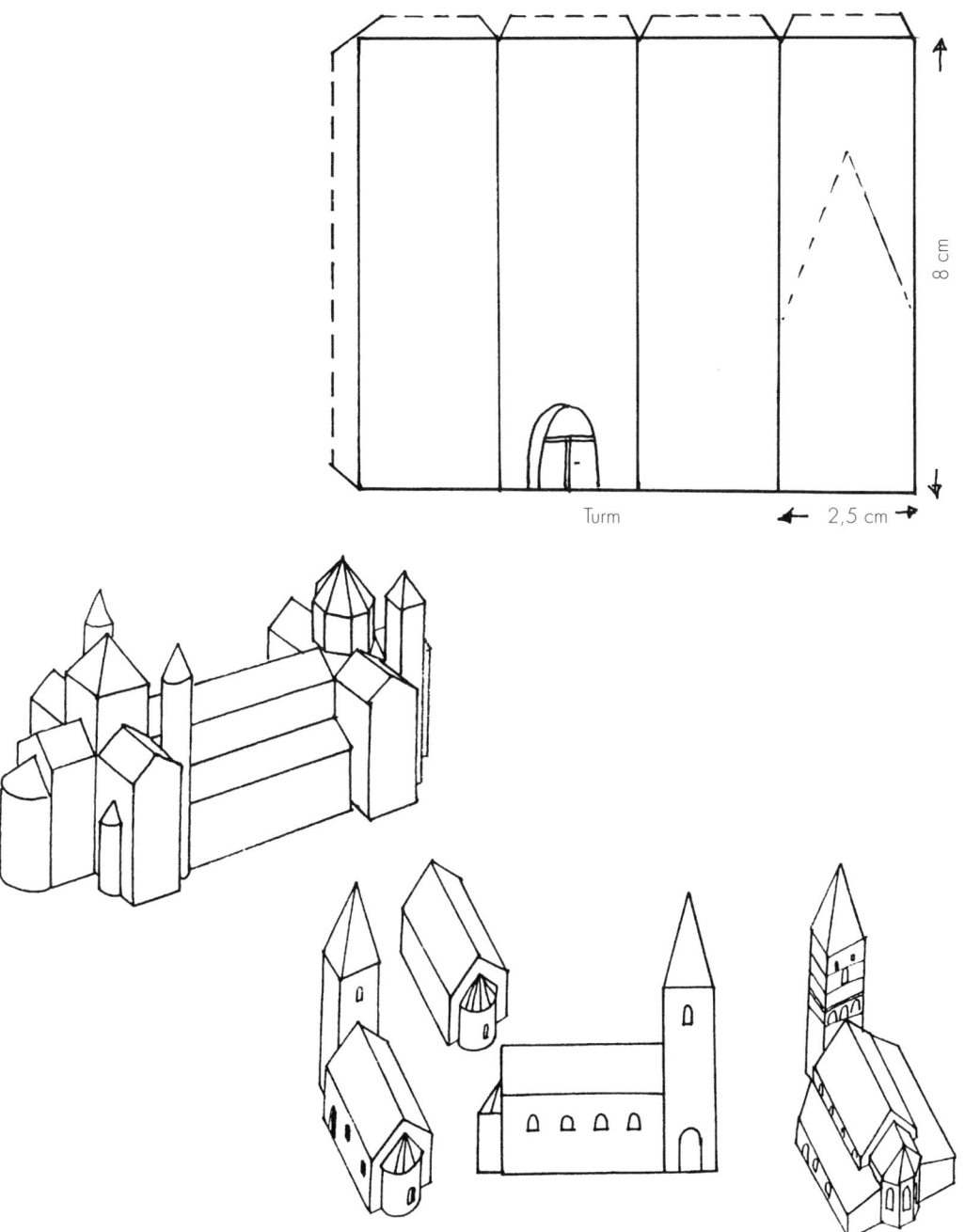

Modellbogen für eine einfache Kirche. Das Modell kann nach Bedarf mit doppelten oder dreifachen Maßen vergrößert werden. Von der angebotenen Grundform ausgehend lässt sich auch die äußere Form verändern. Beispiele siehe Abbildung.

G 3 Arbeiten wie ein Steinmetz – Figuren in Ytong-Steine schneiden

Über Baumärkte sind aufgeschäumte Gipssteine (Ytong) zu beziehen. Sie sind leicht, werden am Bau als Dämm-Material verwendet und lassen sich gut mit einem alten Küchenmesser, auch mit Raspel oder Hohlmessern bearbeiten. Es empfiehlt sich, mit einfachen Figuren, z. B. einem Fisch, einer Sonne oder einer Pflanze zu beginnen. Sehr vereinfacht und unter Ausnutzung der ganzen Fläche wird die Umrisszeichnung aufgeritzt oder mit einem weichen Bleistift aufgetragen. Dann können nach und nach die Umrisse vertieft, das überflüssige Material abgetragen werden. Mit etwas Übung können gewölbte Formen vertieft und so abgeschrägt werden, dass das Licht- und Schattenspiel auf ihnen die Plastizität hervorhebt.

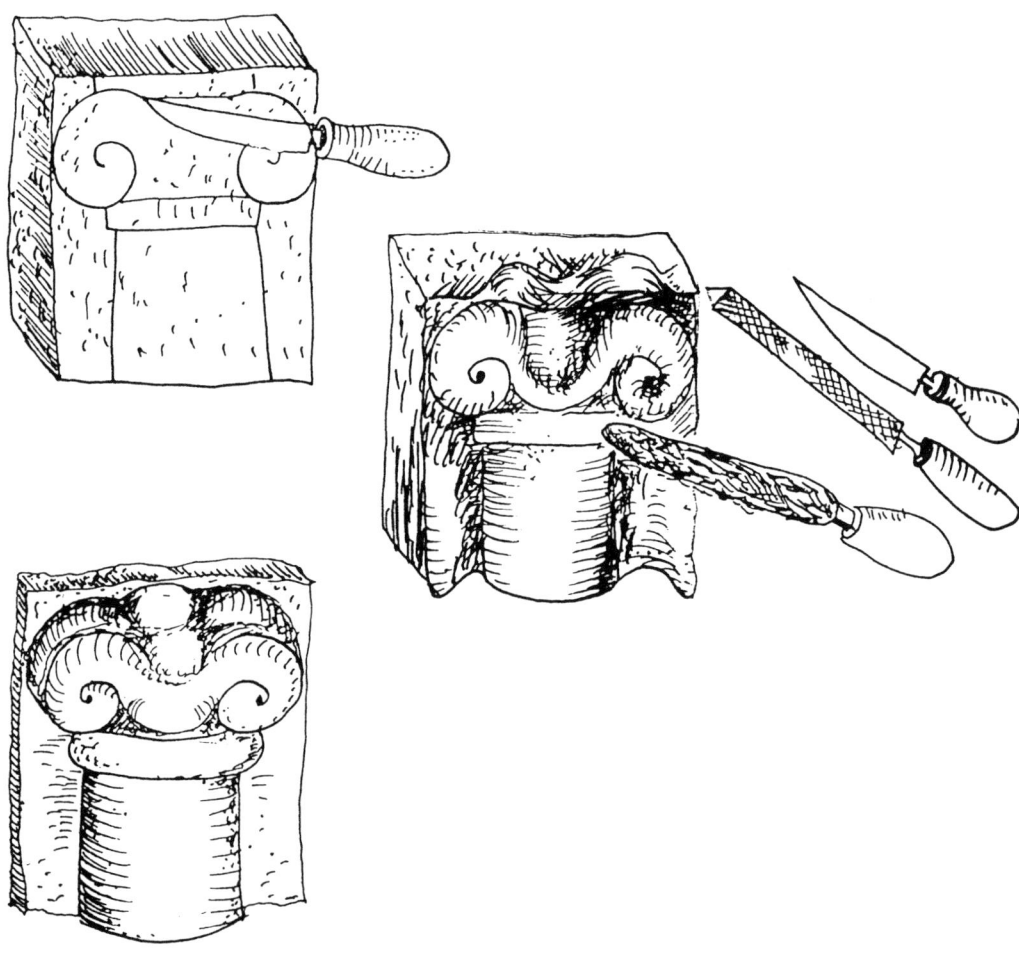

G 4 Ein Fensterbild kleben

Aus verschiedenfarbigem durchscheinendem Pergaminpapier können Figuren und Formen ausgeschnitten und auf einem weißen Bogen Pergaminpapier zu einer größeren farbigen Fläche (z. B. zu einem gotischen Fenster angeordnet) zusammengeklebt werden. Nachträglich aufgeklebte undurchsichtige Trennlinien verstärken den Eindruck eines bleigefassten Fensters besser als die früher übliche, sehr komplizierte Herstellung eines Gitters aus Pappe, hinter das die Transparentpapiere geklebt wurden. Erst abschließend wird das durchscheinende Bild hinter einen Papprahmen in Form eines Rundbogen- oder Spitzbogenfensters geklebt.

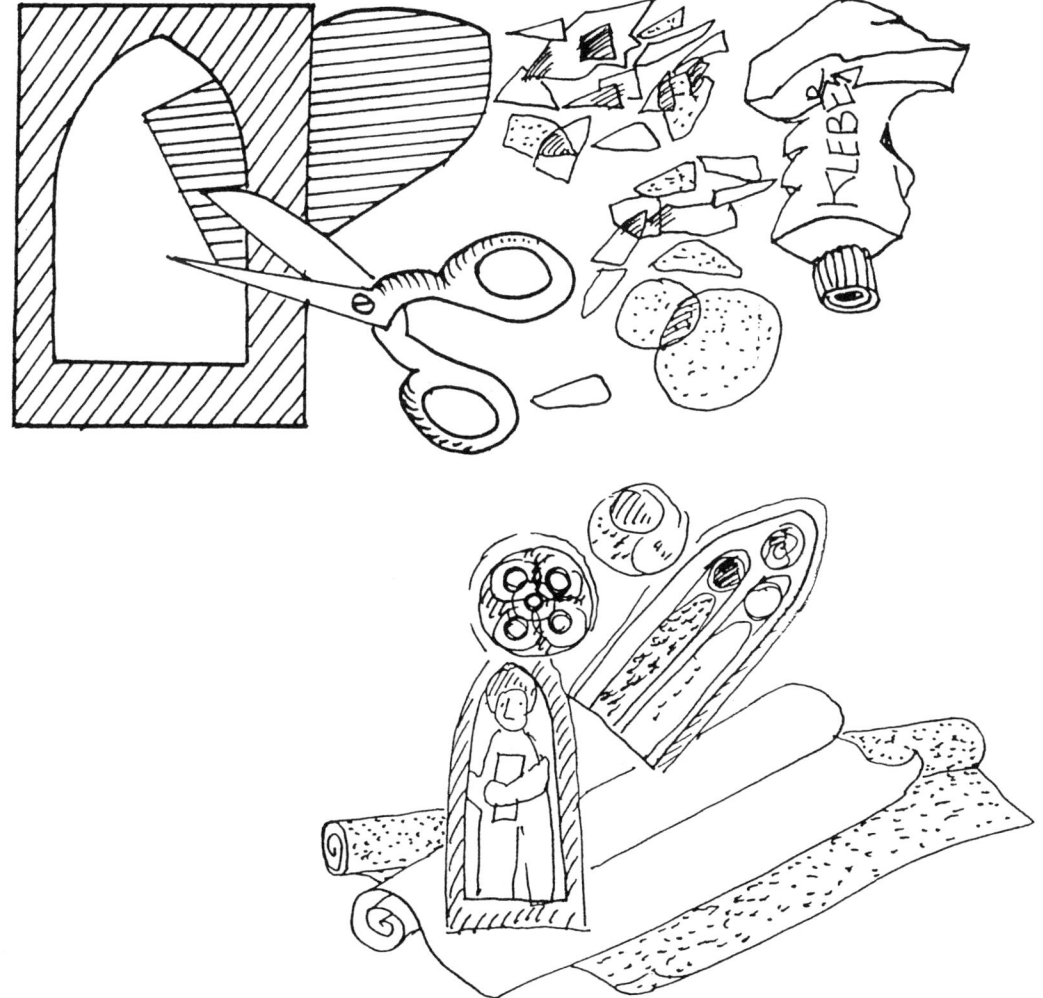

190 *Kirchen erkunden – Kirchen erschließen*

G 5 Eine Figur, einen Schluss-Stein, eine Chorgestühl-Dekoration plastisch zeichnen

Mit einem weichen Bleistift lassen sich allein durch verschieden starkes Schraffieren und durch den Gegensatz von linearer Umriss- oder Binnenzeichnung zu grautonigen Flächen sehr plastische Zeichnungen herstellen.

Man wähle sich ein kleines Baudetail, z. B. einen Schluss-Stein, eine Kirchenbankschnitzerei oder das Attribut eines Heiligen, vielleicht auch die Spitze eines Krummstabes, und versuche sie maßstabgerecht verkleinert vorsichtig auf das Blatt zu skizzieren.

Ist der Umriss zufriedenstellend gelungen, dann werden nach und nach mit dem schräg gehaltenen Bleistift vorsichtig Grauschattierungen angebracht. Man beginnt am besten mit den dunkelsten Stellen, bringt danach auch hellere an, prüft ständig die Gradabstufungen und vertieft entsprechend immer wieder die dunkelsten Stellen. Das Bild ist geglückt, wenn zum Schluss der Eindruck entsteht, als habe man wirklich einen plastischen Gegenstand mit Hell und Dunkel abgebildet.

Ausschnitt aus einer Chorgestühlwange (Münster, Doberan)

G 6 Inschriften suchen und nachzeichnen

Viel zu wenig beachten wir in und um Kirchen, auf Altären, Grabmälern, auf Orgelprospekten oder auf Kirchenfenstern die angebrachten Inschriften. Dies können Schriftbänder sein, die Engel halten, oder Bibelstellen, die Propheten oder Aposteln beigegeben sind. Auch Grab-Inschriften vor allem auf Gedenktafeln erzählen viel Historisches. Es lohnt sich, solche Inschriften aufzusuchen und den einen oder anderen Text nachzuschreiben. Das bedeutet, sich die alten Buchstaben und ihren umgebenden Bildschmuck genau zu betrachten und zu versuchen ihn auf das Papier zu übertragen.

Wer in Stein eingeschnittene oder in Bronze gegossene Buchstaben lieber mit einem weichen, darüber gelegten Papier und einem weichen Bleistift abrubbeln will, wird sehen, wie schön sich die Buchstaben abbilden. In England ist es eine beliebte Beschäftigung, Ritterbilder von Metallgedenksteinen abzureiben.

Stichwortverzeichnis

Abkürzungen:

AT, atl.	Altes Testament, alttestamentlich
ev.	evangelisch
got.	gotisch
gr.	griechisch
Jh.	Jahrhundert
kath.	katholisch
lat.	lateinisch
MA	Mittelalter
NT, ntl.	Neues Testament, neutestamentlich
roman.	romanisch

Abendmahl, das letzte Gemeinschaftsmahl Jesu mit seinen Jüngern am Abend vor seinem Tod, wie es bei allen vier → Evangelisten überliefert ist. Wichtiges Bildthema christlicher Kunst, → S. 180

Abendmahlsfeier, bei den ersten Christen galt das → Abendmahl als Erinnerungs-Mahl. Ab dem 2. Jh. entwickelte es sich zum → Sakrament. Die Elemente *Brot* und *Wein* versinnbildlichen die Gegenwart Gottes. In der kath. Kirche Bestandteil jeden Gottesdienstes.

Abhängling, herabhängender → Schluss-Stein an Gewölberippen spätgotischer Kirchen.

Abt Suger, um 1080 – 1151, franz. Staatsmann und Geschichtsschreiber. – 1122 Abt von Saint Denis, begann 1137 mit dem Bau der Klosterkirche, die für die Entwicklung der Gotik entscheidende Bedeutung erlangte.

Agnus Dei → Lamm Gottes

Akanthus, Schmuckelement, nach dem Blatt einer Distel (Bärenklau) stilisiert.

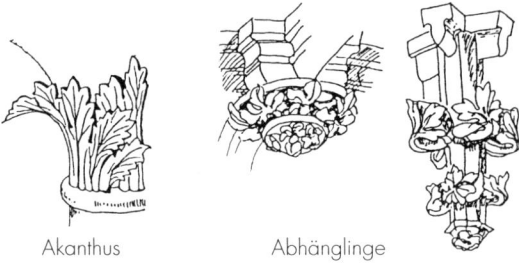

Akanthus   Abhänglinge

Allegorie, allegorisch (gr. allegorein = anders sagen), Verbildlichung eines abstrakten Begriffs, oft Personifikation, z. B. → Ekklesia und Synagoge.

Allerheiligenbild, Darstellung der Anbetung des → Lammes oder der → Dreifaltigkeit nach dem → Jüngsten Tag durch Vertreter der gesamten Menschheit (Offenbarung des Johannes, Kap. 7). Dieses Motiv hat Albrecht Dürer auf dem Genter Altar (1511) aufgegriffen.

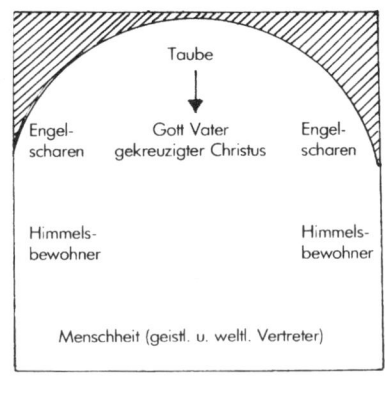

Dürer: Allerheiligenbild (1511), Genter Altar (Schema)

Allerheiligstes → Hostie

Altar (lat. altare = erhöhen, erhöhte Opferstätte), Opfertisch, heilige Stätte und Ort der Nähe Gottes. In frühchristlicher Zeit ein einfacher Tisch für die Abendmahlsfeier. Die ev. Kirche kehrte in der Reformation zu diesem einfachen Tisch mit Kruzifix und Bibel zurück. In der kath. Kirche sind je nach Standort im Kircheninnern der seit dem 6. Jh. im → Chor stehende *Haupt-, Hoch-* bzw. *Fronaltar* von den *Seitenaltären* und beweglichen *Tragaltären* zu unterscheiden, die der Heiligenverehrung dienten.
Grundbestandteile des Altars:
Mensa (Tisch) = Altarplatte,
Stipes (lat. Klotz) = Unterbau,
Sepulcrum (lat. Grab) = Reliquienraum
Zur weiteren Ausgestaltung können gehören:
Tabernakel = Gehäuse auf der Mensa zur Aufbewahrung des → Allerheiligsten.
Antependium oder *Frontale* = Behang oder Vorsatztafel zur Verhüllung der Stipes.
Retabel = Altaraufsatz. Mit Gemälden oder → Skulpturen geschmückte Rückwand, die ursprünglich mit der Mensa fest verbunden ist und in der Gotik zum *Flügelaltar* (Triptychon) erweitert wird: An dem feststehenden Mittelteil sind rechts und links je eine Tafel (Flügel) angebracht, um den Altar schließen zu können. Die Flügel werden mit Bildschmuck und Schnitzereien versehen.
Bei mehreren Flügelpaaren ließen sich die Bilder wechseln *(Wandelaltar)*.
Spätgotische Altäre tragen einen → Maßwerk-Aufbau, das *Gesprenge*.
Ziborium = Überbau aus vier Ecksäulen, auf denen ein → Baldachin ruht.
Predella = Aufbewahrungsort für → Reliquien. Seit dem 15. Jh. zwischen Altaraufsatz und Tisch eingeschoben.
S. S. 38, 92, 102, 103, 141 und S. 172, M 9

Altarschranken, ca. 90 cm hohe Brüstung. Grenzt den der Geistlichkeit vorbehaltenen Altarraum gegen den Kirchenraum ab.

Ambo (gr. = nach oben Gehendes), Lesepult an den Chorschranken in der altchristlichen Basilika, Vorform der → Kanzel. An der Südseite für die Lesung der → Epistel, an der Nordseite für die Verlesung des → Evangeliums.

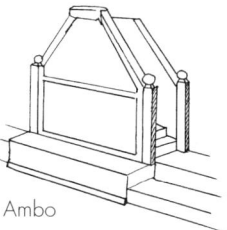
Ambo

Anna Selbdritt, Bezeichnung für die Darstellung der Heiligen Anna mit ihrer Tochter Maria und dem Jesuskind.

Andachtsbild, *Erbärmdebild,* ein der individuellen Andacht dienendes Bild oder eine holzgeschnitzte Plastik, später auch Tafelbild (→ Vesperbild, → Schmerzensmann, → Christus-Johannes-Gruppe, → Schutzmantelmadonna, → Hl. Grab). Aufgekommen im 14. Jh. im Zuge der religiösen Dichtung der → Mystik.
Im Gegensatz zum großen A. steht das kleine A., im 15. Jh. weit verbreitete, kleine Grafiken, meist Holzschnitte, teils mit erbaulichen Texten (s. Abb. S. 52).

Antependium (lat. = das Davorhängende), schmückende Verkleidung aus Stoff, Holz oder Metall der Front, später auch der Seiten des → Altars. Als Altartuch oder Kanzelbehang in den Farben des Kirchenjahres. → Liturgische Farben, → Paramente

Apostel (gr. apostolos = Gesandter), sind im NT die zwölf Jünger, die Jesus nach dem Vorbild der zwölf Stämme Israels zusammenrief. Auch allgemeiner die christlichen Boten und Missionare, die durch Jesus selbst ausgesandt wurden. In den Kirchen sind sie oft an den Mittelschiffssäulen dargestellt, auch an Kirchenportalen. Seit dem 13. Jh. sind sie (außer Judas, der von Paulus ersetzt wird) an ihren → Attributen zu erkennen, oft auch Propheten des AT zugeordnet (z. B. im Bamberger Dom, wo A. auf den Schultern der Propheten stehen).
Waffen stellen die Werkzeuge ihres eigenen Martyriums dar.

Andreas: Andreaskreuz (schräges Kreuz) (1)
Bartholomäus: Messer, die eigene Haut über dem Arm (2)
Jacobus der Ältere: Pilgertracht, Muschel (3)
Jacobus der Jüngere: Stange/Fahne (4)
Johannes: bartlos, Kelch mit sich windender Schlange (5)
Judas Thaddäus: Keule (6)
Matthäus: Beutel, Beil, Winkelmaß, Lanze/Hellebarde (7)
Paulus: ein oder zwei Schwerter (8)
Petrus: ein oder zwei Schlüssel (9)
Philippus: Kreuzstab oder Antoniuskreuz (10)
Simon: Säge (11)
Thomas: Winkelmaß oder Lanze (12)

Apokalypse, apokalyptisch, geheime Offenbarung. Das NT endet mit der *Apokalypse* oder *Offenbarung des Johannes,* einer visionären Schilderung des Weltendes. In der bildenden Kunst werden häufig einzelne Visionen oder der ganze Zyklus dargestellt.

Apsis, Mehrzahl: **Apsiden** (gr. = Bogen, Krümmung), nischenartiger, gewölbter, meist halbrunder Abschluss des → Chors in der Kirche. Meist von einer Halbkuppel überwölbt. Aus der römischen Architektur übernommener Raum, öffnet sich zum Kirchenraum hin.

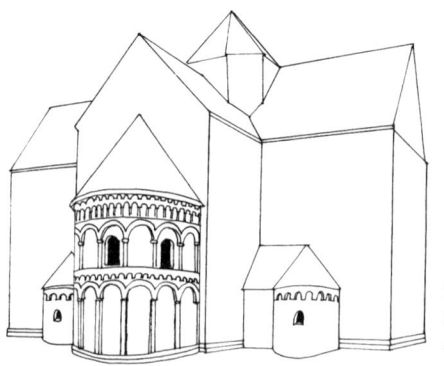

Kirche mit Apsis

Arche Noah (mit Taube und Ölzweig), seit frühchristlicher Katakombenmalerei (→ Katakomben) Sinnbild für die Taufe, bzw. Errettung aus dem Tod. Im typologischen Vergleich (→ Typologie) wird Christus mit Noah, die Arche mit dem Holz des Kreuzes, die Taube mit dem Heiligen Geist und die Wasser der Sintflut mit der Taufe verglichen.

Architekturteile, auf bibl. Darstellungen (z. B. Christi Geburt) finden sich oft Gebäudeteile. *Stadt/Tempel* sind Symbol für dauerhaftes Wohnen im Gegensatz zu Nomadenzelten; auch Hinweis auf Haus Gottes. *Ruinen,* seit dem 15. Jh. auf Weihnachtsdarstellungen anstatt des Stalles, sind Hinweis auf den Verfall der „alten Welt" und des Judentums. Den gleichen Sinngehalt haben in der Gotik *romanische Gewölbe* und *Bogen* oder in der Renaissance *verfallene antike Tempel.* Die *Burg Davids* will darauf hinweisen, dass mit der Geburt Christi die atl. Prophezeiung eingetreten ist. *Pflanzen aus alter Mauer wachsend* deuten auf den Anbruch der neuen Zeit. *Säule:* Stütze eines Gebäudes, Symbol für Festigkeit; mit → Basis und → Kapitell auch Zeichen für → Lebensbaum.

Archivolte, im → Gewände eines roman. und got. Portals alle Bogen, die die Gliederung der Gewände fortsetzen. In der Romanik als Rundstab oder Bänderfries, in der Gotik durch Figuren besetzt. → Portal

Arkade (lat. arcus = Bogen), Bogenreihe auf Pfeilern oder Säulen; Bogengang, der als → Blendarkade die Wand nur dekorativ gliedert. S. Abb. S. 84

Armenbibel (Biblia pauperum), spätmittelalterliche Bilderbibel mit einander typologisch (→ Typologie) zugeordneten Bildern aus dem AT und NT, angeblich für weniger begüterte Geistliche Ersatz für die vollständige Bibel.

Asylrecht, *Freistättenrecht.* Verfolgte, sogar Verbrecher, fanden im MA in christlichen Kirchen Aufnahme. Im kath. Kirchenrecht bis heute aufrecht erhalten.
S. S. 36

Auferstehung. Die Hoffnung auf A. ist *die* zentrale Aussage des christl. Glaubens. Gründet sich auf die Berichte der vier → Evangelisten über die Auferweckung Jesu (z. B. bei Markus, Kap. 16, aber auch bei den anderen drei), wonach die Anhänger Jesu am Ostermorgen nur noch das leere Grab fanden. Der A.glaube stammt nicht erst aus ntl. Zeit, sondern geht auf das Judentum zurück. Die Gewissheit, dass Gott aus der Gewalt des Todes herausführt, ist schon in den Psalmen des AT bezeugt. Mit dem Glauben an die A. aller Toten am → Jüngsten Tag hängt auch die Vorstellung eines Weltgerichts zusammen, in dem die Gerechten belohnt werden (s. Abb. S. 42).

Aufklärung. Das 18. Jh. bestimmende Geistesbewegung, deren Anfänge in die Reformation und Renaissance zurückreichen. Im kirchlichen Bereich Kampf gegen dogmatische Festlegung und kirchliche Bevormundung. Vernunftgemäße „natürliche" Religion wird angestrebt. Im künstlerischen Bereich: Verweltlichung rel. Darstellungen (im Rokoko). Ab Mitte des Jhs. strenger, der klassischen Antike nacheifernder Stil des Klassizismus. Versuch, die Religion verstandesmäßig zu erfassen.

Attribut, zur Kennzeichnung von Personen beigegebene Gegenstände, die sich bei Heiligen meist auf deren Martyrium beziehen (→ Apostel); keine symbolische Bedeutung.

Aureole, Strahlenkranz oder Lichtschein, der im Gegensatz zum → Nimbus die ganze Figur umgibt.

Backsteingotik, Sonderstil der Gotik im norddeutschen Raum, aus gebrannten glasierten und unglasierten roten Ziegeln aufgeführter Bau, unverputzt und unverkleidet. Wegen des Fehlens von Sandstein vor allem in der norddeutschen Tiefebene weit verbreitetes Baumaterial auch für Kirchenbauten. Seit dem 12. Jh. Blütezeit der B., in der gotische Zierformen vereinfacht und durch → Formsteine ersetzt wurden.

Baldachin (ital. baldacchino = kostbarer Seidenstoff aus Baldac = Bagdad), ursprünglich prunkvolles, flach oder zeltartig gespanntes Stoffdach („Traghimmel") aus Stein, Holz, Metall über Kanzeln, Altären und Statuen.

Baldachin

Banderole, auch Bandrolle, Spruchband, Schriftband auf mittelalterlichen Darstellungen von Figuren gehalten oder frei im Bild. Der Text erklärt die dargestellte Person oder Szene oder gibt an, was sie spricht.

Baptisterium, selbstständige Taufkirche, auch Kapelle innerhalb einer Kirche, manchmal auch neben ihr oder angebaut. Oft achteckiger → Zentralbau, der in altchristlicher und mittelalterlicher Zeit (4.–15. Jh.) meist westlich von einer Bischofskirche errichtet wurde. Der Täufling wurde im Taufbecken in der Mitte des Baptisteriums ganz untergetaucht. Mit dem Verschwinden dieser Sitte setzte sich das kleine → Taufbecken (Taufstein) durch.

Barock, Stilbezeichnung für die Zeit um 1600 bis 1750. Eine Besonderheit barocker Baukunst war die nahezu übergangslose Wandgestaltung von Plastik (Säule) über Stuck (Gesimse, Rankenwerk) in Deckenfresken (perspektivische Malerei), bei der die Illusion sich öffnender, scheinbar ins Unendliche führender Himmelsräume geweckt wurde.

Barockkirche, wichtigste Kennzeichen meist im Zuge der → Gegenreformation und als Wallfahrtskirchen neu errichteter Barockkirchen sind u. a.: kolossale, bewegte Fassadengestaltung, im Frühbarock Wandpfeilerkirchen, später oft elliptische Grundrisse, innen meist theatralische Bewegtheit, dynamisches Ineinander von Architektur, Bildhauerei, Stuck und Malerei, raffinierte Lichtführung. Innenräume wirken oft überladen.

Barocke Bildprogramme → S. 60, 101, 180

Basilika (gr. = Königshalle), in altrömischer Zeit längliche Halle, meist mit Eingang an der Schmalseite. Die altchristliche Basilika, über Säulen- oder Pfeilerstellungen errichtet, ist eine mehrschiffige Kirche (Haupt- und Seitenschiffe) mit hoher Flachdecke oder offenem Satteldach über dem Hauptschiff und Pultdächern über den meist niedrigeren Seitenschiffen. Besitzt im → Lichtgaden oft eine Fensterreihe, die zur guten Ausleuchtung des Langschiffes dient. Abb. S. 82

Basis, Fuß einer Säule oder eines Pfeilers, nach allen Seiten ausladend, zur besseren Verteilung des Druckes (Last) auf die Grundfläche. → Säule

Bauhütte, Gemeinschaft aller an einem mittelalterlichen Kirchenbau tätigen Baumeister, Steinmetzen, Maurer, Bildhauer usw., die seit dem 13. Jh. das Bauwesen mehr und mehr von den mönchischen Organisationen übernahmen. Die Mitglieder waren an eine strenge Hüttenordnung unter dem Hüttenmeister und seinem Vertreter, dem Parlier, gebunden und oft zur Geheimhaltung bestimmter Konstruktionsmethoden auch nach Beendigung des Bauwerkes verpflichtet. Zugleich Herstellungsort der monumentalen Bildhauerarbeiten (→ Bauplastik). Blütezeit 13. und 14. Jh. (Straßburg, Köln, Wien, Bern u. a.). Im 16. Jh. ließen die kirchlichen Bauaufträge nach, was zur Auflösung der Bauhütten bzw. zur Weiterführung durch konkurrierende Zünfte führte. Technische Überlieferungen gingen meist mit Verlust der → Bauhüttenbücher verloren. → S. 130 ff.

Bauhüttenbuch, ein teilweise erhaltenes Bauhüttenbuch des franz. Baumeisters Villard de Honnecourt (13. Jh.) enthält 325 Federzeich-

nungen von Menschen, Tieren, Ornamenten, Bauten, Maschinen, Konstruktionen, Rezepten und Erläuterungen, ohne jedoch alle Rätsel um die Bauweise der Gotik zu lösen.
→ Bauhütte u. S. 130 ff.

Baumkreuz, Kreuz Christi mit Blättern, Blüten und Früchten als Symbol der Todesüberwindung (→ Lebensbaum), beliebt im 12. – 16. Jh.

Bauplastik, in engem Zusammenhang mit der Architektur stehende Plastik (Reliefs oder Standbilder) am Außenbau oder im Inneren einer Kirche.

Baustein, Unterscheidung nach *Art der Bearbeitung:*
– *Bruchstein* (unbehauener, unregelmäßiger natürlicher Stein),
– *Haustein,* auch Werkstein (zu regelmäßigen Formen zugehauener Naturstein, z. B. Quader oder mit abgerundeten Außenseiten = Polsterquader),
– *Formstein,* für das Maßwerk und den Schmuck gotischer Backsteinkirchen geformte und gebrannte, oft auch glasierte Ziegelsteine. → Abb. S. 203
Unterscheidung nach *Lage in der Mauer:*
– Der *Binder* kehrt seine Schmalseite nach außen.
– Der *Läufer* zeigt seine Langseite.

Bedeutungsmaßstab → Perspektive

Beau Dieu, der „schöne" Gott, Christusfigur, oft am Mittelpfosten des Hauptportals, scheint den Eintretenden freundlich einzuladen. Die schöne Christusgestalt hält das *Buch des Lebens* in der Linken, die Rechte hebt er segnend und lehrend. Gilt als Überwinder des Bösen.

Beichtstuhl, seit dem 17. Jh. dreiteiliges Holzgehäuse mit halboffenem Mittelteil zum Beichtehören. Dort sitzt der Geistliche, rechts und links von den knienden Beichtenden durch Gitter getrennt (Ohrenbeichte).

Benediktiner, 529 von Benedikt von Nursia gegründeter Orden. Der Grundsatz der Benediktiner ist „Bete und arbeite" (Ora et labora).

Beau Dieu

Beichtstuhl

Der Einfluss des Ordens auf die europäische Kultur war sehr groß. Die Überlieferung des klassisch-antiken Erbes ist nicht zuletzt den Benediktinermönchen zu verdanken. → Cluny

Bernhard von Clairvaux (um 1090–1153), Mystiker, Gründer des Ordens der → Zisterzienser. Seine → Mystik wurde bestimmend für das ganze MA und reicht weit bis in die Neuzeit. 1174 heilig gesprochen, 1830 zum Kirchenlehrer erhoben.

Bestiensäule, romanische Säule oder Pfeiler mit Darstellungen verschlungener, kämpfender Tiere und Menschen.

Bestiensäule, Krypta in Freising

Beton, flüssiges, schnell erhärtendes Gemisch aus Wasser, Sand oder Kies und Zement als Bindemittel. B. kann gegossen, gespritzt, gerüttelt und gestampft werden. Die erhärtete Form ist durch eine Schalung aus Holz vorherbestimmt. Eiserne Gittereinlagen (Armierung) sorgen für größere Festigkeit. Bedeutendes Beispiel aus Beton gegossener Kirchen ist die 1950 von Le Corbusier erbaute Kapelle Notre-Dame-du-Haut in Ronchamp.

Bettelordenskirchen, sog. Predigerkirchen der *Franziskaner* und *Dominikaner* im 13. und 14. Jh. mit starker Vereinfachung hochgotischer Formen (Reduzierung des Strebewerks, Wegfall von Querhaus, Chorschiffen, Kapellen, von Wandgliederung durch Gesimse, oft auch Verzicht auf Wölbung und jeden figürlichen Schmuck. Türme wurden durch Dachreiter ersetzt). Meist sind es Stadtkirchen, entweder einschiffige Saal-, zwei- und dreischiffige Hallenkirchen.

Beweinung Christi, eine dem → Vesperbild verwandte Darstellung des am Boden liegenden Leichnams Christi, der von Maria, Magdalena, Johannes, auch von Nikodemus und anderen Personen beweint wird. Zeitlich zwischen Kreuzabnahme und Grablegung angesiedelte, in bibl. Berichten nicht vorkommende Szene, tritt in Mitteleuropa ab 1500 vor allem auf der Predella (→ Altar) von Altären auf.

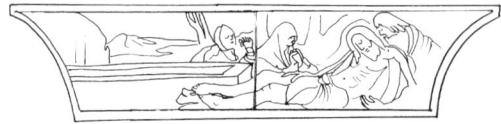

Beweinung Christi (Isenheimer Altar)

Biblia Pauperum → Armenbibel

Biblische Bilderzyklen, für Gläubige bot die Lektüre der an den verschiedenen Standorten im Kircheninnern angebrachten Darstellung bibl. Geschehens aus dem AT und NT eine Kurzfassung der Religionslehre. → S. 33 u. 180

Bildersturm („Ikonoklasmus"), aggressiv zerstörerische Reaktion von Gegnern der Bilderverehrung in der → Reformation. In Deutschland verlief der Bildersturm unterschiedlich, z. B. ließ 1530 in Lindau der Rat alle Bilder aus den Kirchen entfernen, um sie zerschlagen oder verbrennen zu lassen. In Kempten stimmte man demokratisch ab (500 gegen 174 Stimmen), zerstörte dann aber auch alle Werke. In Nördlingen dagegen wurde zwar ebenfalls die Anbetung der Bilder verboten, aber sie blieben unbeschädigt in den Kirchen.

Bleiruten, Metallstreifen, die kleine Glasscheiben in Glasfenstern zusammenhalten. Sie bilden sich als schwarze Streifen in den farbigen Fenstern ab. → S. 136

Blendarkade, Blendbogen, dekorative Anwendung der Arkadenform, nicht begehbar, da als Schmuckform nur einer Mauer vorgeblendet.

Blendfenster, an einer geschlossenen Wand vorgetäuschtes Fenster, ohne Öffnung. Im Barock sogar mit Spiegelglas.

Blendarcade

Blendmaßwerk, in der Gotik nur zur Zierde auf die geschlossene Wand aufgelegtes → Maßwerk.

Bogen, zur Überbrückung großer Spannweiten im Steinbau übliche Konstruktion. Die Bogenlinie beginnt in den Kämpferpunkten, die durch → Kämpfer betont sein können, mit dem *Anfänger* (1) und hat im höchsten Punkt, dem *Scheitel* (2) einen → *Schluss-Stein*.

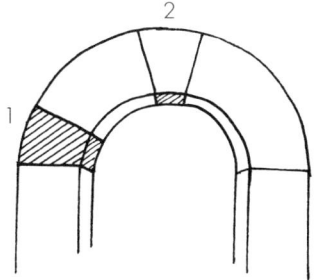

Bogenfeld, ein Feld, das von einem Bogen und einer geraden Linie umgrenzt ist, z. B. über dem Türsturz eines Kirchenportals. → Tympanon

Bogenformen, meist aus dem Kreis oder mehreren Kreissegmenten entwickelt, z. B.
– Rund- oder Halbkreisbogen (1),
– Spitzbogen (2),
– Lanzettbogen (3),
– Tudorbogen, Kielbogen (4),

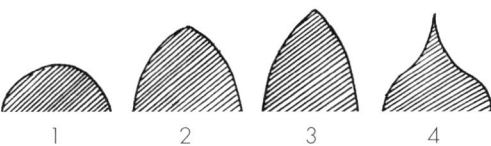

Bogenfries, Fries in Rundbogenform, meist unter dem Dachsims romanischer Bauwerke.

Brauttür, Seitenportal an got. Kirchen, vor dem Trauungen vollzogen wurden.

Brüstung, geländerartige Sicherung z. B. an Emporen.

Bündelpfeiler, gotischer Pfeiler, der rundum von mehreren dünnen Dreiviertelsäulen (alte und junge → Dienste) so umgeben ist, dass der eigentliche Pfeiler dahinter verschwindet.

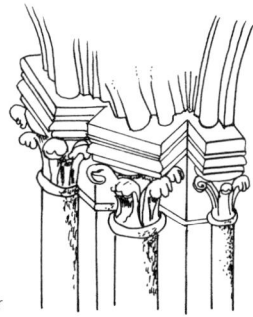
Bündelpfeiler

byzantinische Kunst, erwuchs im 5./6. Jh. aus spätantiken und frühchristlichen Traditionen, breitete sich im gesamten → Byzantinischen Reich aus und beeinflusste die Kunst der Nachbarvölker und des Abendlandes.

Byzantinisches Reich (auch: Byzanz, Ostrom), abendländische Bezeichnung für das oströmische Reich, das nach der Teilung des römischen Weltreichs 395 n. Chr. entstand.

Chartres, franz. Wallfahrtsort. Die ursprüngliche Kathedrale aus dem 11. Jh. brannte 1194 ab. Die jetzige Basilika mit dreischiffigem Querhaus und → Chor mit Kapellenkranz wurde 1260 geweiht. Wegweisend für den gotischen Kirchenbau der Folgezeit.

Chor, Bezeichnung für den meist um mehrere Stufen erhöhten und nach Osten gerichteten Abschluss des Kirchenraumes. Platz für den Hauptaltar, oft durch → Chorschranken vom Kirchenraum getrennt. Ursprünglich in Kloster-, Stifts- und Domkirchen der für Gottesdienst und Chorgebet des → Klerus reservierte Platz vor dem Hochaltar.
Seit dem 14. Jh. wird der Hochaltarraum jeder Kirche, der durch ein eingeschobenes Quadrat zwischen → Apsis und Kirchenschiff vergrößert und durch → Chorschranken, → Lettner oder → Chorgitter (Barock) vom Laienraum abgeschlossen ist, als *Chor* bezeichnet.

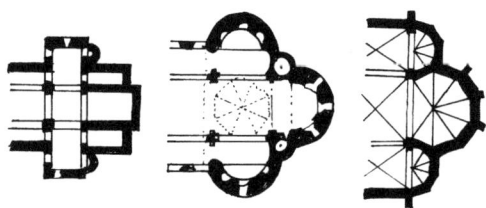

Werden die Seitenschiffe um den Chor herum (Chorumgang) weitergeführt, können Prozessionen stattfinden. Dem Chorumgang kann ein → Kapellenkranz angefügt werden.

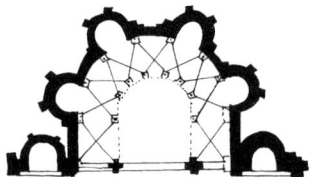

Chor mit Kapellenkranz

Chorgestühl, zu beiden Seiten des Chors aufgestellte Sitzreihen, für Mitglieder des → Klerus (Stundengebet).
Vor einer hölzernen, reich mit Blendwerk und → Baldachinen versehenen Rückwand sind zwei Sitzreihen übereinander angeordnet. Es handelt sich oft um Klappsitze, deren vorderer Rand zu einer Gesäßstütze ausgeformt wurde. → Miserikordie

Chorgitter, kunstvolles, meist schmiedeeisernes Gitter, ersetzt seit dem Barock den → Lettner und gibt damit den Blick auf den Altar frei.

Chorschranken, bis zu mehreren Metern hohe Steinbrüstungen oder Gitter, die den Raum für Chorsänger gegen den Laienraum abgrenzen. In Kirchen mit Chorumgang umziehen sie oft den ganzen Chor und sind zum Umgang hin reich mit Reliefplastik geschmückt.

Christusdarstellungen, in frühchristlicher Zeit zunächst nur symbolisch als → *Fisch,* → *Lamm, Weinstock,* als → *guter Hirte* oder → *Christusmonogramm* bzw. auf Szenen des NT dargestellt. Im 5.–6. Jh. Darstellungen eines schönen, meist bartlosen Jünglings in langem Gewand. In der byzantinischen und frühromanischen Kunst ab 6. Jh. männlich-ernster, bärtiger, fast starrer Herrschertypus (→ Pantokrator) und lehrender Christus. Ab 13. Jh. menschlichere, oft leidende Züge (→ Schmerzensmann), die in der Renaissance nach antikem Vorbild wieder harmonisiert werden.
Wie die Darstellungen des erwachsenen Christus von Epoche zu Epoche unterschiedlich aufgefasst werden, so unterscheiden wir auch verschiedene Typen des Kindes Christus:
– kleiner Erwachsener, frontal, starr, auf Marias Schoß (byzantinisch),
– Kleinkind auf dem Schoß oder auf den Armen der Maria, auf dem Fußboden, in einem Trog, fest gewickelt,
– im MA oft mit Vogel oder einem Apfel (Symbol für die Erlösung von der → Erbsünde) spielend,
– ab 16. Jh. mit Kreuz (Schmerzenskind),
– ab 17. Jh. mit Erdkugel.

Christophorus, S. → 50 u. 173

Christus-Johannes-Gruppe, → Andachtsbild (14. bis 16. Jh.). Aus Abendmahlsszene (→ Abendmahl) gelöste Skulpturengruppe mit Jesus und dem an seiner Brust ruhenden Lieblingsjünger Johannes.

Christusmonogramm, symbolisches Zeichen für den Namen Christus, gebildet aus den gr. Anfangsbuchstaben (XR). Seit 15. Jh. auch das Zeichen IHS, gedeutet als „**I**esus **h**ominum **s**alvator" (lat. = Jesus, Erlöser der Menschen). Volkstümlich: **J**esus, **H**eiland, **S**eligmacher.

Cluny, berühmte franz. Benediktinerabtei (910 gegründet), Ausgangspunkt der Erneuerung des benediktinischen Mönchstums im MA. Die Cluniazenser vertraten einen strengen, asketischen Kirchenbaustil. → Benediktiner

Dachreiter, Ziertürmchen auf dem First eines Satteldaches. Auf Kirchendächern meist über der Vierung. Beliebt auf den turmlosen → Zisterzienserkirchen des 12. Jhs.

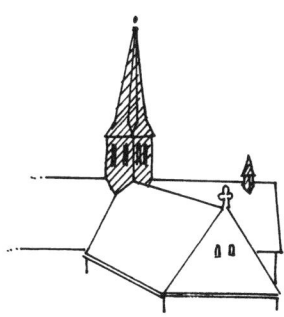

Dämonendarstellungen → Teufel, → Bestiensäule, → Wasserspeier

Deckengemälde, s. S. 101

Dienst, dünne Viertel-, Halbsäule oder Dreiviertelsäule an Wänden und Pfeilern in der Gotik, die sich nach oben in der Gewölberippe fortsetzt und als Stütze der Rippen eines → Kreuzgewölbes dient. → Bündelpfeiler

Dom, Abkürzung von lat. „Domus Dei" = Haus Gottes, Bezeichnung für die bischöfliche Hauptkirche. In Deutschland auch Hauptkirche einer Stadt ohne Bischof, in Süddeutschland *Münster* genannt.

Diptychon (gr. = doppelt gefaltet), zweiteiliges Bild bzw. → Altar ohne feststehendes Mittelteil.

Donator (lat. = Schenker), Stifter eines Kunstwerkes zum Schmuck einer Kirche. Auf Bildtafeln des frühen MAs als kleine, am unteren Rand kniende Figur; meist mit der ganzen Familie dargestellt, jedoch nach Männern und Frauen getrennt und nach Alter und Familienhierarchie geordnet (siehe „Raumsymbolik", Seite 34). Der Stifter glaubte sich durch die Gabe eine Versicherung auf das Jenseits erworben zu haben. Die Geistlichkeit war z. B. nach der Schenkung eines Altars verpflichtet, an bestimmten Tagen an diesem Altar für das Seelenheil des Stifters und seiner Familie zu beten.

Doppelchörige Basilika, Ostchor, erhält in karolingischer und romanischer Zeit im Westen des Kirchenschiffs ein Gegenstück.

Dorsale, gegliederte Wand hinter dem Chorgestühl.

Dreifaltigkeit, Dreieinigkeit, Trinität. Das Dogma der Dreifaltigkeit (definiert im 4. Jh.) bedeutet, dass der *eine* Gott sich im Verlauf der → Heilsgeschichte auf dreifache Weise offenbart hat: als Ursprung allen Lebens (als *Vater*), in Gestalt und Werk von Jesus (als *Sohn*) und in den Menschen, die in der Nachfolge und aus dem Geist Jesu leben (als *Geist*). Die in der Liturgie übliche Formel für die Dreifaltigkeit lautet: „Gott Vater, Sohn und heiliger Geist".

Drei Könige, die Anbetung der Hl. Drei Könige (auch Magier, Sterndeuter, Weise aus dem Morgenland), nach dem Evangelium des Matthäus, Kap. 2, 1–12, gehört zu den ältesten und beliebtesten Bildthemen der christlichen Kunst.

Dreikonchenanlage, kreuzförmige Basilika mit je einer Apsis am Ende des Chores und des Querschiffs.

Dreipass, aus drei Bögen kleeblattförmig zusammengestelltes → Maßwerk.

Dreischneuz, gotisches Ornament, fischblasenartige Dreiteilung der Kreisfläche, im → Maßwerk der Fenster angewandt. → Fischblase

Ecce homo, „Seht, welch ein Mensch!" Mit diesen Worten soll der römische Statthalter Pilatus den mit Dornenkrone, Spottmantel und Rohr-Szepter verhöhnten Jesus dem Volk zur Schau gestellt haben (nach dem Evangelium des Johannes, Kap. 19, 5). Seit dem 15. Jh. beliebtes Motiv für Darstellungen zur → Passion Jesu.

Eckblatt, knollige oder blattartige Verzierung an der romanischen Säulenbasis.

Ekklesia und **Synagoge,** weibliche Sinnbilder für die christliche und die jüdische Kirche, wobei Ekklesia immer auf der rechten (wichtigeren) Seite steht, Synagoge auf der linken. S. S. 34 „Raumsymbolik"

Eierstab, ionische Zierleiste aus aneinandergereihten Eiformen und einer Perlleiste darunter. Verwendung z. B. in klassizistischen Kirchenbauten.

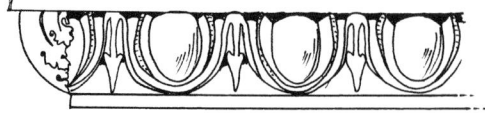

Empore, Zwischengeschoss, meist Galerie für Sänger und Orgel. In ev. Kirchen mit Bildern des NT und AT bemalt. Eine Sonderform ist der nach der Reformation aufkommende → Herrschaftsstand.

Endgericht → Jüngster Tag, Jüngstes Gericht

Engel, im AT Personifikation göttlichen Offenbarungswillens. Engel dienen der Anbetung und dem Lob Gottes, überbringen als Boten Gottes Botschaften, Wesen zwischen Gott und der Welt. Seit der Antike als geflügelte Götter, daher in frühchristlicher Kunst nur Abbildungen ohne Flügel, z. B. bei der Opferung Isaaks, Jünglinge im Feuerofen, Christi Geburt, Taufe und Himmelfahrt. Erst ab 4. Jh. mit → Nimbus und Flügeln ausgestattet; im 9.–10. Jh. wieder flügellos, Jünglinge / Männer, besonders würdig, groß und leuchtend weiß gekleidet in lange, fließende Gewänder (Ausnahme: Ostkirche: purpurfarbene Gewänder zum Zeichen ihrer Hoheit). Im MA tragen Engel *Lilienstengel* auf Verkündigungsdarstellungen, *Palmzweige* als Zeichen des Sieges, *Musikinstrumente* zum Lob Gottes, *Posaunen* zum Hinweis auf das Weltgericht (→ Jüngster Tag), *flammende Schwerter* zur Bekämpfung des Bösen, → *Leidenswerkzeuge* als Hinweis auf die Passion. In der Renaissance finden E. in Frauengestalt und Kinderengel weite Verbreitung, die im Barock die Gestalt pausbäckiger Putten nach antikem Vorbild annehmen. Im 19. Jh. Rückkehr zu würdigen jugendlichen Gestalten. Im 20. Jh. fällt die Engeldarstellung wegen ihrer Unanschaulichkeit schwer und ist ein seltenes Bildthema. → Erzengel, → Taufengel

Epistel (gr.-lat. = Brief), im NT die Briefe der Apostel (z. B. Paulus). In der kath. → Liturgie früher Bezeichnung für die 1. Lesung der Messe, da in dieser Texte aus den Apostelbriefen verlesen werden.

Epitaph (gr. = Grabinschrift), Gedenktafel oder -stein an der Kircheninnen- oder -außenwand bzw. an Kreuzgängen zur Erinnerung an einen Verstorbenen. Das Epitaph tritt ab Mitte des 14. Jhs. auf, erlebt seine Blütezeit im 16. und 17. Jh. Entweder ist nur eine Gestalt dargestellt oder der Tote wird in einem größeren szenischen Zusammenhang (mit Frau und Kindern vor Christus kniend) gezeigt. In Renaissance und Barock immer reichere Gestaltung, auch ähnlich einem Altaraufbau mehrgeschossig und oft von einem Rahmen umgeben. → Grabmäler

Erbärmdebild → Andachtsbild

Erzengel, sieben E. (siehe „Zahlensymbolik", Seite 26) umstehen als ranghöchste Engel (mit Pfauenfederflügeln, in Herrschertracht) besonders auf Darstellungen der Ostkirche den Thron Gottes.
Michael seit dem 6. Jh. Begleiter Christi und Wächter, oft mit Schwert dargestellt, Führer der Seligen ins Paradies.
Gabriel tritt auf Verkündigungsszenen Maria gegenüber.
Raphael gilt als schützender Begleiter des Tobias (Schutzengel). → Engel

Erbsünde, wichtiger Begriff aus der christlichen → Heilslehre: Durch die Ursünde Adams und Evas haben ihre Nachkommen (also alle Menschen) den Zustand der Ungnade bei Gott *ererbt.*
Für diese Erbsünde hat Jesus mit seinem Tod am Kreuz stellvertretend gebüßt und so die Menschen erlöst.

Eucharistie, Bezeichnung für die kath. → Abendmahlsfeier.

Evangelienseite, nördliche Seite des Chores, auch des Altars, da dort das → Evangelium verlesen wird. Auch ganze Nordseite des Kircheninnern, wo im MA Frauen sitzen mussten (Frauenseite).
S. „Raumsymbolik", S. 34.

Evangelisten, Bezeichnung für die Verfasser der vier Evangelien (→ Evangelium) des NT: *Matthäus, Markus, Lukas, Johannes.* Alle vier Evangelien stellen das Wirken Jesu auf teilweise sehr unterschiedliche Art dar. Vermutlich war keiner der E. Augenzeuge der Ereignisse. Ihre Schriften stammen aus der Zeit zwischen 70 (Markus) und 90 (Johannes) n. Chr.

Evangelistensymbole, die in den Visionen Ezechiels (AT) und der → Apokalypse des Johannes überlieferten Symbole, die den Evangelisten zugeordnet werden:
Matthäus = Engel
Markus = Löwe
Lukas = Stier
Johannes = Adler

Evangelium (gr. = frohe Botschaft), die Botschaft Jesu vom Kommen des Reiches Gottes auf Erden. Bezeichnung für die Überlieferung von Jesu Leben und Wirken im NT, in den vier Evangelien. → Evangelisten

Ewiges Licht → Leuchter

Ex voto, Inschrift auf → Votivtafeln und Weihegeschenken, verweist auf Stiftung aufgrund eines Gelöbnisses. → Donator

Fächergewölbe, spätgot. Gewölbeform mit fächerförmig auseinanderstrebenden Gewölberippen. → Netzgewölbe, → Sterngewölbe

Farbensymbolik, wie schon in vorchristlicher Zeit und bei allen Völkern haben Farben auch in der christlichen Kunst symbolische Bedeutung:
Gold: verkörpert die Allmacht Gottes. Der Eigenglanz (Metall) symbolisiert das Ewige Licht Gottes, die Ewigkeit und die Unsterblichkeit.
Weiß: göttliches Licht (Verklärung), Reinheit, Unschuld; Christus und Engel oft in weißen Gewändern. Als Farbe des ungebrochenen

Lichtes auch die absolute Wahrheit und Erleuchtung.
Rot: Farbe des Blutes (Opferblut, Passion, Märtyrer), der Liebe (Johannes), der Macht (Herrscherpurpur, Engel um Gottes Thron).
Blau: Farbe des Himmels, der Luft, Symbol der Wahrheit, des Glaubens und der Treue. Marias Mantel ist blau und zeichnet sie als Himmelskönigin aus.
Violett: Mischfarbe aus Blau und Rot, aus göttlicher Liebe und göttlicher Wahrheit. Gewandfarbe Christi auf Passionsdarstellungen. Zeichen der Vollendung seiner → Inkarnation, liturgische Farbe der Advents- und Weihnachtszeit); auch Zeichen der wahren Weltherrschaft Christi.
Rosa: Mischfarbe aus Rot und Weiß = Liebe göttlicher Weisheit, Fleischfarbe.
Gelb: Ersatzfarbe für Gold, Sonnenlicht, aber auch negative Symbolfarbe für Neid, Eifersucht; oft trägt Judas ein gelbes Gewand, ebenso Juden auf mittelalterlichen Darstellungen.
Grün: Farbe der Hoffnung, der Auferstehung, des irdischen Wachstums, des Kosmos, des Paradieses.
Braun: Erdfarbe (lat. humus = Erde, humilitas = Demut/Armut), Farbe der Einsiedler und Bettelorden.
Schwarz: Finsternis, Trauer, Hoffnungslosigkeit; schwarzer → Nimbus gelegentlich für Judas.
Grau: Zeichen für Auferstehung; als Weltenrichter trägt Christus ein graues Gewand.

Fassade, Schauseite, „Gesicht" eines Bauwerkes, meist auch dessen Eingangsseite, spiegelt oft den Querschnitt des Kircheninnern.

Fastentuch, auch Palm-, Hungertuch, Fastenvelum (in Niedersachsen und Rheinland „S(ch)machtlappen"). Seit dem 15. Jh. mit Passionsszenen oder → Leidenswerkzeugen bemaltes, bedrucktes oder gewirktes, in der Passionszeit vor dem Altar (zwischen Chor und Schiff) ausgespanntes großes Leinentuch.

Fensterrose, kreisförmiges, mit → Maßwerk gefülltes Fenster, meist über dem Hauptportal und in Querschiffgiebeln.
S. Abb. S. 41

Fiale (altfranz. = Töchterchen), schlankes, spitzes Ziertürmchen in der Spätgotik, angebracht an Strebepfeilern, Turmkanten, Ziergiebeln, auch in Innenräumen, an Altären und Kanzeln. (Abb. S. 90)

Figurenkapitell, in der französischen Romanik verbreitete figürliche Darstellungen auf → Kapitellen.

Fisch, seit vorchristlicher Zeit Sinnbild für Wasser, geheimes Erkennungszeichen der ersten Christen. Christus berief seine Jünger zu „Menschenfischern", daher wurden getaufte Christen mit Fischen verglichen. F. wurde in frühchristlicher Zeit auch als geheime Abkürzung für den Namen und Titel Jesu gebraucht: Die Anfangsbuchstaben der gr. Bez. für „Jesus Christus, Gottes Sohn, Retter" ergeben das gr. Wort ICHTYS (Fisch). Auf Darstellungen des → Abendmahls können neben dem Brot auch Fische abgebildet sein.

Fischblase, auch Schneuz (Zweischneuz, Dreischneuz) oder Schneuß genannt, eine – verglichen mit dem geometrischen Maßwerk der Hochgotik – verzogene, der Blase eines Fisches ähnelnde Form des spätgotischen → Maßwerks, die sich durch Zirkelschläge ergibt.

Fischblase

Flamboyant, franz. Flämmchen, lang gezogenes → Maßwerkmotiv, gab engl. und franz. Spätgotik Namen.

Formstein, in der → Backsteingotik verwendete geformte Steine, die es ermöglichten, das → Maßwerk nachzubilden.

Franz von Assisi, 1181 bis 1226, italienischer Ordensgründer der „Minderen Brüder", die sich zum Dienst an Menschheit und Kirche in Armut und Buße verpflichteten. Um die Person des F. ranken sich viele Legenden, die ihren Niederschlag auch in der christlichen Kunst fanden. (Häufigstes Thema: Franziskus predigt den Tieren.)

Frauenseite, die nördliche Hälfte des Innenraumes einer Kirche, Platz der von Männern getrennt sitzenden Frauen (im MA streng eingehalten, in ländlichen Gegenden heute noch), zugleich → Evangelienseite.
S. S. 34 „Raumsymbolik"

Fresko, Fresken (ital. fresco = frisch), Wandgemälde, das mit in Kalkwasser angerührter Farbe direkt auf die neu verputzte Wand (Kalkmörtel, der noch nicht abgebunden hat) aufgetragen wurde. Der Mörtel bindet die Farbe beim Hartwerden. Fresken gelten als haltbarer als „trocken" auf die Wand aufgetragene Malereien.

Fries, streifenförmiger, meist waagerechter Zierschmuck einer Wand oder eines Gebälks, z. B. in der Romanik der *Rundbogenfries* (siehe Abb.).

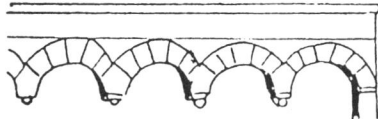

Galerie, langgestreckter Raum (wie → Empore) mit der Funktion eines Verbindungsganges zu und zwischen anderen Räumen.

Gebundenes System, Raumprinzip der Romanik, bei dem einem Mittelschiffquadrat je zwei kleinere Quadrate in den Seitenschiffen entsprechen.

Gegenreformation, Rekatholisierung von Gebieten, die durch die Reformation ev. geworden waren. Die G. als Epoche dauerte von 1555 (Augsburger Religionsfriden) bis 1648 (Ende des 30-jährigen Krieges).

gekoppelt, zwei gleichartige, durch ein gemeinsames Bauglied miteinander verbundene Bauteile, z. B. zwei durch eine gemeinsame Mittelstütze gekoppelte Fensteröffnungen oder zwei durch gemeinsame Basis und gemeinsames Kapitell gepaarte Säulen (siehe Abb.).

Gerichtsportal, Portal auf der Westseite, zum Sonnenuntergang, symbolisch dem → Jüngsten Tag zugeordnet.
In roman. G. steht der Mensch im Kampf zwischen guten und bösen Mächten. Darüber thront der Weltenherrscher, Christus, manchmal mit einem Gerichtsschwert im Mund, als Anspielung auf die → Apokalypse des Johannes (1, 9 ff.). In got. G. dagegen ist der wiedergekehrte Christus der milde, verzeihende Erlöser. Er richtet mit den → Leidenswerkzeugen der Passion. Dem Schwert ordnet die Spätgotik

oft eine Lilie, Zeichen für Begnadigung und Erwählung, zu. Maria und Johannes der Täufer – als Vertreter des Alten und Neuen Bundes – knien als Fürbitter der Menschen vor dem Richterstuhl. Bezogen auf den sitzenden Richter Christus im → Tympanon, ist der gütige, stehende Christus (→ Beau Dieu) am Mittelpfosten des Portals zu verstehen. Antiker Rechtsprechung folgend sitzt der verurteilende Richter, der Freisprechende dagegen steht. Unter seinen Füßen tritt er das Böse in Gestalt von Drachen und Löwen nieder (Abb. S. 42).

Gesims, vorspringender Wandabschluss, auch waagerechte Teilung einer Wand. Unter dem Dach, bei Türen und Fenstern meist profiliert.

Gesprenge, kostbar geschnitzter turmartiger Aufbau aus feingliedrig gearbeiteten Architekturteilen am → Altar.

Gewände, schräge Schnittfläche der Umfassung einer Tür oder Fensteröffnung (s. Abb.). Spätromanische und gotische Portalgewände sind oft reich bestückt mit *Gewändefiguren*, meist Heiligen, die aus dem gleichen Material wie der Bau und organisch eng mit der Wand verbunden sind.

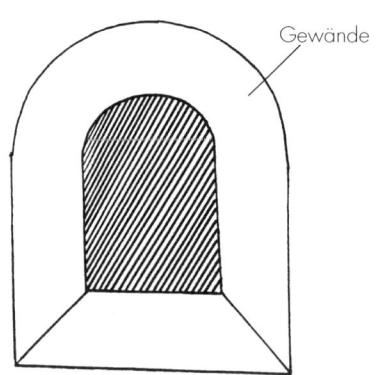

Gewände

Gewölbe, gebogene Raumdecke, die Gebäude nach oben hin abschließt:
Tonnengewölbe: halbkreisförmiger Bogenschnitt (1),
Kreuzgewölbe: entsteht durch zwei sich im rechten Winkel durchdringende Tonnengewölbe (2),
Kreuzrippengewölbe: Grate werden durch Rippen ersetzt, die Flächen danach mit Steinen gefüllt (3).

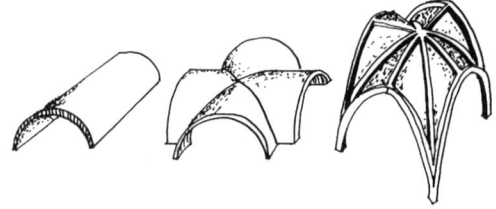

Giebel, oberer Teil der Schmalseite eines Satteldaches. Im weiteren Sinne auch Bekrönung eines Bauteils, z. B. eines Fensters oder Portals. Fehlt der Mittelteil eines Giebels, spricht man von *gesprengtem* Giebel. Tritt der Mittelteil gegenüber den Seitenteilen eines Giebels zurück, nennt man ihn *gekröpft* (beide Formen im Barock beliebt).

Giebel (Backsteingotik)

Renaissancegiebel

Glasmalerei, s. S. 136

Gnadenstuhl, → Andachtsbild, Gottvater hält den Gekreuzigten im Arm.

Grabmäler, außer Märtyrergräbern in Krypten (→ Krypta) wurde seit dem MA üblich, im Chor Gräber von hohen Geistlichen, Gründern und Stiftern anzulegen (in den Boden eingelassen, mit aufgelegter reliefartig bearbeiteter Grabplatte oder im → Sarkophag), später auch in anderen Teilen der Kirche für den höheren → Klerus. Manchmal gingen Kirchengründungen auf den Wunsch eines Herrschers nach einer würdigen Grabstätte zurück (z. B. Magdeburg, Speyer). In roman. Kirchen befand sich das Herrschergrab dann im Westwerk unter dem Thron. → Epitaph

Grisaille, Glasfenster mit grauer und brauner Zeichnung.

Goldener Schnitt, Maßproportion besonderer Harmonie, die sich auch mathematisch ausdrücken lässt. Im Verhältnis der Baukörper zueinander, in der Fassadengliederung zu beobachten (Renaissance).

Gotik, europäische Kunstepoche und Stil von der Mitte des 12. Jhs. bis Ende des Mittelalters, in manchen Ländern auch bis ins 16. Jh.
S. S. 88 „Die Gotik"

Gründerstil, Begriff für den Baustil der *Gründerjahre* am Ende des 19. Jhs. (1870 – 1890), in denen eine rege Bautätigkeit herrschte. Charakteristisch ist der Rückgriff auf alte Stilformen (Neugotik, Neurenaissance, Neubarock).

Guter Hirte, ein schon aus der Katakombenmalerei (→ Katakombe) der frühen Christen bekanntes Motiv. Mit dem Schaf über der Schulter oder inmitten seiner Herde ist der Gute Hirte ein Symbol für Christus. → Christusdarstellungen

Gurtbogen, breit rippenartige Verstärkung eines Tonnengewölbes (1), bzw. eines Bogens, der in einem Kreuzgewölbe (2) zwei Gewölbejoche voneinander trennt, rund oder spitzbogig, in allen Kunststilen vorkommend.

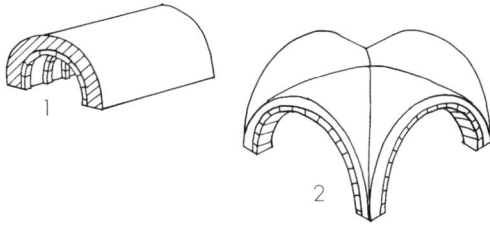

Gurtgesims, ein den Baukörper wie einen Gürtel umschließendes Gesims in der Höhe der Stockwerkdecken oder der Fensterbrüstungen.

Halbsäule, eine halb in die Wand eingelassene Säule, die nicht vorgestellt ist, sondern mit der Mauer gleichzeitig hochgeführt wird.

Hallenkirche, Kirchenraum, bei dem im Gegensatz zur Basilika Haupt- und Seitenschiffe gleich hoch sind. Typisch für deutsche → Backsteingotik, vor allem in Westfalen (Abb. S. 93).

Hauskirche, frühchristlicher Versammlungsort, der in den Anfängen als Privathaus getarnt war.

Hebezeuge, auf Baustellen des MAs zum Hochziehen schwerer Lasten errichtete und mit Seilen verspannte Holzmaste, die mit Treträdern oder -trommeln betrieben wurden.

Heiliger Geist, Geist Gottes. Unter dem H.G. verstehen Christen die lebendige Gegenwart Gottes. Der H.G. stiftet Gemeinsamkeit zwischen Gott und den Menschen. Er ist das, was Menschen und Gott verbindet. Da er abstrakt, nicht sichtbar ist, gebraucht schon die bibl. Überlieferung Bilder und spricht vom H.G. Gottes als *Sturm, Brausen, Feuerzungen, Taube* (Apostelgeschichte, Kap. 2, 1–41 bzw. Markus, Kap. 1, 9–11).

Heiliges Grab, Darstellungen des Felsengrabes Christi, meist mit Gruppe Trauernder (z. B. nach dem → Evangelium des Markus, Kap. 16, 1–6). Im 15. Jh. beliebtes Motiv für → Andachtsbilder, steinerne Grabnachbildungen und auch selbstständige Bauwerke. Diese waren in der Regel als Rundbauten angelegte Grabkapellen (St. Michael in Fulda, 820–822) oder Einbauten in Kirchen, z. B. polygonal im Münster zu Konstanz (1280).

Grabkapelle im Münster zu Konstanz

Heilsgeschichte, Begriff der christlichen Theologie: Für den gläubigen Christen erscheint die Geschichte nicht als bloße Abfolge von zufälligen Ereignissen, sondern als bestimmter Plan, den Gott für das Heil des Menschen verfolgt.

Heilslehre. Die christliche H. besagt, dass Jesus Christus mit seiner Botschaft von der Liebe Gottes den Menschen das Heil gebracht hat, durch das allein sie den Zugang zum wahren „ewigen" Leben erhalten.

Herrnhuter Kirchensaal, 1756 erbauter Prototyp für Kirchensäle der *Brüdergemeine* in aller Welt. Dachreiter und hohe Saalfenster sind charakteristisch für die schmucklosen, kanzel- und altarlosen, weiß gehaltenen Versammlungsräume.
Der Versammlungsleiter sitzt während der sog. Predigtversammlung hinter einem Tisch, an dem auch getauft und Abendmahl gefeiert wird. Große Bedeutung kommt in der sog. Liedpredigt der Orgel, dem Chor und dem Gemeindegesang zu. Entsprechend nehmen Orgel und Chor auf einer Empore einen herausragenden Platz ein.

Hierarchie, Bezeichnung für ein Herrschaftssystem mit festgefügten Rangordnungen nach Ständen oder Klassen.

Herrschaftsstand, herrschaftliches Ausstattungsstück im ev. Kirchenbau. Meist eine mit Fenstern geschlossene Empore für Adlige, z. B. in fränkischen ev. Kirchen, reich geschmückt, mit direktem Blick auf Altar und Kanzel und meist beheizbar (s. S. 104).

Himmelsloch, *Heiliggeistloch,* im Deckengewölbe vieler bayrischer Kirchen, erinnert an eine alte Pfingstzeremonie, bei der der Herabkunft des Heiligen Geistes (nach dem Evangelium des Markus, Kap. 3, 16 und Apostelgeschichte, Kap. 2, 2–4) in Gestalt einer geschnitzten und an einer Schnur herabgelassenen und wieder hochgezogenen oder sogar mit einer lebenden Taube gedacht wurde. Bei diesem geistlichen Schauspiel wurden die im Bericht der Apostelgeschichte erwähnten feurigen Zungen durch Pfingstrosenblütenblätter

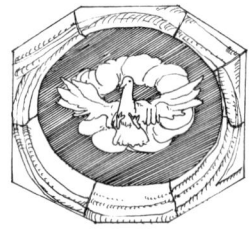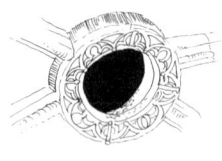

oder durch brennendes Werg und das Brausen des Pfingststurmes durch die Orgel und andere Instrumente imitiert.

himmlisches Jerusalem, das in der → Apokalypse des Johannes (Kap. 21, 1ff.) dargestellte Sinnbild des Reiches Gottes und für Auserwählte geltende Paradies, eine Stadt mit quadratischen Mauern (Symbolik der vier Elemente), 4 Türmen (für die vier Evangelisten), 12 Toren (für die zwölf Stämme Israels), 12 Grundsteinen (für die zwölf Apostel), dem Thron Gottes und dem → Lamm (für Christus) im Zentrum, über der Quelle eines Flusses (Wasser des Lebens), zu beiden Seiten ein Baum des Lebens. In der Malerei des 15. Jhs. oft als mittelalterliche Stadt dargestellt.

Historismus, Stil der zweiten Hälfte des 19. Jahrhunderts (1840–1900), der durch Rückgriffe auf Motive und Stilelemente vergangener Vorbilder (vorwiegend Fassadenkunst) geprägt ist. Im Klassizismus vor allem Rückbesinnung auf antike Vorbilder, um sich an unveränderlichen und dauerhaften Werten zu orientieren, mit der Romantik auch Besinnung auf das MA (*Goethe* und die Gotik). So verwendeten sich bedeutende Persönlichkeiten für den Weiterbau und die Vollendung des in der Gotik begonnenen (Apsis und Chor) *Kölner Doms* (1248). Neue Kirchenbauten wurden im Neugotischen Stil errichtet (*Schinkel*, 1824–30, *Werdersche Kirche in Berlin*).

Hohlkehle, die kurvig geführte Rille eines Gesimses.

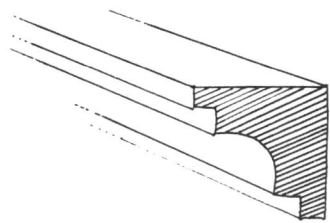

Hostie (lat. hostia = Opfer), das in der kath. → Eucharistie- bzw. der ev. → Abendmahlsfeier verwendete ungesäuerte Weizenbrot. In der kath. Kirche wird die Hostie in einem → Tabernakel oder Hostienschränkchen aufbewahrt.

Ikonographie, Wissenschaft vom Bildnis; Beschreibung und Erklärung der Bildinhalte meist alter Bildwerke.

Ikonen (griech. eikon = Bild), auf Holz gemalte Kultbilder der → orthodoxen Kirche, auf denen Christus, Maria, Heiligengestalten und bibl. Szenen dargestellt sind. I. werden verehrt aber nicht angebetet. Die Ikonenmalerei ist streng vorgeschriebenen Regeln unterworfen, die nur eine beschränkte stilistische Entwicklung zuließen.

Ikonostasis, eine aus → Ikonen zusammengesetzte Bildwand zwischen Altar und Gemeinde in → orthodoxen Kirchen.

Illusionismus (lat. illudere = täuschen), Darstellungsform, die die Wirklichkeit vortäuscht. Im Barock weit verbreitete Vorspiegelung räumlicher Tiefe auf ebenen Flächen.

Inkarnation (lat. incarnatio = Fleischwerdung), Vorstellung vom Eingehen eines göttlichen Wesens in menschliche Gestalt. In der christlichen Religion: Die Vorstellung von der Menschwerdung Gottes in Jesus Christus.

Inkrustation (lat. incrustatio = das Überziehen mit Marmor), Einlegearbeit von hartem Material (Stein, Glas) in sich erhärtendem Untergrund (Gips, Kitt, Zement) zur Verzierung großer Wandflächen und Fußböden.

INRI, Abkürzung von **I**esus **N**azarenus **R**ex **I**udaeorum (lat. = Jesus der Nazarener, König der Juden), die nach dem → Evangelisten Johannes, Kap. 19, 19 von Pilatus auf das Kreuz gesetzte Inschrift.

Jerusalem → himmlisches Jerusalem

Joch, Raumabschnitt eines Gewölbes von Gurtbogen zu Gurtbogen.

Jüngster Tag, *Jüngstes Gericht,* Vorstellung eines endzeitlichen Gerichtsaktes, in dem Christus als Weltenrichter in ausgleichender Gerechtigkeit die Guten belohnt und die Schlechten bestraft. → Gerichtsportal

Jungfrauen, törichte und kluge, nach dem Gleichnis bei dem → Evangelisten Matthäus, Kap. 25, 1ff., schon in der Katakombenmalerei (→ Katakombe), besonders aber im MA verbreitete Darstellung im Zusammenhang mit dem Weltgericht (→ Jüngster Tag). Oftmals werden die klugen J. von → Ekklesia (Verkörperung der Kirche) angeführt, die törichten von Synagoge.

Kämpfer, obere Abschlussplatte einer Säule oder eines Pfeilers, über der die Krümmung des Bogens beginnt und die damit deren Last trägt (Auflager für den Bogen), meist vorstehend.

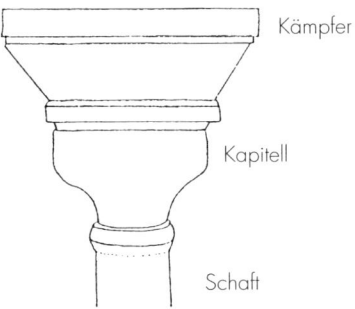

Kanon (gr. = Richtmaß), Wiederkehr bestimmter Maße (Baukunst) oder regelmäßige Abwechslung bestimmter Formen, z. B. in Fassaden.

Kanzel (lat. cancelli = Schranken), ähnlich dem frühchristlichen → Ambo Predigt- und Lesebühne. Ursprünglich an oder vor den → Chorschranken und mit mehreren Stufen über sie erhöhter Platz, von dem aus die Heilige Schrift verlesen und ab dem 4. Jh. auch gepredigt wurde. Im 13. Jh. trat an Stelle der Chorschranken mit Ambo der → Lettner, eine zwischen Chor (→ Klerus) und Mittelschiff (Laien) errichtete, begehbare Wand mit Bühne für die Sänger und Brüstung mit Lesepult, von dem aus → Epistel und → Evangelium verlesen wurden. Nach dem MA wurden die meisten Lettner abgetragen, um den Blick auf den Altar zu ermöglichen. Nun wurden sog. Lettnerkanzeln auch freistehend und nach Westen hin, an einem Pfeiler der → Vierung oder des → Langhauses angebracht. In kleineren Kirchen Sachsens und Norddeutschlands begegnen wir nach der → Reformation dem → *Kanzelaltar*. In der Spätgotik und Renaissance Hochblüte der kostbar mit Figuren und Ornamenten in architektonischer Ordnung geschmückten Kanzeln in Deutschland.

Kanzelaltar, Verbindung von Kanzel und Altar, oft auch zugleich mit der Orgel. Entsprechend der Vorstellung von der Einheit von Predigt, → Sakrament und Gesang im Gottesdienst nur in ev. Kirchen (s. S. 103).

Kapelle, ursprünglich kleiner Betraum in → Profanbauten, auch Begriff für kleine Kirche.

Kapellenkranz, ein den → Chor oder Chorumgang ringförmig umschließender Kranz dicht aneinander gereihter Kapellen in gotischen Kirchen, um einem zahlenmäßig großen → Klerus Gelegenheit zum Gebet zu geben.

Kapitell (lat. capitulum = Köpfchen), oberer, oft reich geschmückter Teil einer Säule, eines Pfeilers oder Pilasters. Kennzeichnet meist den Baustil. Von den Griechen kennen wir das dorische (1), ionische (2), korinthische (3) Kapitell, aus denen die Römer das Komposit-Kapitell (4) bildeten. Die byzantinische Kunst, sowie Romanik, Gotik und Renaissance bildeten jeweils ihre eigenen Kapitellformen aus. Verbreitet in der Romanik ist das Würfelkapitell (5).

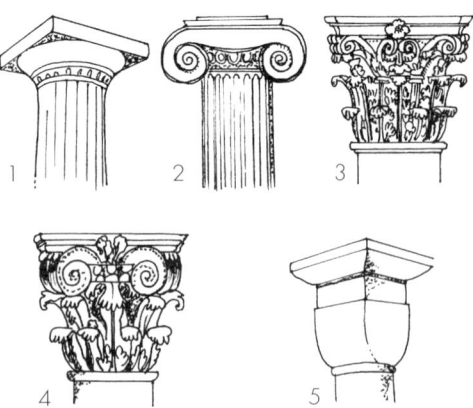

Kassettendecke, Gebäudedecke mit kastenförmig vertieften Feldern. Sie kann flach, gewölbt oder kuppelförmig sein.

Katakombe, Grabanlage unter der Erde zur Zeit der Christenverfolgung in Rom. In die Wände der unterirdischen Gänge wurden zur Bestattung der Toten Nischen gehauen. Die Decken und Wände dienten als Malgrund für frühchristliche Darstellungen aus dem AT und NT.

Kathedrale, vor allem in England, Frankreich und Spanien übliche Bezeichnung für eine Bischofskirche. Benannt nach dem Bischofsstuhl (kathedra), der zu frühchristlicher Zeit in der Mitte der → Apsis stand, später seitlich im → Chor. Hauptkirche eines kath. Bistums. In Deutschland und Italien meist *Dom* genannt, in manchen Gegenden Deutschlands auch *Münster*.

Kathedra (Bischofstuhl)

Kathedralplastik, → Skulpturen (meist Heiligenfiguren) innen und außen an großen gotischen Kirchen, die meist gefasst, d. h. bemalt waren. Sie stehen in Nischen und/oder auf → Konsolen, die direkt an der Wand angebracht sind. In → Gewänden rechts und links neben → Portalen, werden sie auch *Gewändefiguren* genannt. Wesentliche Merkmale der K. gegenüber anderen Heiligenfiguren (Holz, Metall): Sie sind aus dem gleichen Material wie das Bauwerk und organisch mit der Wand verbunden.

Kirchenburg (Wehrkirche), burgähnlich befestigte mittelalterliche Kirche als Zuflucht für die Dorfbewohner.

Kirchengestühl, erst seit dem 15. Jh. üblich. Feste Sitzreihen seit der → Reformation, die das Predigthören zum Zentrum des Gottesdienstes machte.

Kirchenlehrer, Kirchenväter, seit dem 5. Jh. bekannter Begriff für vom Papst oder einem Konzil mit dem Titel Doctor ecclesiae ausgezeichnete Kirchenschriftsteller, die in der kath. Kirche als Heilige verehrt werden. Ambrosius, Augustinus, Gregor I. und Hieronymus gelten als die großen Kirchenväter, oft an Kanzelbrüstungen abgebildet.

Kirchenmodell, in den von ihnen begründeten oder gestifteten Kirchen halten Figuren von Heiligen oft ein Kirchenmodell in Händen, z. B. Kaiserin Kunigunde im Bamberger Dom.

Kirchenpatron, Schutzheiliger einer kath. Kirche, dessen Namen sie tragen kann.

Klassizismus, Stilrichtung, die 1770–1830 von gr.-röm. Stilvorbildern ausgehend und diese nachahmend versucht, die Antike wieder aufleben zu lassen.

Kleeblatt, dreiblättrig, als Kleeblattbogen oder im → Maßwerk vor allem gotischer Kirchen möglicherweise als Hinweis auf → Dreifaltigkeit zu verstehen. → Dreipass

Klerus, Gesamtheit der geistlichen Würdenträger in der kath. Kirche. Im Gegensatz zu den *Laien*.

Kloster, in sich abgeschlossene Mönchssiedlung, meist aus *Kirche mit Kreuzgang* (an der Südseite), *Kapitelsaal, Refektorium* (Speisesaal), *Dormitorium* (Schlafsäle) und *Kalefaktorium* (Wärmeraum) bestehend.

Knospenkapitell, frühgotische Form, deren Kelch von wenigen steifen Blättern umgeben ist, die in überhängenden dicken Knospen enden. → Kapitell

Konche, halbrunde Nische, andere Bezeichnung für → Apsis. → Dreikonchenanlage

Königsgalerie, oberhalb der Portale an der Außenfassade gotischer Kathedralen angebrachte Galerie, in der die → Skulpturen der Könige Israels als Vorfahren Christi stehen.

Kollonade, Säulenumgang mit geradem Gebälk.

Konsole, aus der Wand herausragender Stein als Stütze für ein Sims oder als Bogenauflage, auch für Balkone oder Figuren.

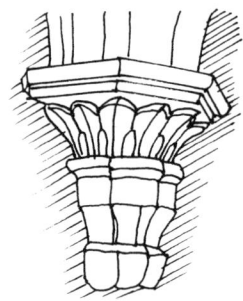

Krabbe (auch Kriechblume), wichtiges Stilmerkmal der Spätgotik, aus Stein gemeißelte Verzierung in Form eines faltig verbogenen Blattes, angebracht an Kanten, Giebeln, Fialen und Turmhelmen. → Maßwerk

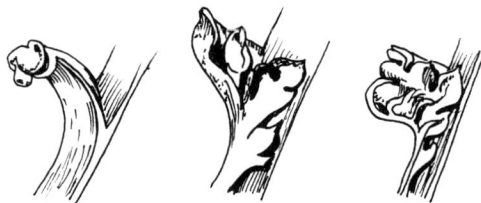

Kreuz, universales Symbol, das von Anfang an mit der Welt und den sich schneidenden Achsen von Himmel und Erde in Verbindung gebracht wurde. Das K. ist wie das Quadrat durch die *Vierzahl* gekennzeichnet. Seit dem 4. Jh. ist das leere Kreuz Symbol des Leidens und der Macht Christi, Zeichen seines ewigen Sieges und das zentrale Symbol der Christenheit. Es begegnet als Segenszeichen und als → Leidenswerkzeug der → Passion.

Kreuzformen:
griech. Kreuz (1), lat. Kreuz (2), Andreaskreuz, Taufkreuz (3), Antoniuskreuz, auf Kreuzigungsdarstellungen oft für → Schächer verwendet (4), Gabelkreuz (5), Kleeblattkreuz (6), russisches Kreuz (7).

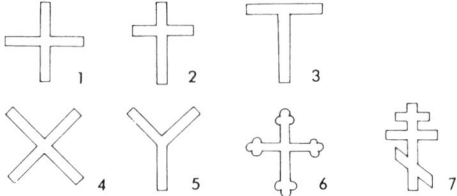

Der frühe ost- und weströmische Kirchenbau richtet sich in seinen Grundausrichtungen nach dem gr. Kreuz (vier Arme von gleicher Länge) bzw. dem lat. Kreuz (drei Arme gleicher Länge und einem längeren Arm).

Kreuzblume, krabbenartiger Abschluss (→ Krabbe) an gotischen Turmspitzen und → Fialen. Als Knospe oder Blume mit kreuzförmig angeordnetem Blattwerk gestaltet.

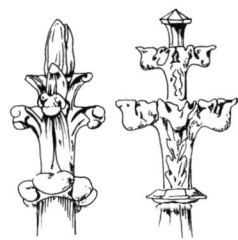

Kreuzfahne, Symbol des auferstandenen Christus. Zeichen seines Sieges über Tod und Teufel (Höllenfahrt), Attribut der Hoffnung. Oft in Verbindung mit dem → Lamm. Auch die Erzengel Michael und Gabriel können als Zeichen des Sieges im Namen Jesu eine K. tragen, ebenso → Ekklesia als Zeichen der Kirche Christi. Synagoge, als Personifizierung des Judentums, trägt eine schlaff herabhängende Fahne, oft mit zerbrochener Stange.

Kreuzgang, ein sich anschließend an Klosterkirchen zu einem Binnenhof öffnender Viereckgang mit Bogenstellungen auf einer mehr oder weniger hohen Brüstung. Er ist meist überwölbt und reich geschmückt.

Kreuz(grat)gewölbe, rechtwinklige Durchdringung zweier Gewölbetonnen. → Gewölbe

Kreuznimbus → Nimbus.

Kreuzigung, im Altertum übliche, nach röm. Recht entehrende Art der Hinrichtung von Männern. Der zum Tode Verurteilte wurde entkleidet, sein Haupt verhüllt, ein Querholz in seinen Nacken gelegt, die Hände angenagelt oder festgebunden. Darauf wurde das Holz an einem auf der Richtstätte aufgestellten Pfahl hochgezogen und die Füße daran oder an einem kleinen Querholz festgebunden.

Kreuzigung Christi, Christus am Kreuz in der abendländischen Kunst: Erste Kreuzigungsdarstellungen in der Ostkirche ab 600 n. Chr.: Christus als gekreuzigter Triumphator. In der Westkirche erst ab 1000 n. Chr., wohl auch erst so spät, weil die Kirche mehr Interesse an der Darstellung des Sieges Christi über den Tod bzw. als Auferstandener hatte als an der Figur eines schmachvoll Hingerichteten. Typ des majestätischen, in aufrechter Haltung, mit offenen Augen, erhobenem Kopf dargestellten Gekreuzigten mit goldenem → Nimbus und, römische Kaiserbilder nachahmend, in ein langes, weißes Gewand gekleidet.

Seit 9. Jh. schaut der Kopf Adams unter dem Kreuz hervor. Der Legende nach wird er durch herabfließendes Blut erlöst. → Ekklesia wird ebenfalls ab 9. Jh. in die Kreuzigungsszene aufgenommen. Sie steht von Christus aus rechts und fängt mit einem Kelch das Blut aus seiner Seitenwunde auf (Sinnbild der Kirche, die den Gläubigen das → Sakrament der Eucharistie spendet). Auch ein Engel kann das Blut Christi auffangen. Gegenüber ist → Synagoge als Vertreterin des Judentums dargestellt. Ab 13. Jh. setzt sich Darstellung des sterbenden und am Kreuz Folterqualen erleidenden Erlösers durch.

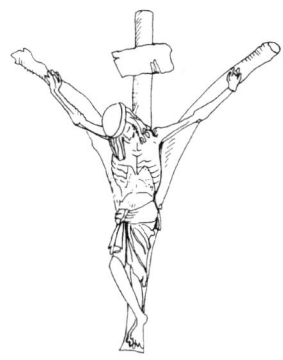

Kraftlos, mit zusammengesunkenem Körper, aus tiefen Wundmalen blutend, mit zur Seite geneigtem Kopf, eine Dornenkrone in die Stirn gedrückt, das Gesicht schmerzverzerrt, die Augen geschlossen, wird der Gekreuzigte dargestellt. Er trägt nun ein Lendentuch. Zur Rechten und Linken umgeben ihn sog. *Assistenzfiguren:* Maria, seine Mutter, Johannes, der Lieblingsjünger u. a.

Seit der 2. Hälfte des 15. Jhs. ist eine Erweiterung des Schauplatzes mit einer Zunahme der die Kreuzigungsszene beobachtenden Figuren festzustellen: Vor einer erweiterten, in die Tiefe führenden Landschaft und neben den beiden ebenfalls gekreuzigten → Schächern, sind vor allem römische Soldaten, die Jünger bis auf Judas, neben Maria weitere Frauen, gaffendes Volk, die um den Rock würfelnden Knechte, Longinus mit der Lanze usf. dargestellt. Diese erweiterten Kreuzigungsdarstellungen werden auch *Kalvarienberg* genannt (Schädelstätte, lat. calvaria = Schädel).

Eine für die ev. Bildgestaltung typische und mit Hilfe des Holzschnittes weit verbreitete Form zeigt die in der Werkstatt Lucas Cranachs d. Ä. um 1535 entstandene Bildtafel: *Gesetz und Gnade*. Zur Rechten des dornengekrönten, leidenden Gekreuzigten, der der Stilform der Renaissance entsprechend in schräger Seitenansicht gegeben ist, weist Johannes der Täufer den sündigen Menschen auf den Gekreuzigten hin. Rechts, vor dem leeren Grab, besiegt der auferstandene Christus mit dem Schaft der Siegesfahne Tod und Teufel in Gestalt des Drachens.

S. S. 59 „Bildprogramme lutherischer Altäre"

Kreuzkuppelkirche, eine in der byzantinischen Architektur verbreitete Kirchenform, bei der über dem Grundriss eines griechischen Kreuzes ein Kuppelbau errichtet wurde. Im Schnittpunkt beider Kreuzarme erhebt sich die größere Kuppel, über jedem Kreuzarm die kleineren Kuppeln.

Byzantinische Kreuzkuppelkirche

Kreuzweg, der Weg, den Christus nach der Überlieferung der → Evangelisten vom Haus des Pilatus bis nach Golgota, der Hinrichtungsstätte, zu Fuß zurücklegte (Leidensweg). Zur Erinnerung wurde dieser Weg von Jerusalempilgern betend abgeschritten.

Seit dem 15. Jh. kommt die von den Franziskanern verbreitete *Kreuzwegandacht* in kath. Kirchen auf, auch an Wegen, die zu Höhen, Kapellen oder Wallfahrtskirchen führen. Zunächst über 7, später über 14 Stationen führend, mit Bildstöcken (Betsäulen), meist frei stehende Holz- oder Steinpfeiler, die in tabernakelartigem (→ Tabernakel) Aufbau ein Kruzifix, eine Heiligenstatue oder eine Darstellung des Kreuzweges enthält.

1. Station: Verurteilung Jesu durch Pilatus, Pilatus „wäscht seine Hände in Unschuld"
2. Station: Auflegung des Kreuzbalkens, Jesus bricht zusammen
3. Station: Erster Sturz Jesu auf dem Weg
4. Station: Begegnung mit der Mutter Maria
5. Station: Simon von Cyrene hilft Jesus, den Kreuzbalken zu tragen
6. Station: Veronika mit dem Schweißtuch
7. Station: Zweiter Sturz unter der Last des Kreuzes
8. Station: Begegnung mit den weinenden Frauen
9. Station: Dritter Sturz
10. Station: Entkleidung Jesu vor der Kreuzigung
11. Station: Jesus wird ans Kreuz genagelt
12. Station: Das Kreuz wird aufgerichtet
13. Station: Jesus wird vom Kreuz genommen
14. Station: Jesus wird ins Grab gelegt

Kreuzzüge, die im MA von der Kirche geförderten Kriege gegen Andersgläubige, u. a. zur Eroberung Palästinas, des „Heiligen Landes", vom Ende des 11. bis Ende des 13. Jhs.

Kruzifix, Darstellung des ans Kreuz geschlagenen Christus.

Krypta (gr. kryptos = geheim, verborgen), unterirdischer oder halbunterirdischer Grabraum in roman. Kirchen, wo → Reliquien aufbewahrt werden und Gräber von Heiligen stehen. Meist unter dem → Chor gelegen, zugleich oft dessen Kellerfundament. In frühchristlicher Zeit wurden Kirchen oft über Krypten errichtet. Ist die Krypta sehr groß, nennt man sie auch Unterkirche.

Labyrinth, geometrischer Weg, in den Fußboden gotischer Kathedralen (→ Chartres, Amiens u. a.) mit hellen und dunklen Steinen eingelassener Grundriss. (Nicht zu verwechseln mit Irrwegen vieler sich kreuzender oder verschlingender Wege mit schwer auffindbaren Ausgängen!) In franz. Kathedralen im Eingangsbereich gelegen, mit der Öffnung dem Besucher entgegen, lädt es ein, den verschlungenen Pfaden zu seiner Mitte hin und den ganzen Weg wieder zurück zu folgen. Das L. wird von Gläubigen zu Buß- und Betübungen benutzt, auf denen sie als Ersatz für eine Pilgerreise nach Jerusalem auf Knien vom Anfang bis zur Mitte rutschten. Das L. symbolisiert den Weg der Vorbereitung und Läuterung des Sünders zur Begegnung mit Gott (s. S. 53).

Laienaltar, zwischen → Chor und Mittelschiff unter dem → Triumphbogen meist in Stifts- und Klosterkirchen aufgestellter, für Laien bestimmter Altar. Er wurde notwendig, wenn der Hochaltar wegen eines → Lettners nicht eingesehen werden konnte.

Lamm, Christus, als der gute Hirte, trug auf Katakombenmalereien (→ Katakomben) ein L. über der Schulter. Die Vorstellung von Christus als Lamm Gottes stammt von Johannes dem Täufer (nach dem → Evangelium des Johannes, Kap. 1, 29: Siehe, das Lamm Gottes, das die Sünde der Welt wegnimmt). Ebenso wird in der → Apokalypse berichtet, neben dem Thron Gottes stehe ein Lamm inmitten der sieben Wesen. Das siegreiche Gotteslamm mit Kreuzstab, Kreuzfahne und Kelch, in den aus einer Seitenwunde das Blut fließt, ist ein beliebtes Christussymbol der abendländischen Kunst.

Langhaus, Hauptraum längsgerichteter Kirchen zwischen Eingang und → Vierung bzw. → Chor, der die Längsausdehnung der Kirche angibt. Das L. kann ein- oder mehrschiffig, basilikal oder hallenförmig ausgebildet sein (s. Abb. S. 73).

Lanzettbogen, sehr schlanker got. Spitzbogen, vor allem in der englischen Gotik zu finden.

Laterne, zylindrischer Abschluss über einer Decken- oder Gewölbeöffnung, meistens über der Scheitelöffnung (Auge) einer Kuppel, mit Fenstern und kleiner Kuppel bekrönt.

Läufer, Mauerstein, der in Längsrichtung verlegt ist. Gegensatz zu Binder, der die längslaufenden Reihen bei dicken Mauern bindet. → Baustein

Lebensbaum, Symbol für Leben, im Gegensatz zum negativ belegten (verderbenbringenden) *Baum der Erkenntnis* in der Paradiesgeschichte; mit dem Holz des Kreuzes in Verbindung gebracht. Mit Blättern, Ästen, Früchten (gelegentlich als Rosenstrauch oder Eiche) Sinnbild für Hoffnung. Mit Trauben und → Hostien (Hinweis auf → Abendmahl) Zeichen der Erlösung. Oft dargestellt auf mittelalterlichen Reliefs, Türbogenfeldern (→ Tympanon), dort entweder allein (auch mit Maria) oder dem Baum der Erkenntnis (mit Eva) gegenübergestellt.

Lebensbaumkreuz, Darstellungen des gekreuzigten Jesus statt an einem Holzkreuz an einem blätter-, blüten- oder früchtetragenden Baum als Zeichen, dass aus dem Opfertod neues Leben entsteht. → Lebensbaum, → Triumphkreuz

Leidenswerkzeuge, *Passionswerkzeuge,* eine nicht festgelegte Zahl (bis 30!) auf Bildwerken des späten Mittelalters dargestellter Gegenstände aus der Geißelung, Dornenkrönung und Kreuzigungsszene. Sinnbilder des Leidens

Christi. Bis zum 12. Jh. als Herrschaftszeichen Christi, auf got. Portalreliefs Bestandteile von Weltgerichtsdarstellungen (→ Jüngster Tag). Ab 13. Jh. umgeben L. die Abbildungen des → Schmerzensmannes. Seit dem 15. Jh. trägt auch das Kind auf Geburtsdarstellungen L. als Hinweis auf die Passion.

Zu den L. zählen: *Kruzifix Jesu, Kreuzesinschrift, Essigschwamm* auf Stab mit Eimer, die *Geißelsäule*, die *Lanze* des Longinus, *Leiter und Haltetücher* der Kreuzabnahme, der *Rohrstab*, mit dem die Kriegsknechte schlugen, *30 Silberlinge des Judas,* sie sind oft aus einem umgekehrten Geldbeutel fallend dargestellt, die *fünf Wundmale* (auch als Rosen), *Zange, Würfel, Mantel, spuckender Kopf, Hammer und Nägel, Wasserbecken,* in dem Pilatus seine Hände wusch, *Dornenkrone:* oft aus drei Ranken geflochten als Sinnbild der drei Stufen der Buße: contritio = Zerknirschung, confessio = Beichte (Bekenntnis), satisfactio = Genugtuung/Wiedergutmachung.

Die Dornenkrone dient mehr als Sinnbild der Verspottung als der körperlichen Marter.

Lettner (lat. lectorium = Lesepult), Brüstung oder trennende Wand zwischen → Chor (Raum für den → Klerus) und Mittelschiff (Raum für Laien), in spätroman. und got. Kirchen anstelle der → Chorschranken. Der begehbare Lettner ist mit einer Brüstung versehen und diente zum Verlesen des → Evangeliums (Funktion des → Ambo), ebenso als Sängertribüne. Wurde später durch ein kunstvoll gestaltetes, schmiedeeisernes Chorgitter ersetzt, das den Blick auf den Altar gestattete.

Lettner

Leuchter, Kandelaber, Kerzenhalter:
– siebenarmiger Leuchter (hebr. Menora), jüdischer Kultleuchter. In der christlichen Kirche als Symbol für die Erfüllung des AT,
– Radleuchter, mit Türmen, Toren und Figuren Symbol des → himmlischen Jerusalem,
– Muttergottesleuchter, mit Marienstatue,
– Teneberleuchter (Karwoche), schmiedeeiserner Fuß mit dreiteiligem Aufsatz,
– Ewiges Licht, ständig brennende Öllampe in kath. Kirchen,
– Blaker, Wandleuchter mit reflektierender Rückplatte,
– Apostelleuchter (→ Apostel), an den 12 geweihten Stellen kath. Kirchen mit einem Kreuz angebracht.

Levitenstuhl, dreisitzige Bank für den Priester und seine beiden Diakone zum Ausruhen während des „Credo" und des „Gloria" in der Messe. In der Frühgotik als Nische in der südlichen Chorwand, später holzgeschnitzt im → Chorgestühl.

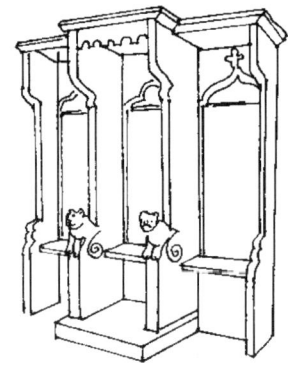

Levitenstuhl

Licht, Lichtsymbolik, tief verwurzeltes Symbol der christlichen Kunst. Mit Hilfe von Licht wird Göttliches (Gutes) dargestellt.

MA: Goldglanz = immaterielles Licht. Renaissance, einhergehend mit größerer Diesseitszuwendung des christlichen Weltbildes treten entsprechend dem neuen Raumgefühl (→ Perspektive) neue Möglichkeiten der Lichtdarstellung auf (irdisches Beleuchtungslicht = Sonnenlicht, Schlagschatten usw.). Im Barock werden durch gezieltes Beleuchtungslicht und durch raffinierte Beleuchtungseffekte in barocker Deckenmalerei illusionistische Effekte erzielt. Die Lichtführung in got. Kathedralen wird durch die farbigen Glasfenster und ihre sich im ständigen Wandel der Tages- und Jahreszeiten im Kircheninnern abbildenden Lichtreflexe bestimmt. Je nach dem Grad der Beleuchtung und ihrem Bedeutungsmaßstab sind Bildwerke im Kircheninnern unterschiedlichen → Standorten zugeordnet.

Lichtgaden, auch Obergaden, Fensterwand im Mittelschiff der Basilika über den Säulen- und Pfeilerreihen, die über die Pultdächer der Seitenschiffe hinausragt. Durch diese Fenster wird das Mittelschiff erhellt.
S. Abb. S. 82 „Schema einer einchörigen romanischen Basilika"

Lisene (franz. lisière = Rand, Leiste), senkrechter, nur leicht vorstehender Mauerstreifen in einer Wand, ohne → Basis und → Kapitell, als Wandgliederung in der Romanik beliebt, ohne konstruktive Bedeutung. Bilden Lisenen ein Gliederungssystem, sind sie oft durch Rundbogenfriese miteinander verbunden.

Liturgie (gr. leiturgia = öffentlicher Dienst), die fest vorgeschriebene Form, in der ein Gottesdienst sich vollzieht. Die kath., die orthodoxe und die ev. Kirche haben jeweils unterschiedliche Liturgien. In *liturgischen Büchern* sind die Texte, Lieder und Anweisungen für die verschiedenen Gottesdienste zusammengestellt. Das liturgische Buch der ev. Kirchen ist die *Agende*.

liturgische Farben, die je nach Fest bzw. Zeit des Kirchenjahres wechselnden Farben der Gewänder und → Paramente. In der kath. Kirche seit 1570 festgelegt: *weiß* (Lichtfarbe; bei Herren- und Marienfesten), *rot* (Symbol des Blutes und Feuers; an Pfingsten und Märtyrerfesten), *violett* (Buße und Trauer; Fastenzeiten vor Weihnachten und Ostern), *schwarz* (Karfreitag), *grün* (für alle Sonntage außerhalb der Festkreise).

liturgische Gewänder, in den christlichen Kirchen die verschiedenen Teile der gottesdienstlichen Bekleidung (s. S. 170, M 8).

Logos (gr. = das Wort), im → Evangelium des Johannes auch Bezeichnung für Christus.

Löwe, Symbol für den → Evangelisten Markus. Auch negative Bedeutung in roman. Kirchen als Sinnbild bedrohlicher Mächte. In der Architektur wird die Bedrohung gebannt, wenn der L. als Stützfigur in dienender Haltung dargestellt wird (z. B. auf der Sockelzone von Kirchenportalen, Taufbecken, Kanzeln, Türziehern, Leuchtern, u. a.). Als Mahnung vor dem Teufel tragen Löwen in mittelalterlicher Kunst oft Menschenleiber im Rachen oder zwischen den Tatzen.

Lünette (franz. = kleiner Mond), halbkreisförmiges Feld über Tür oder Fenster, beliebt in der Architektur der Renaissance und des Barock.

Luzifer (lat. = Lichtbringer), in der römischen Mythologie der Morgenstern, der Sohn der Göttin der Morgenröte. Im atl. Buch des Jesaja (Kap. 14, 12) wird ein in die Unterwelt gestürzter Engel erwähnt und als „Sohn der Morgenröte" bezeichnet. Beim → Evangelisten Lukas wird dieser Engelfall mit dem *Satan*, dem Teufel des AT, in Verbindung gebracht (Kap. 10, 18), sodass in den christlichen Kirchen beide Namen gleichwertig für die Person des Teufels gebraucht werden. Luzifer spielt auf Weltgerichtsdarstellungen eine Rolle. Im Barock ist der Sturz des Luzifer auch als Sieg der Kirche über Irrlehren zu verstehen. → Teufel

Majestas Domini (lat. = Herrlichkeit des Herrn), monumentale Darstellung des thronenden Christus, der die Rechte zum Segen hebt, in der Linken ein Buch hält.

Mandorla, ovaler (mandelförmiger) Heiligenschein um die ganze Figur eines Heiligen. Die M. symbolisiert den bergenden Schutz Gottes.

Manierismus, übertreibende Stilformen, meist am Ende einer Epoche, und eigener Stil der abendländischen Kunst vom Ende der Renaissance bis zum Beginn des Barock (etwa 1530–1610).

Männerseite, Südseite des Kirchenraumes, die im MA für männliche Gläubige bestimmt war, auch Epistelseite (→ Epistel) genannt.

Mariendarstellungen, neben dem Leben Christi wichtigster Themenbereich christlicher Kunst. Ab 12. Jh. als *Madonna mit Kind,* im Zusammenhang mit Geburt und Leben Christi, als *stillende* M., als *Maria auf der Mondsichel* (nach der Offenbarung des Johannes, Kap. 12, 1: Das mit der Sonne bekleidete Weib, das den Mond unter den Füßen hat), *als M. im Paradiesgärtlein* usf. Mit zunehmender Marienverehrung ab 1300 auch Darstellungen des Marienlebens (→ Marienkrönung und → Marientod).

Marienkrönung, der Verherrlichung der Maria gewidmete Darstellung, in Frankreich auf Tympanonreliefs (→ Tympanon) und Glasgemälden in der Frühgotik beliebt. In der deutschen Spätgotik Darstellungen, auf denen Maria kniend die Krone von Christus (oft zusammen mit Gott) oder einem Engel aufs Haupt gesetzt bekommt.

Mariensymbole, u. a. brennender Busch, verschlossener Garten, verschlossene Quelle, Lilie, Gänseblümchen, Veilchen, Rose (Symbole der Reinheit und Jungfräulichkeit), Sonne, Mondsichel, Stern, Brunnen, Spiegel, Pelikan und Phönix (für aufopfernde Mutterliebe), Einhorn, Schnecke (seit frühchristlicher Zeit Sinnbild der Auferstehung, da die Schnecke im Frühling ihren Verschlussdeckel öffnet), aber auch Symbol für Jungfräulichkeit der Maria.

Marientod, aus der byzantinischen Kunst übernommenes Hauptthema christlicher → Ikonographie: Maria liegt mit gekreuzten Armen auf dem Bett, um das die klagenden Apostel versammelt sind. Christus steht mit der Seele der Verstorbenen als kleinem Kind auf dem Arm inmitten der Szene. Auf vielen gotischen Tympanonszenen (→ Tympanon) abgebildet.

Marmor, harter, körnig-kristalliner Kalkstein, geschätzter Werkstoff in Bildhauerei und Baukunst.

Märtyrer (gr. martys = (Blut)zeuge), ab 1. Jh. Bez. für Christen, die trotz Verfolgung an ihrem Glauben festhielten; ab 2. Jh. eingeschränkt auf solche, die deshalb den Tod erlitten.

Masken und Fratzen, insbesondere in der Plastik rom. Kirchen als Dämonen, mit gefletschten Zähnen auch Gestalten des Höllenrachens, des Teufels oder nur als Sinnbilder für Winde bzw. Himmelsrichtungen zu deuten.

Maßwerk, meist im Bogenfeld gotischer Fenster auftretendes, mit dem Zirkel konstruiertes, in Stein gehauenes got. Ornament: Fischblase, Kleeblatt, Flamboyant (flammenförmig), Rayonnant (strahlenförmig). Kreise und Kreisbogen sind durch → Stabwerk verbunden.

Mauer, aufrechtstehende massive Konstruktion aus natürlichem oder künstlichem Stein (Ziegel, Beton, Werkstein u. a.). Zu unterscheiden sind tragende Mauern, die Lasten anderer Bauteile aufnehmen, und nichttragende Zwischen- oder Trennmauern. *Strebemauern,* im gotischen Kirchenbau weit verbreitet, dienen als Widerlager gegen Gewölbeschub.

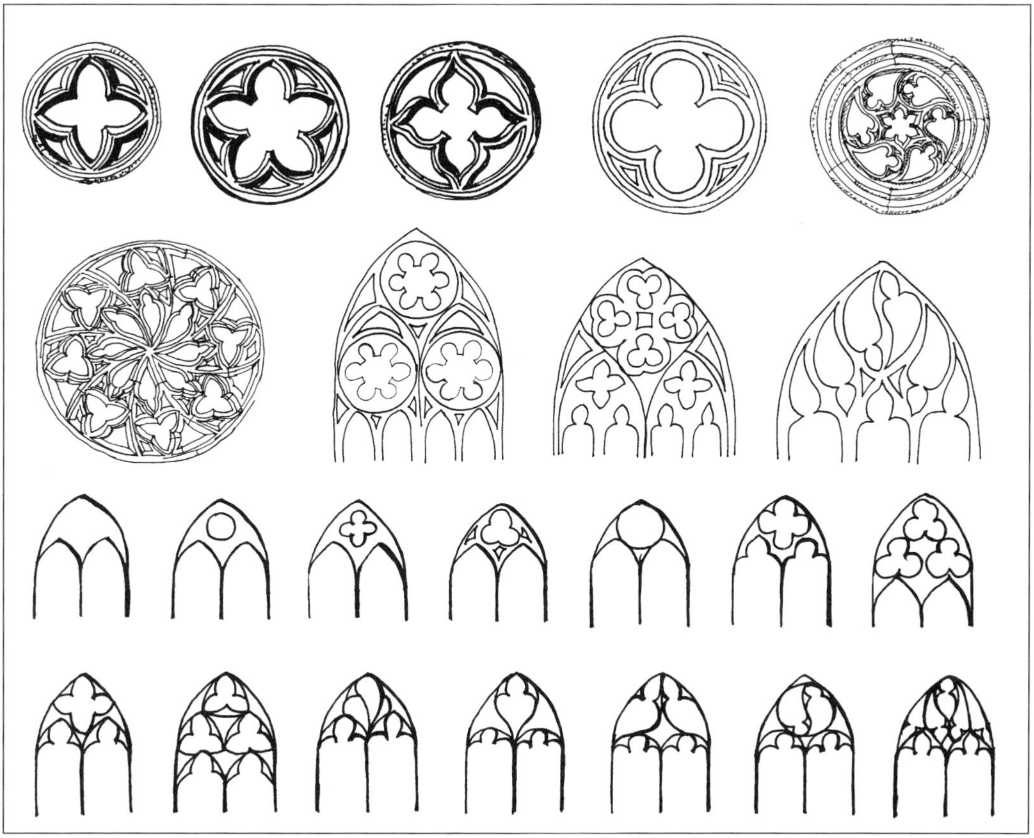

Verschiedene Maßwerkformen

Medaillon, runde oder ovale Zierform in der Baukunst, meist aus Stuck, um Flächen (zuweilen mit Bildnis) zu füllen.

Michaelskapelle, eine dem Erzengel Michael geweihte Kapelle, die sich im Westen und über dem Eingang großer Klöster oder Dome (im Bereich des Westwerks) befindet und als Kapelle für den Kaiser diente.

Mischwesen, Symbole für den Kampf des Menschen zwischen guten und bösen Mächten in mittelalterlichen plastischen Darstellungen: *Antipoden* (Menschen mit aus dem Rücken wachsenden Blättern), *Kynokephalen* (Hundsköpfige), *Panotier* (Menschen mit Riesenohren), *Zentauern* (Pferdemenschen, Symbole für Gewalttätigkeit), *Vogel-Fisch-Frauen* (auch mit Instrumenten, betörende Kraft der Triebhaftigkeit).

Miserikordie (lat. misericordia = Barmherzigkeit), eine am unteren vorderen Rand der Sitze des → Chorgestühls angebrachte Stütze, die bei hochgeklappten Sitzen den stehenden Priestern zum Anlehnen dient. Oftmals finden sich hier geschnitzte Kuriositäten: gefesselte Teufel, Moriskentänzer, Füchse in Mönchskutten etc.

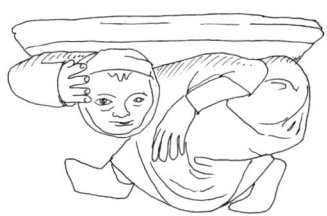

Mittelschiff, Mittelhaus, von → Seitenschiffen flankiertes Hauptschiff einer Basilika oder der mehrschiffigen *Hallenkirche*.

Monstranz (lat. monstrare = zeigen), in der kath. Kirche das meist künstlerisch gestaltete Gefäß zur Darreichung der geweihten → Hostie bei der → Eucharistie.
S. S. 180, M 14

Mosaik, geometrische oder figürliche Flächendekoration für Wände, Kuppeln und Fußböden aus kleinen, bunten Glas-, Stein-, Marmorwürfeln oder Halbedelsteinen. In eine weiche auf die Wand oder den Fußboden aufgetragene Schicht Zement, Mörtel oder Gips werden nach einer Vorlage dicht nebeneinander die Würfel eingesetzt. Glaswürfel werden auch zur Verstärkung des Glanzes mit Goldfolie unterlegt oder mit Perlmuttblättchen bestreut. Unebenheiten in der Oberfläche steigern die Lichtreflexion, so wurden Steinchen an Wänden auch bewusst leicht nach unten geneigt eingesetzt. Nach dem Erhärten ist das Bild dauerhaft mit der Wand verbunden. Fußbodenmosaike bestanden nur aus Ornamenten, da das Betreten heiliger Bilder mit den Füßen streng untersagt war.

Münster (lat. monasterium), große Klosterkirche; im süddeutschen Raum gebräuchlich für Bischofskirchen (Straßburg) und große Pfarrkirchen (Freiburg und Ulm). → Kathedrale

Mysterienbühne, hinter einem versenkbaren Hochaltarbild angebrachte Kastenbühne für Mysterienspiele (Passions- und Auferstehungsszenen) mit beweglichen, überlebensgroßen Figuren.

Mystik, in der Religionsgeschichte weit verbreitete Sonderform rel. Verhaltens: Durch Frömmigkeit, Meditation, geistige Versenkung und Askese wird eine besonders innige Verbindung mit Gott angestrebt.

Narthex, westliche Vorhalle der frühchristlichen Basilika. Im MA abgeschlossene Vorhalle hinter dem Haupteingang. Liegt der N. quer zur Ostwestrichtung, ist er mehrere Joche tief.

Narthex

Neidkopf (von ahd. nid = Hass), Menschenfratzen- oder Tierkopfreliefs aus Stein oder Holz zur Abwehr böser Geister in roman. Kirchen.

Netzgewölbe, überreich mit vielen sich netzartig kreuzenden Rippen geschmücktes spätgot. Gewölbe.

Neuer Himmel, auf Deckenfresken in Barockkirchen sich öffnende Himmelsdarstellung in illusionistischer Weiterführung der Kircheninnenraumarchitektur, in der inmitten von Wolken eine Schar von Heiligen (Schutzheilige und Patrone der jeweiligen Gemeinde) für die Gläubigen fürbitten und ihre Gebete zu dem von Engeln umgebenen Gottvater weiterleiten.

Neugotik, Rückgriff im Kirchenbau auf Formen der Gotik in England ab 1750, in Deutschland ab 1830 bis zur Jahrhundertwende.

Nimbus (lat. = Wolke), umstrahlte nach antiker Auffassung als überirdischer Glanz (Sonnenscheibe) die Häupter von Göttern, Heroen und Herrschern. Daher übernahm die christliche Kunst den Heiligenschein um den Kopf göttlicher oder heiliger Personen. Etwa seit dem 2. Jh. sind nimbierte Christusdarstellungen auf → Sarkophagen bekannt. In der frühchristlichen Kunst besteht der N. aus zwei parallelen Kreisen.

Christus, Gottvater und die Taube des Heiligen Geistes, ebenso die auf manchen Darstellungen aus dem Himmel herabreichende Hand Gottes tragen einen sog. Kreuznimbus.

Er ist durch ein unterteilendes Kreuz ausgezeichnet und symbolisiert zugleich die Einheit der → Dreifaltigkeit. Der den ganzen Körper des auferstehenden Christus umgebende Lichtglanz wird auch *Aureole* genannt (lat. = golden) oder *Glorie* (lat. = Ruhm). Hier handelt es sich offensichtlich um eine noch gesteigerte Bedeutung des N. Die nimbierte Figur wird zur Lichterscheinung. Ist sie mandelförmig, heißt sie → Mandorla.

Nonnenchor, für Nonnen zur Teilnahme am Gottesdienst reservierte Empore.

Nothelfer, die vierzehn, Gruppe von 14 Heiligen, die seit dem 13. Jh. als besondere Fürbitter bei Gott gelten (Wallfahrtskirche Vierzehnheiligen). Sie werden mit ihren → Attributen dargestellt:
Erasmus – Winde; *Eustachius* – Hirsch; *Georg* – Drache; *Katharina* – Rad; *Cyriak* – Teufel; *Christophorus* – Jesuskind; *Dionysos* – abgeschlagener Kopf; *Achatius* – Dornenkrone oder Kreuz; *Vitus* – Hahn, Kessel; *Blasius* – gekreuzte Kerzen; *Barbara* – Turm; *Ägidius* – Hirschkuh; *Margarete* – Drache an der Kette; *Pantaleon* – Hände aufs Haupt genagelt oder Nägel.

Obelisk (gr. = Bratspießchen), altägyptisches Kultsymbol. Hoher, rechteckiger, spitz zulaufender Steinpfeiler, der verkleinert in der Renaissance als Baudekoration an Giebeln beliebt ist.

Obergaden → Lichtgaden

Ochsenauge (franz. = oeil-de-boef), rundes, auch ovales Fenster im Barock. Oft mit einem rechteckigen Fenster darunter kombiniert.

Oktogon (gr. = Achteck), Bauwerk, dessen Grundriss ein regelmäßiges Achteck bildet. → Zentralbau

Oratorium, Betraum, meist nur für Ordensgeistliche zugänglich, später auch Bezeichnung für Orgelempore in Kirchen.

Orgelprospekt, vom Kirchenraum aus sichtbare Anordnung der Orgelpfeifen, symmetrisch angeordnet und geschmückt, Schauseite der Orgel. In der Gotik, ähnlich wie bei den Flügelaltären, mit → Gesprenge und bemalten Flügeltafeln versehen; im Barock von gewaltigen Ausmaßen mit marmoriertem Holzgehäuse und Zimbelstern (sternenförmig drehbares Glockenspielwerk); im Rokoko mit überreichem Puttenschmuck (s. S. 144).

Orientierung → Ostung

Ornament (lat. ornare = schmücken), für die Konstruktion bedeutungsloses Beiwerk (z. B. auf → Friesen, → Kapitellen). Entweder mit Zirkel und Lineal konstruiertes geometrisches O. oder von organischen, pflanzlichen oder Tierformen abgeleitetes O., z. B. → Palmette.

orthodoxe Kirche (gr. = rechtgläubig). Neben der röm.-kath. und der ev. Kirche ist die o.K. die drittgrößte christliche Gemeinschaft. Starke Bindung an frühkirchliche Traditionen, besondere Betonung der → Liturgie und der liturgischen Gesänge im Gottesdienst.

Ostung, auch Orientierung, seit dem frühen Mittelalter übliche Ausrichtung der Längsachse christlicher Kirchen von West nach Ost, sodass Chor und Altar, die für den Gottesdienst wichtigsten Teile, nach Osten, zum Orient, zur aufgehenden Sonne zeigen.

Palme, im Mittelmeerraum als Symbol des Lebens und des Sieges, Siegeszeichen beim Einzug Jesu in Jerusalem, auch als Lebensbaum und Hinweis auf die Auferstehung, den ewigen Sieg Christi. → Palmette

Palmette, ursprünglich antikes Ornament, nach dem Blatt der Fächerpalme gestaltet. Bevorzugte Pflanzendarstellung an → Kapitellen, besonders im → Klassizismus beliebt.

Palmesel, Fahrgestell mit einem hölzernen Esel, auf dem eine lebensgroße Christusfigur mit segnender Gebärde sitzt. Zur Erinnerung an Christi Einzug in Jerusalem (z. B. nach dem → Evangelium des Matthäus, Kap. 21, 1–11). Seit dem MA in Palmsonntagsprozessionen mitgeführt.

Palmesel

Pantokrator (gr. = Allherrscher), Gott Christus-Darstellung. Begegnet seit dem 4. Jh. vor allem in byzantinischen Apsiden (→ Apsis) und Kuppelmosaiken, manchmal auch dargestellt inmitten der → Evangelisten oder deren Symbolen als → Majestas Domini.

Paradiesflüsse, die (nach dem 1. Buch Mose, Kap. 2, 10–14) vier vom Paradies ausgehenden Ströme. Wurden auch mit den vier → Evangelisten in Verbindung gebracht, die das Evangelium in alle Welt tragen. Im 10.–14. Jh. personifiziert dargestellt als hockende, kniende oder stehende Männer mit Wasserkrügen. Beliebt an → Taufbecken.

Paradies (gr. = Garten), von Säulenhallen umgebener Vorhof der altchristlichen Basilika. Im MA auch Vorhalle der Kirche, oft reich mit Figuren geschmückt.

Paramente (von lat. parare = sich rüsten), Tücher für den Altar- und Kanzelbehang. In der kath. Kirche auch Bezeichnung für → liturgische Gewänder der Priester und Pfarrer. Die Farben sind dem Kirchenjahr zugeordnet. → liturgische Farben

Pass, „Zirkelschlag": Nach der Zahl der im Durchmesser gleich großen Kreisbögen unterscheidet man *Dreipass, Vierpass, Vielpass.* → Maßwerk

Passion, Leidensweg Jesu nach der Überlieferung der vier → Evangelisten (Markus, Kap. 14 f.; Matthäus, Kap. 26 f.; Lukas, Kap. 22 f.; Johannes, Kap. 18 f.). Die einzelnen, in bildlichen Darstellungen abendländischer christlicher Kunst behandelten Themen sind: Abendmahl, Fußwaschung, Gebet am Ölberg, Gefangennahme, Verspottung, Verleugnung des Petrus, Verhöre, Dornenkrönung, → Ecce homo, Geißelung, Kreuztragung, Kreuzigung, Kreuzabnahme, Beweinung, Grablegung, → Heiliges Grab. → Kreuzweg

Passionssäule, eine Säule, die mit den Leidenswerkzeugen Christi ausgestattet ist; sie ist von einem Hahn bekrönt nach der Überlieferung von der Verleugnung des Petrus (z. B. → Evangelium des Matthäus, Kap. 26, 69 ff.).

Passionswerkzeuge → Leidenswerkzeuge

Pelikan, im MA Symbol für den Opfertod Christi, da Pelikane – nach einem Bericht im → Physiologus – ihre Kinder töten, sich nach drei Tagen die Seite aufreißen und mit dem eigenen Blut die toten Kinder auferwecken. Der P. findet sich auf Tabernakeltüren (→ Tabernakel) und → Monstranzen.

Pentagramm, Drudenfuß, schon in der Antike gebrauchtes magisches Zeichen zur Abwehr böser Geister.

Perspektive (lat. = Durchblick), dreidimensionale Darstellung von Räumen und Körpern auf der ebenen zweidimensionalen Fläche. Je nach religiöser Vorstellungswelt änderte sich das Bedürfnis nach räumlicher Darstellung. Stilmittel der Perspektive: *Höhenunterschied:* Die Anordnung gleich großer Gegenstände oben und unten im Bild erweckt den Eindruck von räumlichem Nacheinander. Häufig in der → byzantinischen Kunst.

Staffelung bei gleicher Größe

Überdeckung, Staffelung, Transparenz: Dabei wird das Phänomen genutzt, dass gleich große, nebeneinander angeordnete Figuren, wenn sie sich überschneiden, vom Auge als hintereinander stehend gedeutet werden (byzantinische und mittelalterliche Kunst).

Mosaik aus Ravenna, Mitte 6. Jh.

Bedeutungsmaßstab, umgekehrte Perspektive ist die auch von Kindern geübte Form, Wichtiges groß, Unwichtigeres kleiner darzustellen. Dem Weltbild des MAs entsprechende, nach der gesellschaftlichen Rangfolge verkleinernde Darstellungsform. Sie wird wegen ihrer zum Standort des Betrachters hin scheinbar verkürzenden Form umgekehrte P. genannt.

Verkündigung an die Hirten, Reichenauer Schule

Helligkeitsunterschied oder Farbperspektive: Sie folgt der Erfahrung, dass Farben in der Nähe dunkler und satter erscheinen als in der Ferne (Renaissance).

Kreuzigungsszene

Luftperspekti e: Eine Sonderform der P., die zusätzlich zur unterschiedlichen Handhabung der Farbtiefe mit sich zur Bildtiefe hin mehr und mehr auflösenden Bildumrissen arbeitet.

Parallel- und Zentralperspekti e: Die Bildfläche öffnet sich gleich einem Fenster, durch das der Betrachter in einen alle Gegenstände umfassenden einheitlichen Raum blickt (Renaissance).

Pestbild, -blatt, -säule, Abbildungen des späten MAs, in dem die Menschen die Pest als Zeichen von Gottes Zorn (herabfallende Blitze) verstehen und davor schützende Personen zeigen. (→ Schutzmantelmadonna, Hl. Antonius und Christophorus). Im Barock besonders in Süddeutschland, Österreich und Schlesien sog. Bet- oder *Pestsäulen.*

Petruskreuz, zum Gedenken an den Martertod des Petrus über Kopf stehendes lateinisches Kreuz.

Pfeiler, senkrechte Stütze mit quadratischem, rechteckigem oder polygonalem Querschnitt und großer Höhe im Vergleich zum Umfang. Er kann als *Wandpfeiler* (→ Pilaster) aus der Wand heraustreten oder freistehen als *Freipfeiler.* Der *Rundpfeiler* in spätgot. Hallenkirchen unterscheidet sich nur durch seine überschlanke Form und das fehlende → Kapitell von einer → Säule. Um den *Bündelpfeiler* sind Halb- und Dreiviertelsäulen gruppiert, die sich ins Gewölbe hinein als Gurte und Rippen fortsetzen.

Pfeilerbasilika, eine Basilika, deren Hochschiffwände nicht von → Säulen, sondern von → Pfeilern getragen werden.

Pflanzensymbolik. Pflanzen als Symbole treten erst seit dem MA auf. Überwiegend handelt es sich um Heilpflanzen (Symbole für das ewige Heil), die äußerst kostbar waren. Auf Christus- und Mariendarstellungen weisen Heilpflanzen darauf hin, dass die Menschen durch den Opfertod Christi erlöst worden sind. Viele Pflanzen sind vor allem Maria gewidmet (z. B. Pfingstrose: Rose ohne Dornen).
Ährenbündel: Symbol für den Leib Christi, weist bei Geburtsdarstellungen auf den späteren Opfertod hin.
Blatt: Dreiblatt weist auf → Dreifaltigkeit, Vierblatt auf Herrschaft Gottes, Kreuz, vier → Evangelisten.

Blüte, Blume allgemein ist Symbol für irdische Schönheit, Hinweis auf paradiesische Zustände.
Blumenstrauß: Sinnbild für Vollkommenheit.
Distel, Ginster: Hinweis auf Sünde des Menschen, Symbol für irdische Schmerzen, Ornament auf Erlösungs- und Märtyrerdarstellungen.
Dornen: Sinnbild der Erlösung (Dornenkrone).
Gänseblümchen: Symbol für Unvergänglichkeit.
Klee: Dreifaltigkeitssymbol auf Krippenbildern.
Lilie: Symbol für Jungfräulichkeit Marias, Zeichen für Unschuld.
Löwenzahn: Symbol für den Tod Christi.
Palme, Ölbaum: Sinnbild für Leben.
Pinie, Pinienzapfen: vorchristliches Fruchtbarkeitssymbol, Symbol für Auferstehung, Unsterblichkeit.

Physiologus (gr. = Naturforscher), vermutlich im 2. Jh. entstandenes Buch der Naturbeschreibungen: Nach Angabe der Bibelstelle, in der das jeweilige Tier (Pflanze, Stein usw.) erwähnt wird, folgt eine naturgeschichtliche, z.T. sagenhafte Schilderung von dessen Eigenschaften. Der Ph. wurde grundlegend für die Symbolsprache der christlichen Kunst.

Pietà (ital. = frommes Mitgefühl), Darstellung der vom Schmerz ergriffenen Maria mit dem Leichnam Jesu auf dem Schoß. → Andachtsbild, → Vesperbild

Pilaster, aus der Wand heraustretender Pfeiler zur Wandgliederung. Manchmal auch zur Stärkung der Wand, meist jedoch nur dekorative Bedeutung.

Plastik → Bauplastik

Portal, besonders hervorgehobener Haupteingang, in allen Stilepochen künstlerisch und architektonisch prachtvoll gestaltet. Die wichtigsten Bauglieder des Portals sind: Türsturz, Bogenfeld (Tympanon), Türpfeiler, Türpfosten, Gewände mit Gewändefiguren, Giebel, Portalrahmung. → Säulenportal.
S. Abb. S. 139

Portikus, Vorbau an der Eingangsseite eines Bauwerkes, meist nach antikem Vorbild nur von Säulen getragener Giebel (Renaissance und Klassizismus).

Predella, ein mit Schnitzwerk oder Malerei geschmücktes Sockelstück eines Altaraufsatzes (→ Altar).

Predigerorden → Bettelorden

Presbyterium (gr. presbyterion = Rat der Ältesten), im christlichen Kirchenbau der dem Priester vorbehaltene Altarraum, im MA vor allem der Platz für die Sitze der Geistlichen vor dem Hochaltar.
In einigen ev. Landeskirchen auch Bezeichnung für den Gemeindekirchenrat.

Prinzipalstücke, die für gottesdienstliche Handlungen unbedingt notwendigen Ausstattungsstücke eines Kirchenraums: Altar, Taufbecken und Kanzel.

profan, bezeichnete ursprünglich das *or* (lat. = pro) dem heiligen Bereich Liegende, also das, was *nicht* heilig bzw. geweiht ist.

Profanbau, weltliches Bauwerk im Gegensatz zu → Sakralbau.

Profil, Schnittfigur eines Simses, einer Leiste, eines Sockels oder Trägers.

Pseudobasilika, Basilika, d. h. mehrschiffige Hallenkirche, mit überhöhtem Mittelschiff ohne eigene Beleuchtung.

Putte (ital. putto = Knabe), Darstellung eines drallen, nackten Knaben, z. B. eines Kinderengels, nicht immer mit Flügel. Beliebtes Dekor in Barock und Rokoko.

Querschiff (auch: Querhaus), quer zum Langhaus durch Erweiterung über beide Seiten der → Vierung hinausgehender Raum, vor allem bei Basiliken. Durch das Querschiff erhält der Grundriss einer Kirche die Form eines Kreuzes. Am Durchdringungspunkt der Kreuzarme entsteht die Vierung.

Radfenster, spätroman.-frühgot. Rundfenster, bei dem kleine Säulen wie Radspeichen um eine Mitte angeordnet sind.

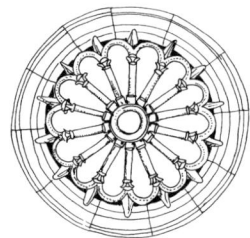

Radleuchter → Leuchter

Raumsymbolik, rechte und linke Seite, s. S. 34

Reformation (lat. = Umgestaltung, Erneuerung), die durch Martin Luther mit dem Anschlag der 95 Thesen an der Schlosskirche in Wittenberg (1517) ausgelöste kirchlich-religiöse Bewegung. Voraussetzung war das Unbehagen der Gläubigen an der offiziellen Kirche, die sich von der ursprünglichen Lehre Jesu immer weiter entfernte. Luther lehnt die von der Kirche zur Erlösung angebotenen Gnadenmittel (Heiligenverehrung, Pilgerfahrten, Reliquien, Geldspenden, gute Werke) ab. Nur durch den Glauben an die Gnade Gottes kann der Mensch Erlösung von seinen Sünden finden.

Relief (franz. u. ital. rilievo = erhabene Arbeit), Bildhauerarbeit, bei der die Figuren flach oder halbplastisch aus der Stein-, Holz- oder Metallfläche hervortreten. Je nach der Stärke des Hervortretens aus der Fläche unterscheidet man Hoch-, Flach- und versenktes – bzw. Tiefrelief.

Reliquar (lat. = Rest), Behälter zum Aufbewahren bzw. zur Zurschaustellung einer → Reliquie.

Reliquie, besteht aus Gebeinen, der Asche, Kleidern oder Gebrauchsgegenständen eines Heiligen, die verehrt werden. Die R.-Verehrung gründet sich auf den Glauben, dass den Überresten des Körpers oder Besitzes eines heiligen Menschen besondere Kräfte innewohnen, die sich durch Verehrung, Berührung usw. übertragen.

Renaissance, von ca. 1400 bis 1600 reichende Stilepoche (s. S. 94 ff.).

Retabel (lat. = Rückwand), Altaraufsatz, Altarrückwand. Das Retabel kann hinten auf der Mensa oder getrennt auf einem Sockel hinter dem Altar stehen. → Altar

Rippe, ein plastisch aus dem → Gewölbe hervortretendes, meist profiliertes Steinband. Die echte Rippe ist tragendes Konstruktionsteil einer Decke oder eines Gewölbes.

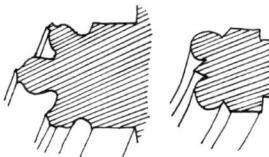

Risalit, vorstehender Gebäudeteil mit dem Zweck, eine lange Fassade zu gliedern, entweder in der Mitte („Mittelrisalit") oder an den Seiten bzw. Ecken, die meist symmetrisch angelegt sind. Abb. S. 98 (Vierzehnheiligen)

Riss, zeichnerische Projektion eines Körpers auf eine Ebene (Architekturdarstellung). Man unterscheidet den *Aufriss,* beipielsweise die maßstabgerechte Abbildung einer Kirchenfassade, und den *Grundriss,* auf dem sich die Querschnitte von Wanden, Säulen usw. abbilden, und den *Seitenriss.*

Ritual, auch Ritus, Vorgehen nach einer festgesetzten Ordnung, Handlungsablauf mit rel. Inhalt, der genauen Regeln folgt.

Rocaille (franz. = Muschelwerk), meist asymmetrisch rahmendes Ornament in ausschwin-

genden Muschelformen, stuckiert oder geschnitzt. Zierform des Spätbarock.

Rokoko, spätbarocke Stilformen mit Vorliebe für das Oval und für Räume mit abgerundeten Ecken, spielerisch üppige Verwendung der → Rocaille.

Romanik, von 1000 bis ins 13. Jh. reichender Baustil. Stilelemente: Rundbögen, dicke Mauern, abwechselnde Gestaltung von → Säulen, → Kapitellen, Bogenornamentik.

Rosenfenster → Radfenster

Rosette (franz. = Röschen), kreisrundes, blattartiges Ornamentmotiv, in vielen Stilarten zu finden.

Rotunde, Rundbau, auch kreisrunder Unterbau unter einer Kuppel.

Rüstloch, in der Mauer ausgespartes Loch, um bei späteren Reparaturen Gerüstbalken hineinstecken zu können.

Rundbogenfries, in der roman. Baukunst vielfach verwendetes Motiv aus kurzen, aneinander gereihten Rundbogen, die eine vorgeblendete → Arkade bilden.

sakral (lat. = heilig), den Gottesdienst betreffend, im Unterschied zu → profan.

Sakralbau, der einem Kult dienende Bau, z. B. Kirche, Kapelle, Tempel, Moschee usw. Gegensatz: Profanbau.

Sakrament (lat. = rel. Geheimnis, Weihe). Wichtiger Begriff der christlichen → Heilslehre. Durch äußere Zeichen (z. B. Wasser, Wein, Brot, Öl) wird dem Gläubigen die Gnade Gottes vermittelt und die Verbindung zwischen Gott und dem Menschen gefestigt. – In der kath. Kirche gibt es 7 Sakramente: *Taufe, Firmung, Priesterweihe* (einmalig) und → *Eucharistie, Bußsakrament, Krankensalbung, Ehe* (wiederholbar). – Die ev. Kirchen kennen nur 2 Sakramente, *Taufe* und → *Abendmahl*, da nur diese beiden im NT bezeugt sind.

Sakramentshaus, spezielle Form des → Tabernakels (Spätgotik): architektonisch besonders kunstvoll, meist aus Stein ausgebildetes Behältnis zur Aufbewahrung geweihter → Hostien an der Nordwand des → Chors. Aufbau ähnlich einer Kanzel bestehend aus: Fuß, Korb, Gehäuse und → Baldachin.

Sakristei, kleiner Nebenraum einer Kirche, dient zur Aufbewahrung der priesterlichen Geräte und Gewänder, Aufbewahrungsort auch für → Reliquien und → Votivgaben, Umkleideraum für den Priester, meist in der Nähe des → Chores.

Sanktuarium, Chorraum, das den Altar umgebende Allerheiligste.

Sarkophag (gr. = Fleischfresser, nach einem Kalkstein, der angeblich die darin bestattete Leiche langsam auffrisst), aus der Antike übernommene wannen- oder kastenförmige Sargform für Wohlhabende. In der Renaissance bis zum Klassizismus beliebter prunkvoller Stein- oder Bronzesarg, der in der → Krypta (auch als Teil eines Grabmals) aufgestellt wurde und oft auf der Deckplatte den Verstorbenen zeigt. Frühchristliche Sarkophage aus dem 4. Jh. zeigen einheitliche Grundtypen (Fries-, Arkaden- und Baumsarkophage) und umfassende Bildprogramme. Vor allem zweizonige S. bieten die Möglichkeit, symbolische, heilsgeschichtliche und bibl. Darstellungen unterzubringen.

Satan → Teufel → Luzifer

Säule, runde, das Gebälk tragende Stütze. Sie besteht aus Basis (1), Schaft (2) und Kapitell (3). Als Aufsatz kann dazu der → Kämpfer (4) kommen (s. Abb. nächste Seite).

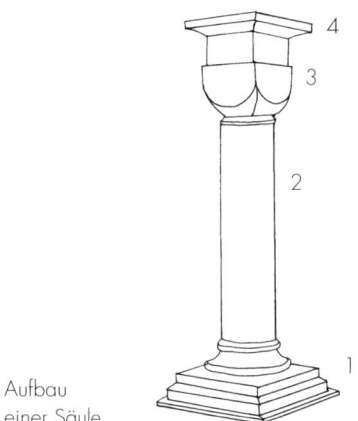

Aufbau einer Säule

Säulenportal, typische Form roman. Baukunst, bei der in die abgestufte Laibung des Portals Säulen eingestellt sind, die sich als Wulste oder → Archivolten auch im Portalbogen fortsetzen können. → Portal

Schächer, in der Bibel Bez. für Räuber, Mörder. In den Evangelien (→ Evangelium) besonders Bez. für die beiden mit Jesus gekreuzigten Verbrecher.

Schädel, Symbol für Vergänglichkeit. Bei Kreuzigungsdarstellungen: Hinweis auf Adam, über dessen Sch. der Legende nach das Kreuz Christi errichtet wurde. Verbindung vom „ersten" Adam zum „zweiten": Nach der mittelalterlichen → Typologie wurde Jesus als der zweite Adam verstanden.

Scheinarchitektur, gemalte, in Wirklichkeit nicht vorhandene Gebäudeteile, die z. B. auf barocken Deckengemälden die Illusion echter Perspektive erwecken.

Scheitelkapelle, die mittlere, in der Mittelachse eines → Chores liegende Kapelle eines → Kapellenkranzes, oft gegenüber den anderen Kapellen hervorgehoben und der Maria geweiht.

Schiff, Kirchenschiff, gesamter Innenraum einer Kirche. Bei Kirchen mit mehreren Schiffen, sind Haupt- und Nebenschiffe bzw. Seitenschiffe zu unterscheiden. Ein das Hauptschiff durchkreuzendes Schiff wird Querschiff genannt.

Schiff und Anker, seit frühchristlicher Zeit Sinnbild für sichere Lebensfahrt im Schutz der Kirche, angetrieben vom Heiligen Geist.

Schluss-Stein, der oberste, als letzter eingesetzter, konischer Stein im Scheitel eines Rippengewölbes. Oft reich verziert, auch mit Monogramm des Baumeisters oder Bauhüttenzeichen.

Schmerzensmann, Darstellung des dornengekrönten Christus nach der Geißelung. → Ecce homo, → Andachtsbild

Schneuz (auch Schneuß), Bezeichnung für die gotische → Fischblase, Zweischneuß, Dreischneuß. → Maßwerk

Schrein, Begriff für einen aus Holz geschnitzten Behälter zur Aufbewahrung von → Reliquien und für das Mittelstück eines Flügelaltars. → Altar

Schmerzensmutter, „Mater dolorosa", aus Kreuzigungsgruppe oder Szene der Beweinung herausgelöste Darstellung der im Schmerz versunkenen Maria. → Andachtsbild

Schutzmantelmadonna, im 13. Jh. aufkommendes Bild der Maria, mit weit ausgebreitetem, oft von Engeln gehaltenem Mantel, unter dessen Schutz Gläubige aller Stände sich versammeln.

Schwibbogen, quer über ein Schiff gespannter, raumteilender, aber nicht zu einem Gewölbe gehörender Bogen.

Seitenschiff, zum Lang- bzw. Haupthaus parallel laufender Kirchenraum, durch Säulen und/ oder Pfeiler von ihm getrennt. Seitenschiffe (1) treten fast immer paarweise auf (s. Abb. S. 74).

Sieben Freie Künste, besonders in der → Kathedralplastik vorkommende Personifizierung der mittelalterlichen Wissenschaften durch Frauengestalten mit → Attributen:

Grammatik: Buch, Rute für faule Schüler
Rhetorik: Schriftrolle, Gebärde des Redens, Schild und Schwert
Dialektik: Aufzählgebärde, Schlange bzw. Skorpion (Symbol des Scharfsinns), auch Blume (Zeichen des Guten)
Arithmetik: Rechnen, Zählschnur, Geldstücke
Geometrie: Mess-Stab, Zirkel, Winkelmaß
Musik: Instrumente
Astronomie: Kugel, Sterne, runde Scheibe

Skelettbau, Bauweise, bei der ein Rahmengerüst die dazwischengespannten Wände trägt, im Gegensatz zum Massivbau, bei dem die Mauern aus einem Material gebaut sind.

Skulptur, plastisches Bildwerk, Figuren, Statuen usw. → Bauplastik → Altar

Sockel (lat. socculus = kleiner Schuh), unterer vorspringender Teil einer Wand, eines Pfeilers, einer Säule.

Spiegelgewölbe, in Barock und Rokoko oft verwendete, nur am Rand gewölbte Überdeckung eines Raumes, deren mittlerer Teil flach ist und *Spiegel* heißt. Illusionistische Gemälde auf dem Spiegel erwecken den Anschein eines sich in unendliche Höhen öffnenden Himmels.

Spitzbogen, Bauform der Gotik für Portale, Fenster und Gewölbe. → Bogen

Spiritualität (lat. = Geist), Geistigkeit. Der Versuch, über das materielle Leben hinaus sich Geistigem zu öffnen und mit dem Geist Gottes (→ Heiliger Geist) zu verbinden.

Stabwerk, das gerade → Maßwerk got. Fenster, bzw. schmale, steinerne Stäbe, die das got. Fenster in Felder aufteilen und das Maßwerk stützen.

Staffelbasilika, fünf- oder mehrschiffige Basilika, deren Schiffe zur Mitte hin an Höhe zunehmen.

Staffelgiebel, Blendgiebel, der treppenförmig gestuft, in der norddeutschen Backsteingotik und Renaissance auch bei Kirchenbauten verbreitet ist.

Standort, in der byzantinischen und mittelalterlichen Kunst folgten die Künstler beim Ausschmücken des Kirchenraumes festen Regeln. Je wichtiger eine dargestellte Person war, desto weiter oben fand sie Platz. Untergeordnete Bilder waren kleiner und ungünstiger platziert. Bei einem Rundgang durch die Kirche kamen die Gläubigen an vielen Bilderfolgen der → Heils- und Kirchengeschichte vorbei. Die Bildprogramme des MAs waren Leseersatz für die meist des Lesens unkundigen Menschen.
S. S. 36 „Die wichtigsten Standorte von Bildprogrammen"

Steinmetzzeichen, verschlüsselte, monogrammähnliche Signaturen, ähnlich den Bauhüttenzeichen, in den Stein gemeißelt. Das Zeichen eines Meisters wird meistens durch schildartige Umrahmung hervorgehoben. S. in Deutschland seit 1200. Oft lassen sich Schulen unterscheiden, da viele Gesellen vom S. des Meisters abgeleitete Formen verwenden. Am Bau lassen sie die Zahl der arbeitenden Steinmetze, Bauunterbrechungen, auch die Herkunft der Hütte erkennen.

Sterngewölbe, spätgot. Gewölbe meist quadratischen Grundrisses, dessen Rippen sternförmig angeordnet sind im Gegensatz zum → Netzgewölbe, das die Rippen in unendlicher Verflechtung fortführt. → Gewölbe

Strebebogen, in der got. Kathedralarchitektur Teil des → Strebewerks. Der schräg ansteigende Strebebogen leitet den Gewölbeschub auf die → Strebepfeiler ab.

Strebepfeiler, sich nach oben stufenweise verjüngender Mauervorsprung an der Außenwand von Seitenschiffen got. Kathedralen. Sie leiten den Gewölbeschub und die Dachlast ab und sind mit den Pfeilern im Hauptschiff durch Strebebogen verbunden.

Strebewerk, aus Strebepfeilern und Strebebogen bestehendes Stützwerk an Außenmauern. Konstruktionsprinzip der Gotik, das die dünnen, von hohen Fenstern durchbrochenen Mauern großer Kathedralen vor dem schrägen Gewölbedruck absichert.

Stuck, plastischer Schmuck aus einem Gips-Wasser-Gemenge unter Zusatz von Kalk, Sand und Strohbeimengungen, besonders beliebt im Barock und Rokoko, wo St. eine enge Verbindung mit der Architektur als Flächenschmuck eingeht.

Sturz, waagerechter Abschluss über Tür oder Fenster.

Stützenwechsel, zur Vermeidung von Eintönigkeit langer Säulenreihen in der mittelalterlichen Basilika angewandter Kunstgriff, die Säulenreihe durch Pfeiler zu unterbrechen: Pfeiler, zwei Säulen, Pfeiler (daktylischer St.) oder Pfeiler, Säule, (jambischer St.). → Pfeiler, → Säule

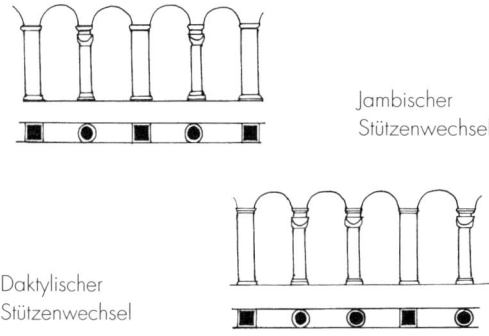

Jambischer Stützenwechsel

Daktylischer Stützenwechsel

Stufenportal, stufenförmig in die Mauer geschnittenes Portal, bei dem der Rahmen durch eingestellte Säulen oder Figuren besonders betont wird (S. Abb. S. 139).

Symbol, Sinnbild, ins Bild umgesetzte Abkürzungen für Sinngehalte, die sonst mit vielen Worten erklärt werden müssten. Fast jeder abgebildete Gegenstand auf Werken der christlichen Kunst hat mindestens eine, manchmal mehrere sinnbildliche Bedeutungen. → Fisch, → Lamm, → Nimbus, → Pflanzensymbolik, → Tiersymbolik, → Taube (s. S. 44).

Synagoge → Ekklesia

Tabernakel, Behälter zur Aufbewahrung der → Hostie. In der Spätgotik in der Form eines → Sakramentshauses.

Taube, Sinnbild des → Heiligen Geistes, auf → Schluss-Steinen, Kanzelschalldeckeln und auf Darstellungen der Taufe Jesu durch Johannes den Täufer abgebildet.

Taufbecken, Taufstein, aus Bronze oder Stein gearbeiteter Behälter für das Taufwasser, früher auch beheizt. Auf einem sechs- oder achteckigen Fuß ruht die sog. *Kuppa,* sie kann glatt oder mit Reliefs geschmückt sein. Schlichte, aus einem Werkstück hergestellte T. aus Granit sind oft die ältesten Gegenstände einer Kirche. – In der kath. Kirche im Eingangsbereich, im Westen aufgestellt, in der ev. Kirche vor der Gemeinde in Altarnähe.

Taufengel, meist aus Holz geschnitzte Engelsgestalt in lutherischen Kirchen, die eine Taufschale hält. Ab ca. 1650 sind knieende Taufengel bekannt, ab ca. 1700 kamen fliegende T. in Mode. Im Klassizismus, als barocke Ausstattungsstücke abgelehnt wurden, vielfach wieder durch knieende Engel ersetzt.

Teufel (griech. diabolos = Verleumder), Begriff für die Personifikation der widergöttlichen Macht. Im christlichen Bereich geht die Vorstellung des Teufels auf den *Satan* des ATs zurück, den Widersacher Gottes, der die Menschen zum Bösen verführt. Im Gegensatz zu Gott, der Schöpfer des Lebens ist, zerstört der Teufel Leben. – Im MA erscheint der T. leibhaftig als Kröte, Drache, Katze usw. Auf Weltgerichtsdarstellungen sind T. und Dämonen als Sieger über die Verdammten zu sehen. Auf Darstellungen der Versuchung Jesu (z. B. nach dem Evangelium des Lukas, Kap. 4) erscheint der Teufel oft als schöner, wohlgekleideter Mensch, als Jüngling oder gefallener Engel. Auch als Drache auf Darstellungen des Michaelskampfes kommt Satan vor oder als → Luzifer.

Theatrum sacrum (lat. = heiliges Schauspiel), Darstellungen auf barocken Altären, die wie auf einer Bühne inszeniert erscheinen. Da schweben Engel von goldenen Strahlen aus indirekt beleuchteten Himmelsgewölben herab, lebensgroße, bemalte Stuckfiguren von → Märtyrern werden zum Himmel geleitet etc. Vielfach waren die Figuren dieser Mysterienspiele sogar beweglich.

Thomas von Aquin, 1225–1274, trat mit 18 Jahren dem Orden der Dominikaner bei, studierte in Bologna, Köln und Paris, hatte wichtige kirchlichen Ämter inne. Einer der größten christlichen Theologen und Denker.

Tiersymbolik, vom 9.–14. Jh. gewinnt die T. in mittelalterlichen Kirchen an Bedeutung. Wichtigste Quelle ist der → *Physiologus*, aber auch irreale Tiere aus der nordischen Mythologie finden Eingang in die Bildersprache christlicher Kunst. So gelten z. B. Tiere, die sich häuten, sich verwandeln, die Schale um das Ei zerbrechen, als Auferstehungssymbole. Am häufigsten findet man *Schnecke, Raupe, Eidechse, Krabbe, Krebs,* aber auch *Zugvögel,* die wie *Schwalbe* oder *Storch* wiederkehren. *Löwe* und *Stier* an Portalen weisen ebenfalls auf die Auferstehung hin. Der *Schwan* ist Sinnbild der → Passion Christi, der *Widder* auf Geburtsdarstellungen ist als Christussinnbild zu deuten. Als Mariensymbol oder Zeichen der Reinheit gelten der *Geier* (er fliegt auf Geburtsdarstellungen oft nach Osten) und das *Einhorn.*
Die *Taube* hat vielerlei Bedeutung: Zeichen des → Heiligen Geistes und Seelenvogel.
Zwei Tauben am Wasserbecken deuten auf die Taufe, drei sind Symbol für die Trinität (→ Dreifaltigkeit).
Schmetterling bedeutet erlöste Seele.
Eichhörnchen, Hirschkäfer, Fuchs, Rabe, Affe an der Kette: (gefesselter) Satan, Zeichen für das Böse, den Teufel.
Adler steht für Himmelfahrt Christi,
Biene für Jungfräulichkeit,
Delphin für den rettenden Christus.
Der *Pfau* ist ein Ewigkeitssymbol.
Hahn steht für Licht und als Heilssymbol.
Drei Hasen, drei Schlangen, drei Löwen sind Dreifaltigkeitssymbole.
Der *Hirsch* (Psalm 41, 2) ist Sinnbild der Erlösung und Taufe.
Vier Hirsche um Quell oder Taufbecken: Hinweis auf die vier → Evangelisten und Paradiesflüsse (lebendiges Wort).
Der *Igel,* bei Maria und dem Kind abgebildet, gilt als Überwinder des Bösen.

Titelkirche, der Name des Stifters blieb vielfach als Titel erhalten.

Tonnengewölbe, halbzylindrische Wölbung über einem langen, viereckigen Baukörper. → Gewölbe

Transzendenz (lat. = übersteigen), das *jenseits* des Bereichs der sinnlichen Erfahrung Liegende: Der Mensch weiß, dass sein Wissen, seine Erfahrungen begrenzt sind. Mit der Frage nach Dingen, die jenseits seiner Erfahrungen liegen (Unendlichkeit, Leben nach dem Tod, Gott), übersteigt er seine Grenzen.

Triforium, enger, meist aus der Mauerdicke ausgesparter dekorativer Bogengang unter den Fenstern des Kirchenraumes roman. und got. Kirchen.

Trinität → Dreifaltigkeit

Triptychon (gr. = aus drei Platten bestehend), dreiteiliges Bildwerk, als Altaraufsatz. → Altar

Triumphbogen, Bogen vor dem Chorraum (→ Chor) einer Basilika, meist mit einer Darstellung Jesu als Triumphator.

Triumphkreuz, monumentales mittelalterliches Kruzifix oder Kreuzigungsgruppe, die den über den Tod triumphierenden Christus zeigt, den Gläubigen im Langhaus zugewandt.

Tugenden. Auf Darstellungen der Kunst werden die T. personifiziert durch weibliche Gestalten, die an ihren → Attributen zu erkennen sind:
1. Die vier T. der Antike:
Gerechtigkeit: Waage, Schwert, Krone, Augenbinde. *Tapferkeit:* Rüstung und Schwert. *Klugheit:* Schlange und Spiegel. *Mäßigkeit:* Gefäße mit Wein und Wasser, deren Inhalt sich mischt, Schwert in der Scheide, Zügel.
2. Die drei theologischen T., die Paulus im 1. Korintherbrief 13 nennt:
Glaube: Kreuz und Kelch. *Hoffnung:* Anker, Krone, Fahne. *Liebe:* flammendes Herz, Lamm.
3. Im MA wurde der Tugendzyklus um folgende Figuren erweitert:
Geduld: Rind und Stier. *Sanftmut:* Schaf und Lamm. *Eintracht:* Olivenzweig. *Keuschheit:* Salamander. *Freigebigkeit:* Geld austeilend.
Auf Weltgerichtsdarstellungen des MAs stehen die Tugenden oftmals über den ebenso personifizierten Frauengestalten des Lasters.
Seit der Renaissance finden sich Tugendzyklen besonders auf Grabmälern.

Türzieher, oftmals in der Romanik an Bronzeportalen als Löwenkopf (Tiersymbolik: Wächter) ausgebildeter Türknauf mit einem Ring zum Ziehen (s. Abb. rechts).

Turm, auf die Vierung aufgesetzter Bau oder als Dachreiter bei Bettelordenkirchen. Seit dem MA paarweise auftretend flankieren Türme in der Romanik das Westwerk, die Seitenschiffe oder das Querschiff. In got. Kathedralen heben sie als Einzel- oder Doppeltürme die Vertikaltendenz hervor.

Tympanon, rund- oder spitzbogig gebildetes und reliefverziertes Bogenfeld über Eingang (Portal), begrenzt durch Bogen und Türsturz, in der Gotik reich mit biblischen Motiven gestaltet. → Jüngster Tag, → Portal

Typologie s. S. 44 „Typologische Bilderkreise"

Vasa Sacva = Heilige Gefäße, s. S. 180

Verkröpfung, Herumführen eines Simses um Mauervorsprünge, → Risaliten, Pfeiler oder Halbsäulen sowie um Fenster- und Türöffnungen, beliebt im Barock. Vermittelt den Eindruck, als wären die Fassaden aufgerissen.

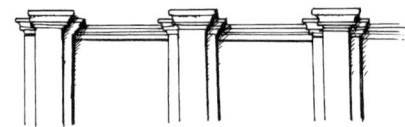

Vertikalordnung, Fassadengliederung durch Senkrechte, z. B. durch Säulen, Halbsäulen oder → Risaliten.

Vesperbild (lat. = Abend), auch Pietà, plastische Figurengruppe, Maria mit dem toten Christus auf dem Schoß. Name weist auf Zeit des Geschehens am Abend des Karfreitag hin. → Andachtsbild

Vierung, das bei Durchkreuzung von Lang- und Querhaus entstehende Raumgeviert. Vierungspfeiler und Vierungsbogen begrenzen sie.

Vierungsturm, in Romanik und Gotik oft über der → Vierung erbauter Turm.

Volute (lat. volutum = das Gerollte), Schneckenlinie oder s-förmige Spirale oder Bauglied, zur Vermittlung zwischen senkrechten und waagerechten Bauteilen in Renaissance und Barock.

Türzieher   Volute

Votivbild, Votivtafel (ex voto = aufgrund eines Gelübdes), Weihegeschenk nach einem Gelöbnis, z. B. Bildtafel, die einen glücklich überstandenen Unglücksfall zeigt.

Votivschiff, unter Gewölben oder Decken küstennaher Kirchen an Eisenstangen oder Tauwerk aufgehängte Schiffsmodelle, die nach einem Gelübde oder als Dank an Heilige für Errettung aus Seenot gestiftet wurden.

Wandelaltar, mehrere, an den Seiten des Altars angebrachte Flügel erlauben das Zu- und Aufklappen, das Wandeln in Werktags- und Sonntagsseite. → Altar

Wasserspeier, außen an Kirchendächern angebrachte, in der Gotik oft mit Fabelwesen, Fratzen u. a. verzierte, schräg nach unten führende Abflussrinnen.

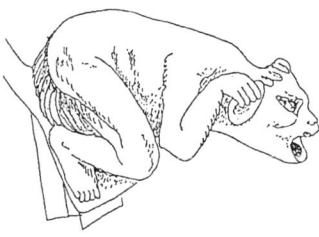

Welsche Haube, glockenförmiger Turmhelm (Abb. S. 123)

Weltgericht, → Jüngster Tag, Jüngstes Gericht

Wendelsäule, gedrehte Säule, fand in aufwendigen barocken Altaraufsätzen Verwendung. → Altar

Westchor, ein zweiter, zusätzlich im Westen, oft in Verbindung mit dem Westwerk zur Steigerung der architektonischen Wirkung angelegter → Chor.

Westseite, symbolisch den dunklen Mächten zugeordneter Gegenpol zu der dem göttlichen Licht zugewiesenen Ostseite.

Westwerk, im MA westlicher, nahezu quadratischer, mit doppelten → Emporen ausgestatteter Querbau vor dem Langhaus großer Kloster- oder Bischofskirchen, oft durch Mittelturm betont und von zwei kleinen Treppentürmen flankiert. Verwendung als Kaiserempore, Gerichtshalle.

Westwerk: Querschnitt

Seitenansicht

Grundriss

Widerlager, Stützen, die bei Bogen und Gewölben den Seitenschub auffangen und auf das Mauerwerk ableiten.

Wimperg (mhd. = windgeschützte Stelle), Ziergiebel über got. Fenstern, Giebelfeld reich mit → Maßwerk verziert und von → Fialen flankiert, die Giebelschrägen mit → Krabben geschmückt, die Spitze mit einer Kreuzblume gekrönt.

Würfelkapitell, roman. → Kapitell in Form eines zum Säulenschaft hin abgerundeten Würfels.

Wurzel Jesse (Jessebaum), Darstellung des Stammbaums Christi (nach Jesaja 11, 1), seit dem 11. Jh. – Aus dem schlafenden Jesse (= Isai, der Vater Davids) wächst ein reich verzweigter Baum mit den jüdischen Königen, den Vorfahren Christi. Maria (mit oder ohne Kind) erscheint in der Baumkrone, darüber Christus.

Zahlensymbolik s. S. 26

Zement, Bindemittel für Mauersteine, entsteht durch Brennen von Kalk-Ton-Gemischen.

Zentralbau, um einen Mittelpunkt so angelegter Raum, dass sämtliche Hauptachsen gleich lang sind. Im Idealfall ist der Grundriss eines Z. ein Kreis (auch Quadrat oder regelmäßiges Vieleck). Mit einer Kuppel eingewölbt. Gegensatz zum längsgerichteten Bau (Langbau).

Zikkurat, künstlicher Berg, in Stufen oder Rampen aufsteigend. Auf seinem Gipfel stand ein Tempel als Götterwohnung (Ur, Babylon).

Ziborium (gr. = Gehäuse), Überbau über → Altar oder → Taufbecken. Auch der mit einem Deckel verschließbare Hostienkelch (→ Hostie).
S. S. 182 ff., M 15 „Liturgische Ausstattung katholischer Kirchen".

Zisterzienser, Orden, gegründet 1098, verbreitete sich rasch unter dem Einfluss → Bernhards von Clairvaux. Typisch waren die Einfachheit der → Liturgie und die Schmucklosigkeit ihrer Kirchen. Die starke Betonung körperlicher Arbeit führte zu großen Leistungen der Z. bei der Landkultivierung.

Zisterzienserkirche, nimmt in mittelalterlicher Baukunst durch die vom Zisterzienserorden angestrebte Schlichtheit (bei hervorragender Handwerklichkeit) eine Sonderstellung ein: Turmlosigkeit der Fassade, dafür ein kleiner Dachreiter mit Glocke über der → Vierung (s. Abb. S. 199).

Zwerggalerie, an Außenmauern roman. Kirchen unter dem Dachgesims ausgesparte → Arkade, dient der horizontalen Gliederung, aber auch dekorativen Zwecken.

Zwiebeldach, für den süddeutschen Barock kennzeichnende Turmhaube in Zwiebelform.

Zwillingsfenster, in der Romanik gern verwendete Fensterform, bei der das Fenster durch eine Mittelsäule in zwei Öffnungen geteilt ist.

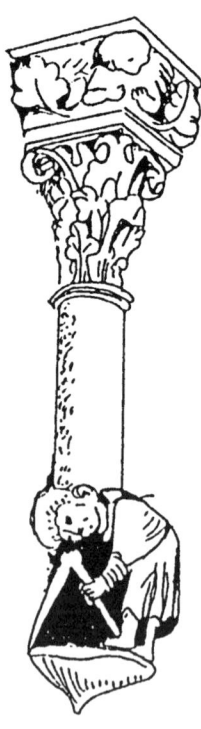

Bedeutende Kirchenbaumeister (Auswahl)

Asam, Cosmas Damian (1686–1739), Maler und Baumeister des süddeutschen Barock, u. a. Klosterkirche Weltenburg, Johann-Nepomuk-Kirche München

Bähr, Georg (1666–1738), Zimmermeister und Architekt, Schöpfer der Frauenkirche Dresden

Bartning, Otto (1883–1959), Architekt, siehe Sternkirche, Seite 111. Abgewandelte Sternkirche in Essen, (Auferstehungskirche, 1930); Feierkirchen (Kreissektor als Kirchenbau, Nebenräume abtrennbar aber auf Gottesdienstraum bezogen); Stahl-Eisenkonstruktion 1924 Essen, im Krieg zerstört; Gustav-Adolf Kirche in Berlin-Siemensstadt 1936; Christuskirche Bad Godesberg, 1954. Seine nach dem II. Weltkrieg errichteten Montagekirchen (Notkirchen) waren wegweisend.

Dientzenhofer, Kilian Ignaz (1689–1751), führender Architekt des deutschen Spätbarock (Zentralbauten)

v. Ensingen, Ulrich (gest. 1419), Dombaumeister der Gotik, tätig in Straßburg (Nordturm) und Ulm

Erwin, später Erwin von Steinbach genannt (gest. 1318 in Straßburg), Bauhüttenmeister von Straßburg, der für viele Veränderungen am Bau, nicht aber für die Pläne zuständig war

Fischer, Johann Michael (1692–1766), bedeutender Meister des süddeutschen Kirchenbarock. Hauptwerke Zwiefalten, Ottobeuren, Berg am Laim (München), Rott am Inn. Äußere Schlichtheit, Innenräume lichterfüllt und reich dekoriert

Fischer von Erlach, Johann Bernhard (1656–1723) österreichischer Barockbaumeister, Hauptwerke in Wien, u. a. Karlskirche in Wien

Neumann, Balthasar (um 1687–1753), Baumeister des deutschen Barock, u.a. Wallfahrtskirche Vierzehnheiligen, Abteikirche Neresheim

Parler, Baumeisterfamilie des 14. Jahrhunderts, ursprünglich von Gmünd stammend, in Böhmen tätig, Heinrich und seine fünf Söhne wirkten in Köln, Ulm, Freiburg, Wien, Prag, Regensburg, Gmünd, Nürnberg u. a.

Prandtauer, Jakob (um 1660–1726), österreichischer Barockbaumeister, neben Fischer von Erlach richtungswesend für den Sakralbau in Österreich (Stift Melk u. a.)

Schinkel, Carl Friedrich (1781–1841), Baumeister des Klassizismus, tätig in Berlin, Nikolaikirche, Potsdam

Schlaun, Johann Conrad (1695–1773), Schüler von Balthasar Neumann, Baumeister meist in Westfalen, St. Clemens in Münster

Zimmermann, Dominikus (1685–1766), Barockbaumeister in Schwaben und Bayern tätig, u. a. Wallfahrtskirche Steinhausen, Frauenkirche Günzburg, Wallfahrtskirche Wies bei Steingaden

Kirchenführer für Kinder und Jugendliche (Auswahl)

Ev.-Luth. Pfarramt Riddagshausen (Hrsg.): Laura, Jan und Tobias und das Geheimnis um die Zisterziensermönche, Klosterkirche St. Maria, Klostergang 57, 38104 Braunschweig

Harbert, Rosemarie: Domführer für Kinder, Bernward Verlag, Hildesheim

Harz, Frieder: Komm, ich zeig' dir was vom Münster Heilsbronn. Arbeitsbögen zur Erkundung des Münsters für Jugendliche und Erwachsene. Hrsg. Ev.-Luth. Pfarramt Heilsbronn, Pfarrgasse 8, 91560 Heilsbronn

Hofmann, Friedhelm: Abenteuer Kölner Dom, München/Zürich, 1988

Huschke, Erika: Kirchen erzählen vom Glauben. Vom Kirchenaufbau zum Gemeindeaufbau, Hamburg, 1995

Macaulay, David: Sie bauten eine Kathedrale, dtv, München

Milutzki, Walter: Unser Dom, Wegweiser für Kinder durch den Bamberger Dom, St. Otto Verlag, Bamberg

Kleine Auswahl weiterführender Literatur

Adam, Adolf: Wo sich Gottes Volk versammelt, Gestalt und Symbolik des Kirchenbaus, Freiburg, 1984

Adam, Adolf: Grundriß Liturgie, Herder Freiburg-Basel-Wien 1985

Apphun, Horst: Einführung in die Ikonographie der mittelalterlichen Kunst in Deutschland, Darmstadt, 1979

Barth, Matthias: Gotische Backsteinkirchen in Mecklenburg-Vorpommern, Seemann, 1993

Binding, Günter/**Nussbaum** Norbert: Der mittelalterliche Baubetrieb nördlich der Alpen in zeitgenössischen Darstellungen, Darmstadt 1978

Bürgel, Rainer (Hg): Raum und Ritual. Kirchenbau und Gottesdienst in theologischer und ästhetischer Sicht. Vandenhoeck und Ruprecht Verlag, Göttingen, 1995

Le Corbusier: Die Kapelle von Ronchamp, Birkhäuser Verlag, 1997

Büchsel, Martin: Die Erfindung der Gotik. Abt Sugers Konzept für die Abteikirche Saint-Denis, Rombach, 1997

Chapeaurouge, Donat: Einführung in die Geschichte der christlichen Symbole, Wissenschaftliche Buchgesellschaft, Darmstadt, 1991

dtv-Atlas zur Baukunst, Tafeln und Texte, Band I und II, München, 1977

Goecke-Seischab, M. L./**Harz,** F.: Komm, wir entdecken eine Kirche. Räume erspüren, Bilder verstehen, Symbole erleben. Tipps für Kindergarten, Grundschule, Familie. Kösel, München, 2. Auflage 2002

Grundmann, Friedhelm: Wenn Steine predigen. Hamburgs Kirchen vom Mittelalter bis zur Gegenwart, Hamburg, 1993

Heinz-Mohr, Gerd, Lexikon der Symbole, Köln, 1976

Hennemann, Jürgen: Formenschatz der Romanik, Wegbegleiter durch die Kirchenbaukunst in Deutschland, Echter, 1993

Herder-Lexikon Symbole, Freiburg, Basel, Wien, 1978

Jantzen, Hans: Kunst der Gotik, rororo Taschenbuch, Reinbek, neubearb. 1987

Kahle, Barbara: Deutsche Kirchenbaukunst des 20. Jhs., Wissenschaftliche Buchgesellschaft, Darmstadt, 1990

Koch, Wilfried: Baustilkunde, Europäische Baukunst von der Antike bis zur Gegenwart, München, 1988

Kottmann, Albrecht: Das Geheimnis romanischer Bauten, Stuttgart, 1971

Loccumer Protokolle: Die Kunst und die Botschaft. Über die Künste, die Religion und die Kirche, Evangelische Akademie Loccum, 1992

Pevsner/Fleming/Honour: Lexikon der Weltarchitektur, 2 Bde, rororo, Hamburg TB

Mai, Hartmut: Der evangelische Kanzelaltar. Geschichte und Bedeutung. Halle 1969

Mode, Heinz: Fabeltiere und Dämonen in der Kunst. Die fantastische Welt der Mischwesen, Stuttgart, 1973

v. Naredi-Rainer, Paul: Architektur und Harmonie. Zahl, Maß und Proportion in der abendländischen Baukunst, DuMont, Köln, 1982

Nußbaum, Norbert: Deutsche Kirchenbaukunst der Gotik, Wissenschaftliche Buchgesellschaft, Darmstadt, 2. überarb. Auflage, 1990

Poscharsky, Peter: Die Kanzel. Erscheinungsform im Protestantismus bis zum Ende des Barocks, Gütersloh, 1963

Poscharsky, Peter: Kirchen von Olaf Andreas Gulbransson, Callwex, München, 1966

Roemer, Werner: Kirchenarchitektur als Abbild des Himmels. Zur Theologie des Kirchengebäudes, Butzon & Bercker, 1997

Rosenberg, Alfons, Kreuzmeditation, München, 1976

Rosenberg, Alfons: Einführung in das Symbolverständnis. Ursymbole und ihre Wandlungen. Herder, Freiburg, 1984

Sachs, Badstübner, Neumann: Wörterbuch zur christlichen Kunst, Dausien Verlag, Hanau, o.Jg.
dies.: Christliche Ikonogaphie in Stichworten, Köhler und Amelung, 1996

Schade, Herbert: Dämonen des Bösen in der Kunst des frühen Mittelalters, Regensburg, 1962

Seng, Eva Maria: Der evangelische Kirchenbau im 19. Jh. Die Eisenacher Bewegung und der Architekt Christian Fr. v. Leins, Karlsruhe, 1989

Würtenberger, Franzsepp: Die Architektur der Lebewesen, Karlsruhe, 1989
ders.: Weltbild und Bilderwelt, Wien, München, 1958

Die angeführten Titel stellen nur eine kleine Auswahl dar. Einige sind inzwischen vergriffen und stehen nur noch in Bibliotheken zur Verfügung.